今天让科学做什么？

江晓原　黄庆桥　李月白　著

复旦大学出版社

目　录

导言　　　　　　　　　　　　　　　江晓原（ 1 ）

上编　思考

关于科学的三大误导（修订版）　　　　江晓原（ 7 ）
"全球变暖"背后的科学政治学　　　　江晓原（23）
引力波的科学社会学　　　　　　　　　江晓原（32）
　　——兼论媒体如何对待科学新闻
在数字城堡遇见戈尔和斯诺登　　　　　江晓原（40）
大学是对抗互联网＋的最后堡垒吗？　　江晓原（46）
星际航行：一堂令人沮丧的算术课　　　江晓原（52）
地球2.0？又一堂令人沮丧的算术课　　 江晓原（58）
阿波罗登月：用科学工具竖一块冷战里程碑　江晓原（64）

核电就是魔鬼，也要与它同行吗？　　　江晓原（70）

　　——《核电员工最后遗言》中文版序

影响因子是用来赚大钱的　　　江晓原　穆蕴秋（79）

　　——剥开影响因子的学术画皮（一）

影响因子是可以操弄的　　　江晓原　穆蕴秋（92）

　　——剥开影响因子的学术画皮（二）

从韩春雨事件看影响因子迷信之误人　　江晓原（110）

科学已经告别纯真年代　　　江晓原　杨　天（116）

为什么人工智能必将威胁我们的文明？　江晓原（136）

下编　示例

我们应该努力追赶并已取得成绩的

"北斗"系统的重要意义　　　　　　　黄庆桥（149）

中国为什么需要航空母舰？　　　　　　黄庆桥（171）

中国为什么需要大飞机？　　　　　　　黄庆桥（192）

高铁：中国的亮丽名片　　　　　　　　黄庆桥（212）

中国要强"芯"　　　　　　　　　　　黄庆桥（229）

反卫星武器　　　　　　　　　　　　　李月白（248）

　　——圣人不得已而用之

中国和西方都在努力解决的

太阳能技术：尚未展现光明前景　　　　李月白（261）

以邻为壑：垃圾处理的困境　　　　　　李月白（278）

充满争议但目前不得不做的

机器人新时代：你准备好了吗？　　　　黄庆桥（293）

核电的核废料：世界性难题　　　　　　李月白（314）

既有争议又无必要的

生命科学的禁区：克隆人与基因改造　　李月白（327）

我们应该主动联系外星人吗？　　　　　李月白（343）

导　言

◎ 江晓原

本书的最初想法，起源于和复旦大学出版社孙晶总编的"咖啡时光"——为了本书她来找过我好几次。对于究竟想要一本什么样的书，在多次交流和互动的过程中，我们的想法逐渐清晰起来。

这个想法还需要再往前追溯因缘。前两年我在复旦大学出版社出版的《科学外史》和《科学外史Ⅱ》，原是我在法国时尚科学杂志《新发现》中文版上同名专栏的集结，没想到出版后颇邀虚誉，《科学外史》获得了首届"中国好书"（25种之一）、上海图书奖一等奖等10余种荣誉，两书在2015年还入选国家机关干部读书推荐书目（13种之一）。这两本书之受到欢迎，至少说明我那些专栏文章的写作风格，是适合大众阅读的。

但是，如果试图在《科学外史》和《科学外史Ⅱ》

成功的基础上，再尝试更高一点的追求，那应该是一本什么样的书呢？

在和孙晶的多次讨论中，我逐渐形成了一个想法：我们应该尝试写一本讨论这样一个问题的书："今天我们应该让科学技术做什么？"这本书当然不是高头讲章，不是用"学术黑话"包装起来的让广大读者"不知道它在讲什么"的书。它仍然应该是一本能够雅俗共赏的书，但是它要大胆地讨论一些抽象而深刻的问题。

在科学技术给了我们越来越多的便利和物质享受的过程中，也有越来越多的人逐渐忘记了科学技术的性质，忘记了它应有的功能，迷失了我们和它之间应有的正确关系。在许多人的下意识里，科学不再是为我们服务的工具，反而变成我们膜拜的对象。

本来科学技术就是我们和外部世界打交道时使用的一个工具，归根到底它只是一个工具而已，它应该为人类的幸福服务，人类却不是为了发展科学技术而存在的。也就是说，我们对科学的推崇必须是有底线的——这个底线就是：科学技术必须为人类的幸福服务，而人类的幸福不能成为科学技术发展祭坛上的牺牲或贡品。

说得更极端一点，"发展科学技术"不应该是无条件和绝对的——某些科学技术，在某些时候，是不应该得到发展的，甚至应该被适当抑制。

上面这些非常重要的理念，尽管早已得到有识之士包括中国科学界高层的认同，但是由于长期在科普宣传方面的简单化和片面化，在公众层面一直得不到应有的强调，甚至还被有意无意地批评。也就是说，"今天我们应该让科学技术做什么"这个问题，要么被忽略，要么给出了一个错误的答案。

所以我们需要一本能够摆事实、讲道理、认认真真正面回答"今天我们应该让科学技术做什么"这个问题的书。

如果说今天科学已经融入了我们每个人的生活，那么这只构成了我们每个人都应该关注科学并对科学发表意见的理由，而绝不构成我们每个人都应该听任科学和科学家摆布的理由。事实上，我们一定要纠正这样的错误观念：只有科学家才有资格谈论科学。如果接受这个错误观念，那么在科学已经融入我们每个人生活的今天，就意味着不是科学为我们服务，而是我们受科学摆布。

本书分成上下两编：

"上编·思考"中的一组文章，从不同的角度，结合不同的问题和个案，对科学的局限性、科学在当下应该发挥的功能，以及当下人们对科学普遍存在的一些误解，进行论述。

"下编·示例"是更为新颖的尝试，我们将12个科学技术问题个案分成如下4类：

我们应该努力追赶并已取得成绩的；

中国和西方都在努力解决的；

充满争议但目前不得不做的；

既有争议又无必要的。

每类下面有两到六个不等的个案作为示例。其实，上编中的大部分文章，也有着示例的作用。所谓示例，当然意味着不是面面俱到。事实上，在本书所讨论的个案中，读者只要注意考察问题的维度，注意分析问题的方法，就不难举一反三，对于其他科学问题作出自己正确的判断。

2016 年 12 月 12 日
于上海交通大学科学史与科学文化研究院

上编　思考

◆ 关于科学的三大误导(修订版)
　◆ "全球变暖"背后的科学政治学
　　◆ 引力波的科学社会学
　　　——兼论媒体如何对待科学新闻
　　◆ 在数字城堡遇见戈尔和斯诺登
　　　◆ 大学是对抗互联网＋的最后堡垒吗？
　　　　◆ 星际航行：一堂令人沮丧的算术课
　　　　◆ 地球2.0？又一堂令人沮丧的算术课
◆ 阿波罗登月：用科学工具竖一块冷战里程碑
　◆ 核电就是魔鬼，也要与它同行吗？
　　——《核电员工最后遗言》中文版序
　◆ 影响因子是用来赚大钱的
　　——剥开影响因子的学术画皮（一）
　　◆ 影响因子是可以操弄的
　　　——剥开影响因子的学术画皮（二）
　　◆ 从韩春雨事件看影响因子迷信之误人
　　　◆ 科学已经告别纯真年代
　　　　◆ 为什么人工智能必将威胁我们的文明？

关于科学的三大误导（修订版）

◎ 江晓原

在我们的日常生活和工作中，很多文科学者对科学非常崇拜，而真正站在科学前沿的人，他们知道科学是有局限性的，他们也知道，我们平常对公众构造出的科学图像，如科学是非常精密的，是纯粹客观的，等等，那只是教科书所构造出来的。那些在前沿做得比较深入的、成就比较高的科学家，他们完全知道自己在实验室里是怎么回事儿，他们也知道绝对的精确是不存在的，还有很多所谓的客观的东西，其实也没有我们想象的那样客观。结果就会产生这样的现象：我下面要讲的某些观点，有时反而在从事科学研究前沿的科学家那里更容易被接受。

文人面对科学有时会有自卑心理，因为他们自己确实对数字之类的东西感到厌倦，看到公式也感到厌倦。

当年霍金写《时间简史》，他的出版商对他说："书中每放一个公式，你的书销量就减半。"——连 $E=mc^2$ 这样的公式也不例外。但是在第二版的《时间简史》里，霍金删掉了这句话，因为他的《时间简史》实在太畅销了，他现在往里面放公式，销量也根本不会减半（尽管如此，他还是推出了《时间简史》的普及版）。但是对于其他人来说，霍金的出版商的话基本上是对的。

这是一方面的情形。另一方面，长期的教育也让我们对科学非常崇拜，结果就会出现下面的情形——这是真实的事情，理工科和文科的教授在学校的会议上吵起来时，理工科的教授盛气凌人地说："你有什么了不起啊，你写的论文我都能看懂！我的论文你能看懂吗？"文科教授一想，是啊，他的论文里有那么多公式，我看不懂啊。理工科教授觉得，你那点文学、历史什么的我都能看懂。实际上这种傲慢是没有道理的，要是弄一段古文，文科教授也同样能让理工科教授看不明白。

有一位很有名的院士，他经常攻击中国传统文化。一天他在自己居住的小区里拦住了另一位著名学者说，"某某啊，你说《周易》它是不是伪科学？是不是糟粕？它阻碍我们科学的发展嘛"。那位学者和这个院士都是毕业于同一个学校，他回答说："我们的校训'厚德载物，自强不息'就是从《易经》里来的，你看怎么样啊？"这位学者很机智，他当然不赞成这位院士惯常的唯科学主义观点，但他巧妙地利用了两人正好是同一母校，又用母校的校训回击院士，使得院士不知说什么好。

所以，实际上学文的和学理工的本来都有一些让对方看不懂的东西，那么为什么学理工的就可以这么傲慢，而学文科的就经常要自卑呢？这种自卑本来是没有必要的。

但是，这种自卑确实是有原因的，我们从小受的教育有三大误导。这些误导有的人不会直接"赤裸裸"地说出来，但在他们思想深处确实是这么想的。笔者自己是学天体物理专业出身，很长时间里，这三大误导在笔者身上都有，但是研究了一段科学史之后，就发现不是那么一回事儿了。

第一个误导：科学等于正确

很多人都会想当然地认为，科学当然等于正确啊。在平常的语境里，我们用来称赞某个东西的时候，经常说它"很科学"，在这样的语境中，科学当然被假定它就等于正确。

但是只要稍微思考一下，我们就知道科学不等于正确。

因为科学是在不断发展进步的，进步的时候肯定就否定掉前面的东西，那些被否定掉的东西，今天就被认为不正确。比如，人们以前认为地球在当中，太阳围着地球转，后来知道是地球绕着太阳转，再往后又知道太阳也不是宇宙的中心，还知道地球绕日运行也不是圆周运动，运动的轨道是一个椭圆，再后来又知道椭圆也不是精确的椭圆，它还有很多摄动，如此等等。由于科学还在发展，因此也不能保证今天的科学结论就是对客观世界的终极描述，任何一个有理性的人都知道这不是终极描述。以后科学还要再发展，未来的结论中我们今天的认识又不对了，或者退化为一个特例——比如，牛顿力学退化为相对论效应非常小的情况下的特例，等等。旧的结论总是被新的观点取代，那么那些被取代的东西，它们是不是还算科学呢？

当初笔者提出"科学不等于正确"的时候，遭到了很多人的反驳，其中一种反驳的路径是，要求把被今天的科学结论取代了的部分从科学中拿出去，所以说托勒密的天文学现在就不是科学，因为它不正确。但是如果遵循这种路径，那么哥白尼也不正确，也不是科学，牛顿也不正确，也不是科学。为了保证自己逻辑自洽，一旦你宣称托勒密不是科学，你就必然宣称哥白尼、牛顿、开普勒、伽利略等都不是科学——只要有一点今天认为不正确的东西，它就不是科学。那么科学还剩得下什么？就剩下爱因斯坦勉强站在那里，但是谁知道呢，说不定哪天又有一个新发现，爱因斯坦又不正确了，那么他又被从科学殿堂里踢出去了。

要是这样的话，科学就将不再拥有它自身的历史，科学就只存在于当下这一瞬，此前一秒钟的都不是科学，这样的话就整个否定了科学自身的历史。所以这个路径是走不通的。

我们当然要承认以前的东西是科学，判断一个东西是不是科学，主要不是看它的结论正确与否，而是看它所采用的方法，和它在当时所能得到的验证。用一个通俗的比方，就好比是做作业：老师布置了10道作业，你做错了3道、做对了7道，你把作业交上去，老师得承认你完成了作业，老师不能说你只完成了70%的作业，还有3道题目不是作业。做错了的题目还是作业，被我们放弃了的理论和结论仍然是科学，这个道理是相同的，它们的科学资格不能被剥夺。

那么下面这个说法也就能够成立："正确对于科学既不充分也非必要"。这个说法是北大刘华杰教授想出来的，就是说有一些不正确的东西它是科学，还有一些肯定正确的东西它不是科学。这很容易举例，比方说今天晚上可能下雨也可能不下雨，这样的话是肯定正确的，但没有人会承认这是科学，所以很多正确的废话都不是科学。

哥白尼学说胜利的例子

我们还要看一下哥白尼学说胜利的例子。这个例子说明：某种理论被我们接受，并不一定是因为它正确。

我们以前被灌输的一个图像是这样的：科学是对客观世界的反映，一旦客观世界的规律被我们掌握，我们就能描述这个世界，甚至还能够改造它。认为科学的胜利就是因为它正确，它向我们展现一个又一个正确的事例，最后我们就接受它。

但是实际上我们考察科学史的例子就能看到，在很多情况下，科学不是因为它正确才胜利的。这个哥白尼的事例是许多科学哲学家都分析过的——当年库恩等人都在哥白尼身上花了很大工夫，拉卡托斯也是这样，因为这个例子很丰富，从中可以看出很多东西来。

哥白尼提出他的日心学说，为什么很长时间欧洲的科学家都不接受呢？这是因为他的学说有一个致命弱点——人们观测不出恒星的周年视差。而从日心学说的逻辑上说，恒星周年视差一定是存在的，哥白尼的辩解是它太小，我们观测不到。这个辩解是正确的，因为在那个时代还没有望远镜，观测仪器确实观测不到。后来直到1838年，贝塞尔才第一次观测到一颗恒星（天鹅座61）的周年视差。因为那时望远镜已经造得很大，才终于观测到了。

按照我们以前关于正确的图像，显然哥白尼学说要到1838年才能被学者们接受，因为在此之前他的理论有一个致命的检验始终不能证实，我们就没有理由相信这个学说。然而事实上哥白尼学说很早就胜利了，如开普勒、伽利略都很早就接受了哥白尼学说。为什么他们会接受呢？为什么在这个学说还没有呈现出今天意义上所谓"正确"的结果时，它就已经胜利了呢？

现在库恩等人考证，这是因为新柏拉图主义。哥白尼也好，开普勒也好，这些人都信奉哲学上的新柏拉图主义——在这种哲学学说里，太阳被认为是宇宙中至高无上的东西。他们出于这种哲学思潮的影响，不等哥白尼学说被证实为正确，就已经接受它了。

这个例子确实可以说明，科学和正确的关系远远不像我们想象那么简单,一些东西也并不是因为它正确才被接受。这个事实可以直接过渡到后来科学知识社会学(SSK)理论中的社会建构学说,实际上伽利略等人接受哥白尼学说就是在进行社会建构——用他们的影响、他们的权威来替这个学说作担保:虽然还没有验证它,但我向你们担保它肯定正确。

第二个误导:科学技术能够解决一切问题

很多唯科学主义者辩解说,我什么时候说科学技术可以解决一切问题啊?我从来没这样说过啊。但他其实是相信的,我们当中很多人也相信这一点。最多退一步说,只要给我们足够长的时间,科学技术就能解决一切问题。我们承认今天还有一些科学还没有解决的问题,但是它明天可以解决,如果明天它没有解决,那么后天它可以解决,后天它还不能解决,也不要紧,它将来一定可以解决。这是一种信念,因为科学已经给我们带来了那么多物质上的成就,以至于我们相信它可以解决一切问题——只要有足够的时间。

这个说法也可以换一种表述,说科学可以解释一切事情:只要给我足够长的时间,我就可以解释这个世界上的一切。这与可以解决一切问题实际上是相同的。

归根到底,这只是一个唯科学主义的信念。这个信念本来是不可能得到验证的,实际也从来没有被验证过。但是更严重的问题是,这个信念是有害的。

因为这个信念直接引导到某些荒谬的结论，比方说已经被我们抛弃了的计划经济，就是这个信念的直接产物。计划经济说，我们可以知道这个社会的全部需求，我们还能知道这个社会的全部供给，科学计算了需求和供给的关系，就能让这个社会的财富充分涌流，它既不浪费、也不过剩、也不短缺——以前搞计划经济的人的理论基础就是这样的。结果当然大家都知道了，计划经济给我们带来的是贫困，是落后。今天中国经济这么发展，不是计划经济的结果，是抛弃了计划经济的结果。

阐述唯科学主义和计划经济关系的著作，最好的就是哈耶克的《科学的反革命——理性滥用之研究》。半个多世纪前，那时理性滥用还远没有今天这么严重，但在那时他就有先见之明，而且对于唯科学主义会怎样导致计划经济，进而导致政治上的专制集权等，他已经都根据前苏联的材料非常准确地预言了。

第三个误导：科学是至高无上的知识体系

第三个误导我相信很多人也是同意的。"科学是一个至高无上的知识体系"，笔者以前也是这样想的。因为这和科学能够解决一切问题的信念是类似的——它基本上是建立在一个归纳推理之上：因为科学已经取得了很多成就，所以我们根据归纳相信它可以取得更多的成就，以至于无穷多的成就。

科学哲学早已表明，归纳推理是一个在逻辑上无法得到证明的推理,尽管在日常生活中我们不得不使用它,但是我们也知道它并不能提供一个完备的证明。因此,即使科学解决了很多问题,在现有的阶段得分非常高,这并不能保证它永远如此。况且这个得分的高低,涉及评分的标准,其他学说、其他知识体系的价值怎么评价,都是可以讨论的问题,并不是由谁宣布一个标准,大家就都会照着做。

那么,为什么相信科学是至高无上的知识体系呢?

除了类似于科学能解决一切问题这样的归纳推理之外,它还有一个道德上的问题。

因为我们以前还描绘了另外一个图景,我们把科学家描绘成道德高尚的人。他们只知道为人类奉献,他们自己生活清贫、克己奉公,他们身上集中着很多的美德。但是现在大家都知道,科学家也是人嘛,也有七情六欲,也有利益诉求。

为了维护上述图像,又有人宣称:科学共同体即使有问题,公众也没有资格质疑,因为你们不懂,你们不专业,而我们是既专业又道德高尚的,所以即使我们犯了错误,我们自己可以纠正,用不着你们来插手,也用不着你们来插嘴——这样的想法以前是很流行的,它也属于那种没有直接说出来过,但是被许多人默认的。

公众是否有权质疑科学?

说到公众质疑科学的问题,有一个很好的例子。

多年以前，现在的上市公司宝钢股份当年刚刚建设的时候，有一位著名越剧演员袁雪芬，当时在两会上提出质疑，说宝钢这个项目的建设合不合理？有没有必要？结果媒体上就出现了很多嘲笑的声音，说一个越剧演员，她根本不懂钢铁的冶炼、矿石的运输、电力的需求等，她整个都不专业啊，她凭什么来质疑宝钢建设是不是合理？现在我们重新来评价这件事情，我们认为袁雪芬一点都不可笑，即使她不懂，也可以质疑。

为什么不懂也可以质疑？因为你有这个权力。

因为今天的科学是用纳税人的钱供奉的，你是纳税人之一，因此你有这个权力，即使你不懂，你以一个外行的思路去质疑，也许很可笑，但是人们不应该嘲笑你，而科学家则有义务向你解释。所以今天我们说，宝钢工程的决策者有义务向袁雪芬解释，我们设计这样一个企业是合理的，来说服袁雪芬，使她的疑惑冰释。当然我们今天看到，宝钢是一个相当成功的企业，可以说当年的决策是对的，但是袁雪芬当时要质疑，她也是对的，因为她有这个权力。作为"两会"的民意代表，她还有义务。

当科学没有用纳税人的钱，纯粹是科学家个人业余爱好的时候，可以拒绝人们的质疑，那时科学家没有义务来回答这种质疑。比如爱因斯坦研究相对论的时候，纯粹是他的业余活动。按今天的标准，他甚至就像一个"民科"，他只不过是个小职员，业余有兴趣，他那时并没有拿过任何纳税人的钱。等后来他到普林斯顿被美国

"供养"的时候,那他就拿了纳税人的钱了。但先前他纯粹是个人爱好,一个纯粹个人的行为,当然可以拒绝别人的质疑,也没有义务去回答——当然你有兴趣回答也很好,但是你可以不回答。现在科学都是拿纳税人的钱供养的,所以科学共同体有义务回答公众的质疑。

科学带来的问题,只能靠科学解决吗?

"科学带来的问题,只能靠科学来解决",这也是很常见的一句话。当那些环保人士指出,科学技术的发展和应用带来了环境的破坏,或者带来了很多其他的问题——比如,互联网带来了心灵的疏离,电脑游戏带来了年轻人的病态,等等。但是科学主义的解释是:就算我承认这些东西是我带来的,这也只能让我进一步发展来解决,你也甭想通过指出这些问题来向我泼什么脏水。

"好的归科学,坏的归魔鬼",这个表达是北京师范大学田松教授想出来的。日常生活中,我们就是这样做的。因为我们已经把科学想象成一个至高无上的知识体系,所以每当看到科学带来的成就,或者看到某一个事情它有好的结果,或者说它到现在为止呈现为好的结果的时候,如果它自己宣称它是因为科学而得到的,那么我们立刻把它记在科学的功劳簿上,说这是科学本身给我们带来的福祉;而如果在哪件事情上科学技术带来了不好的结果(比如三聚氰胺带来的毒奶粉),我们立即把它分离出去,说这是某些坏人滥用了它的结果,科学技术本身是没有害处的。

所以,"好的归科学,坏的归魔鬼"这种思路,确保了科学技术本身在任何情况下都不会受到质疑。

在这个基础上,当科学技术带来了问题,它就可以说:只有进一步让我发展才能解决。这听起来似乎也很合理,而且在很多情况下也不得不如此,我们被迫接受这种局面。但必须认识到,这个论证是有问题的。

有一个比较世俗化的比喻,这就和某些人的炒股类似:一个炒股的人做一单输掉了,他说我还要接着做,我要反败为胜;如果做一单赢了,他说我还要接着做,我要再接再厉。于是不管他是做输还是做赢,总是成为他做下一单的理由。同样地,不管科学技术给我们带来的是好的东西还是坏的东西,总能成为让它进一步发展的理由。

我们应该想想,这样的局面是不是有问题?

比如,我们在电视上天天都能看到广告,什么减肥、补脑、美容,等等,所有这些广告,都要强调它是"科学"的,实际上公众通常不会参与对这些产品的科学性验证,事实上你也不可能去参与。它们只是利用了公众对科学的迷信和崇拜,目的是完成资本的增值。又如,关于各种各样的疾病的定义,很多都受到跨国大药品公司的影响,它们通过媒体把某种东西说成是病,让大家买更多的药品,这些实际上都是在利用科学来敛财。

科学技术现在已走向产业化,实际上也已变成一个利益共同体。

这个利益共同体可以利用大家对科学技术的迷信，为它自己谋利益。最典型的例子就是要上大工程的时候。你在媒体上看到、听到的，都是赞成的言论。政府的决策者想听听各方面意见时，即使让环保人士也发表意见，但是最后他会觉得工程技术共同体的言论权重更大，因为"专业"啊。

实际上这就像西方学者所追问的：科学有没有无限的犯错权？这个共同体做了决策，得了大单，过了几年，结果根本没有他们最初承诺得那么好，这时这个共同体会承担责任吗？不会，因为科学技术带来的问题只能靠进一步发展科学来解决，它站在一个稳赚不赔的立场上，它总是有道理的，它可以无限制地犯错误。如果我们都长期接受这种逻辑的话，后果可能不堪设想。

客观的科学与客观的历史

我们以前都相信有一个客观的科学，因为有一个客观的外部世界嘛，这个世界的规律被科学揭示出来，规律早就存在，它是不以人的意志为转移的，它在外面存在着，只是被我们发现了而已，所以它本身的客观性是完全不能质疑的。

但是这几十年流行的SSK，就是要强调这些知识有很多都是社会建构的。用最直白的话说，"社会建构"就是"少数人在小房间里商量出来的"，它不是真的那么客观的东西，那个纯粹客观的东西它是否可以存疑，即使我们承认它可以,我们是否能知道它也是有问题的。其实我们只能在经验的意义上,说我们可以知道这个东西。

历史的客观性与此类似,而且更容易理解。任何一个历史事件,我们今天是靠什么知道的呢?无非是靠留下来的文献,或地下发掘的文物,或某些当事人留下的访谈——所谓的口述历史,这些东西并不是完备的,很多事情实际上都是由后人建构的。当然,谁的建构相对更合理,这还是可以比较的。

古代中国人在这个问题上倒是比较宽容,古人并不强调历史的真实性,强调的是用历史来教化后人,所以适度的建构是完全允许的。历史上一些著名的事例,比如"在齐太史简,在晋董狐笔",其实恰恰是将"教化"置于至高无上地位的例子(因篇幅所限只能另文讨论)。

实际上说客观的科学,在某种程度上它和客观的历史是类似的,它们都只是一个信念。这个信念是没办法验证的。我们可以保留这样一个信念,但是应该知道它只是一个信念而已。

我们应有的态度

20世纪50年代,斯诺(C. P. Snow)做过两个著名的演讲。斯诺自己原来是学理工科的,后来又在文科中混,所以他觉得自己文理都知道。他有一个演讲是《两种文化》,中译本有好几个。他那时觉得科学技术的地位还不够高，因为学文科的那些人还有某种知识上的优越感，所以他要给科学技术争名位。到了今天，情况完全变了，钟摆早就摆到了另一端。如果斯诺活到今天的话，他就要做另一个演讲了，他要倒过来给文科争名位，因为如今在世界范围内，人文学科都受到很强的排挤。

实际上文和理之间，斯诺的诉求还是对的，这两者要交融，要多元和宽容，谁也不是至高至善的，大家有平等的地位。

那么这个多元和宽容，意味着什么呢？

宽容可以是这样：即使自己相信科学，我也可以宽容别人对科学的不相信。科学到目前为止仍然是一个非常好的工具。所以我们肯定在很多事情上用科学来解决，但是那些科学不能解决的问题，我们还是要求诸别的东西。

所谓宽容，是说你自己可以有自己的立场，但是你不把这个立场强加于人；宽容就是要宽容和自己信念冲突的东西。这和你坚持自己的立场，和你自己恪守某些道德原则，并不是必然冲突的。

2007年有一个《关于科学理念的宣言》（以下简称《宣言》），是中国科学院和中国科学院院部主席团联名在报纸上公开发表的。这个历史文献的重要性，很可能还没有被充分估计和阐述，所以值得在这里特别提出。

这个文献里特别提到："避免把科学知识凌驾于其他知识之上。"——这个提法是国内以前从来没有过的。因为我们以前都认为科学是最好的、至高无上的知识体系,所以它理应凌驾在别的知识体系之上。但是现在《宣言》明确地否定了这一点。

另外,《宣言》强调,要从社会伦理和法律层面规范科学行为,这就离开了我们以前把科学想象为一个至善至美事物的图像。我们以前认为科学是绝对美好的,一个绝对美好的东西根本不需要什么东西去规范它,它也不存在被滥用的问题。绝对美好的东西只会带来越来越多美好的后果。所有存在着滥用问题、需要规范的东西,肯定不是至善至美的东西。所以这种提法意味着对科学的全新认识。

《宣言》中甚至包含着这样的细节:要求科学家评估自己的研究对社会是不是有害,如果有害的话,要向有关部门通报,并且要主动停止自己的研究,这就等于承认科学研究是有禁区的。这也是以前从未得到公开认同的。

这个《关于科学理念的宣言》是院士们集体通过的,所以它完全可以代表中国科学界的高层。这个文件表明:中国科学界高层对国际上的先进理念是大胆接受的。

原载 2009 年 2 月 26 日《文汇报》
《新华文摘》2009 年第 9 期全文转载

"全球变暖"背后的科学政治学

◎ 江晓原

戈尔纪录片所宣传的理论

美国前副总统戈尔主持的纪录片《难以忽视的真相》(*An Inconvenient Truth*, 2006) 中, 有一个相当搞笑的情节:大屏幕上显示着1 000年来地球的碳排放曲线, 戈尔为了强调该曲线右端所显示的近年全球碳排放的剧烈上升, 他站在一架折叠升降机上, 嘴里一边嘀咕着"希望我不会摔死", 一边上升到接近天花板处。这一行为艺术让现场听众笑了起来, 同时也达到了加深听众印象的效果。

戈尔为何要如此强调这条曲线呢? 因为他相信一个理论:工业二氧化碳排放, 导致地球温室效应加剧, 从而使得全球变暖, 而这条曲线和1 000年来地球气温变化曲线——影片中可以看到它就在碳排放曲线的下方——是同步的。

也就是说,从1 000年的时间尺度来看,地球气温在近几十年急剧上升。

所以,全球变暖被认为是一个事实。

戈尔极力宣传全球变暖的危害和环保的必要性,在国际上有一定市场,在中国也有相当影响。最近与上述纪录片对应图书的中译本也出版了,而"全球变暖"也被许多中国官员和媒体接受为一个事实。

但另一方面,也有不少人认为,所谓"全球变暖"是一个弥天大谎,一个骗局,一个阴谋。这种"阴谋论"得到一些美国和西方学者的赞同——甚至最初就是他们提出来的,但也被不少中国公众所接受,或者被认为"至少有几分道理"。

其实"全球变暖"问题远不是一个"变暖"或"不变暖"的简单问题,它至少包括如下3个问题:

(1) 全球到底是不是真在变暖?

(2) 全球变暖真是工业二氧化碳排放造成的吗?

(3) 即使全球确实变暖了,就真会引发全球灾难吗?

戈尔在《难以忽视的真相》中,对上述3个问题的答案都是肯定的。而且这部纪录片最大的篇幅就用在论证第三个问题上。这当然也和影视技术有关——全球各处的自然灾害是最适合用电影手段来表现的。

但更重要的问题是,如果"全球变暖"真是阴谋,那么这个阴谋是针对谁的呢？

要解答这个问题，必须涉及更为复杂的背景。事实上，围绕着"全球变暖"有一系列争议，这些争议表面上是科学问题，背后其实都是政治问题——"全球变暖"争议已经成为科学政治学的典型个案。

"曲棍球杆曲线"之学术造假

要使全球变暖被广大公众接受为一个"科学事实"，当然要提供"科学证据"。

这些证据中占有核心地位的是一条名为"曲棍球杆"（hockey stick）的著名曲线，其实就是戈尔极力强调的那条曲线，形状也基本一样——只不过"曲棍球杆曲线"是直接陈述过去 1 000 年地球的气温情况。曲线基本是水平的，只在右端明显翘起，状如曲棍球杆，故得此名。这条曲线是一个名叫米歇尔·曼恩（Michael Mann）的人在 1998 年和 1999 年的两篇论文中公布的（论文都是三人署名，曼恩领衔），描述的是公元 1000—1980 年间的地球气温变化。前一篇文章发表在著名的《自然》杂志（*Nature*，392，779-787）。此人在他的学术敌人眼中，是一个小人得志、骤登大位的虚假"学术新秀"。

曼恩的文章发表后，受到政府间气候变化专门委员会（IPCC）的高度重视，很快广泛传播，被数以千计的报告和出版物引用，也被克林顿政府当作全球变暖事实的证据。资历尚浅的曼恩本人也立马平步青云，被任命为 IPCC 有关气候报告的执笔人——这个报告有多个版本，曼恩是第三次报告（2001年）的主执笔人。这项任命让一些资深人士颇为不满。

但是这条"曲棍球杆曲线"不久就被两位加拿大学者（S. McIntyre 和 R. McKitrick）揭露，它根本就是错误的。例如，曼恩选择北美西海岸山区的狐尾松（bristlecone pine）年轮来描述历史上的气候温度，然后赋予它在统计学上站不住脚的权重，使得构造出来的地球历史气温曲线符合自己的需要。

两位加拿大学者的指控相当严厉，2004年曼恩不得不在《自然》杂志刊登了一份"更正错误"的声明（Nature，430，105）。不过他在声明中辩解说，这些错误"没有影响我们以前公布的结果"。

这项指控引起美国国会的关注，能源与商业委员会委托当时美国国家科学院应用与理论统计学委员会主席 E. Wegman 教授组织专门小组进行调查。2006年 Wegman 提交了调查报告，结论是曼恩的研究方法是错误的，所以在论文中的分析无法支持他的结论。而且曼恩的"曲棍球杆曲线"高度依赖统计学方法，但是他和他的团队都和主流统计学团体毫无学术联系，这也严重削弱了曼恩论文的学术公信力。

至此，"曲棍球杆曲线"变成学术丑闻。这一丑闻使得"全球变暖"理论失去了一个重要支撑。由此而引发一波从学术上清算"全球变暖"的浪潮，结论是对文中之前提出的3个问题全部给出否定答案。

但是，如果我们将上述争议视为一起"学术造假"，并且产生朴素义愤的话（后来的"气候邮件门"更容易催生这种义愤），那就很可能太单纯了。如果说曼恩作为一个学术新人，野心勃勃，急于上位，有学术造假的动机还可以理解，但是IPCC又有什么动机要造假呢？

"全球变暖"与《京都议定书》

这就要引导到国际上的环境问题了——环境问题正在成为21世纪最大的政治问题。

在某些美国学者和戈尔的政敌看来，"全球变暖"问题背后隐藏着这样一条线索：

"曲棍球杆曲线"支持了IPCC先前关于全球变暖的报告——IPCC的报告则支持了《京都议定书》——而《京都议定书》被视为戈尔为竞选总统所作的政治秀。

《京都议定书》是一种国际条约，正式名称是《联合国气候变化框架公约的京都议定书》，它是《联合国气候变化框架公约》（UNFCCC）的补充条款。1997年12月由联合国气候变化框架公约参加国会议在日本京都制定，目标是"将大气中的温室气体含量稳定在一个适当的水平，进而防止剧烈的气候改变对人类造成伤害"。《京都议定书》已经于2005年2月16日开始强制生效。至2009年2月共有183个国家通过了该条约，但偏偏美国没有签署。

一些美国人认为，《京都议定书》提议由美国和第一世界的发达国家来承担全部的气候保护责任，是不公平的。美国国会参议院事先就宣布它不会批准《京都议定书》。2001年布什政府以"减少温室气体排放将会影响美国经济发展"和"发展中国家也应该承担减排和限排温室气体的义务"为理由，拒绝批准执行《京都议定书》。

中国早在1998年就签署了《京都议定书》。按照其中规定，中国作为发展中国家，在第一阶段不承担二氧化碳减排任务。

在今天这个时代，还很少有普世的"政治正确"。对于不同的国家和民族，"政治正确"经常有着不同的含义。例如，对于中国人民，只有不侵害中国国家和人民根本利益的主张，才有可能是政治正确的。从这个意义上来说，戈尔的上述主张——《京都议定书》中要求美国和发达国家率先节能减排的主张，对中国来说算是政治正确的——尽管它被一些美国人视为"政治不正确"。

当然，戈尔也不是美国的"卖国贼"，因为《京都议定书》毕竟也符合美国人民的根本利益——比如，在《难以忽视的真相》中，戈尔明确指出美国的二氧化碳排放量超过了中、日、俄等国排放之和，要保护世界气候环境，美国当然应该带头，保护了环境，美国人民同样蒙受其利。这恐怕也是戈尔为何能得到相当多美国人拥护的原因。

对"阴谋论"的几种解读

面对上面这场公案,我们能得出什么结论呢?首先可以有这样 3 条:

(1)即使是"政治正确"的主张,也不能靠学术造假来支持。

(2)世界上既有"政治正确"的伪科学,也有"政治不正确"的真科学。

(3)不管"全球变暖"是真是假,大家都应该保护环境。

但仅仅认识到这 3 条是不够的,因为前面提到的"阴谋论"的施害对象还没有着落。对于这种"阴谋论",可以有几种解读。

第一种是温和的:鼓吹"全球变暖"只是为了推动《京都议定书》,但用了曼恩涉嫌学术造假的论据来支撑,如将这一点视为"阴谋"固无不可,但这只是类似于想做好事却用了不正当的手段。其实呼吁发达国家带头节能减排保护环境的主张,本来没有"曲棍球杆曲线"的支撑也是可以成立的。

第二种是将鼓吹"全球变暖"视为一种"鸽派"立场,这种立场有可能在发达国家和正在崛起的发展中国家之间找到某种共识,比如像《京都议定书》所主张的那样,大家共同约束自己,发达国家带头约束。

那么,反对这种"鸽派"立场的人就可以将鼓吹"全球变暖"看作一个"阴谋"。这种"阴谋"论可以视为一种"鹰派"立场，这种立场在发达国家和正在崛起的发展中国家之间无法找到共识，可以有两种截然不同的立场：

如果站在西方发达国家立场上，可以认为全球根本没有变暖，即使在变暖，也和工业发展无关，也不会导致什么自然灾害，所以发达国家根本用不着约束自己。试图让美国约束自己就是针对美国的"阴谋"。

如果站在激进的立场上，中国人也可以认为，既然全球根本没有变暖，即使在变暖，也和工业发展无关，也不会导致什么自然灾害，那么即使是《京都议定书》所主张的，要大家一起约束自己，也仍然是西方针对中国的阴谋，更不用说那种不约束发达国家、只约束中国的企图了——例如，奥巴马在电视讲话中曾这样说：

> 如果十多亿中国人口也过上与美国和澳大利亚同样的生活，那将是人类的悲剧和灾难，地球根本承受不了，全世界将陷入非常悲惨的境地。……美国并不想限制中国的发展，但中国在发展的时候要承担起国际上的责任。中国人要富裕起来可以，但中国领导人应该想出一个新模式，不要让地球无法承担。

这样的言论，不被中国人视为阴谋才怪！西方列强在现代化这张大餐桌上已经开怀享用很久了，现在看到中国人也要来了，就大叫"不够吃啦"，要中国人"想出一个新模式，不要让地球无法承担"，这是什么逻辑？这个"责任"为什么要中国人来承担？你们自己为什么不能承担责任？比如，你们带头约束自己的享受，就不失为一个可行的新模式。这样的要求并不过分，只占世界人口约 5% 的、以美国为首的世界最发达国家，却消耗着世界上超出 27% 的一次能源，难道不应该受到约束吗？

所以，无论工业化是不是导致全球变暖，无论全球变暖是不是会导致灾害，西方列强都应该率先约束自己对资源的贪占，约束自己对污染的排放，这才有可能谈得上对发展中国家人民的公平。

原载 2011 年 3 月 12 日《上海思想界》

引力波的科学社会学

——兼论媒体如何对待科学新闻

◎ 江晓原

最近关于引力波的新闻闹得沸沸扬扬，不过在其中最激动的，既不是主流科学共同体，也不是被意外牵扯进来的"民科"群体，而是我们的媒体。媒体先是一番连篇累牍的报道，接着拿无辜的民科郭英森说事，将话题生发开去，谈论中国科学如何"急起直追"——其实是谈论如何在西方人发起的"引力波探测"游戏中分一点残羹。

媒体的激动，让我回想起上一波引力波新闻中媒体的表现。在如今这个太容易遗忘的年代，即使只是不到两年前的往事，回顾一番已经不无益处。

2014年3月，一个美国科学家团队BICEP2宣布他们发现了宇宙的"原初引力波",一时间赞誉之声迭起,以为将要"揭示宇宙诞生之谜"。当时国内媒体纷纷跟进报道,科学家则对媒体大谈这一发现的"重大意义",说它是"诺贝尔奖级别的重大发现"。但是我当时却略有先见之明地对媒体表示:对于这类"重大发现",不要急于跟进报道,应该再观察一段时间,至少看看国外科学共同体的反应,再做判断。

当时记者问我为什么,我告诉她,对于引力波这种玩意儿来说,什么叫"发现"?这和你在桌子上发现一个茶杯根本不是一回事儿。这些科学家此时所使用的"发现"一词,根本不是我们通常所认为的那种意义——这是一个比活佛的"转世灵童"还要玄之又玄的故事,它的背后涉及一系列科学的不确定性。

引力波之前世今生

"引力波"的概念1918年由爱因斯坦提出,但长期未得到验证,许多物理学家对引力波的存在持怀疑态度。因为不要说引力波,"引力"其实就是一个非常玄的概念。牛顿给出了引力的数学描述,这就是大家熟知的万有引力理论。但许多人没有注意到的是,牛顿既未成功解释引力的原因,也未讨论引力是如何传播的。按照当代著名物理学家费曼(R. P. Feynman)的意见:"牛顿对此没有做任何假设;他只满足于找出它(引力)做什么,而没有深入研究它的机制。"关于引力的传播,费曼认为,"按照牛顿的看法,引力效应是瞬时的",这就是通常所说的"超距作用",即认为引力是以无穷大速度传播的。而事实上,一旦传播速度为无穷大,也就从根本上消解了"传播"这个问题本身。

牛顿身后 200 多年,始终没人在这个问题上探索出名堂,直到爱因斯坦提出相对论。在爱因斯坦的宇宙图景中,"光速极限"是一个基本假定——宇宙间没有任何物质或信息能够以高于光速的速度移动或传播。这样一来,牛顿引力的"超距作用"就不可能成立。只有在"光速极限"的假定之下,"引力传播"("引力辐射")才能构成一个问题。爱因斯坦相信引力也是以光速传播的。

这里有一个有趣的类比。当年麦克斯韦提出电磁理论,预言了电磁波的存在:加速运动的电荷会产生以光速传播的电磁波;爱因斯坦也预言了引力波的存在:加速运动的物体会产生以光速传播的引力波。

直到 20 世纪 70 年代,出现引力波存在的间接证据之后,相关物理学家的主要工作方向才集中到引力波的探测手段上。美国物理学家韦伯(J. Weber)是引力波探测方面最重要的人物之一,他在《广义相对论与引力波》(*General Relativity and Gravitational Waves*,1961)中认为,"引力辐射问题一直是广义相对论的中心问题之一"。1966 年他在马里兰大学建造了第一个引力波探测器。1969 年韦伯宣称探测到来自银河中心的引力波,不过这个"发现"一直未能得到物理学界的公认。

引力波之五级"玄阶"

引力波非常微弱，辐射出引力波的物体质量必须非常之大，才有可能被探测到。物理学家考虑作为引力波辐射源的对象，大致有如下5种：

（1）恒星中的双星系统。这是最"常规"的想法，两颗有着巨大质量的恒星相互绕转，可以辐射出引力波。

（2）超新星爆发。物理学家们推测，在一次超新星爆发中，可能会有1%的能量以引力波的形式释放。

（3）脉冲星。这是超新星爆发后的产物，它的引力波辐射强度比超新星爆发要弱得多，只是它可以持久，而超新星爆发是短暂的。

（4）黑洞的形成或碰撞。物理学家相信，巨大质量的引力坍缩形成黑洞时，或两个黑洞碰撞时，都可以辐射出极强的引力波。

（5）宇宙大爆炸。在物理学家的想象中，大爆炸生成宇宙时，会有极大的能量转化为引力波，这样的引力波仍有可能残留在今天的宇宙中，即所谓的"原初引力波"。

注意上述排列顺序，一个更比一个玄！两年前的"原初引力波"处于上述五级"玄阶"的最高阶，这一次的"黑洞碰撞引力波"则在"玄阶"的第四阶。

在大爆炸宇宙理论中，大爆炸留下了"背景辐射"，这个宇宙背景辐射后来用射电望远镜探测到了，成为大爆炸宇宙理论的重要验证之一。宣称发现"原初引力波"的研究项目，就是试图用射电望远镜在宇宙背景辐射中"发现"引力波的踪迹。

这时的所谓"发现"，是建立在一系列理论假设、仪器测量、数据解读的长长链条末端，而这个链条中的任何一个环节，都可能有疑问，都可能出问题。现代科学最前沿的所谓"发现"，比如引力波，或者前些时候甚嚣尘上的"上帝粒子"，都是建立在这样的链条末端的。

所谓"发现原初引力波"的故事是这样的：BICEP2团队的科学家宣称，他们在宇宙背景辐射中探测到某种细微的"卷曲偏振结构"，这被认为是"原初引力波"的踪迹。谁知不到一年，这个团队又宣布"那个发现是一个错误"！——据说是银河系中的一片尘埃误导了他们，使他们在数据解读环节犯了错误。

引力波之庸俗社会学

有趣的是，如此狗血的剧情，居然让有的中国科学家"唏嘘不已"，原因是"中国连想犯这样错误的机会都没有"。美国人犯了一个错误，也能够让我们的科学家艳羡不已。

其实，物理学家探测引力波的尝试一直时断时续地进行着，然而因为长期没有突破，这方面的工作逐渐被边缘化，颇受冷落。所以搞引力波的物理学家们很需要一次重回闪光灯下的公众话语争夺，2014年3月的高调宣布发现"原初引力波",乃至不到一年再宣布"那是一个错误",都可以理解为这样的争夺努力。后来有媒体报道说,在这样两次宣布之后,"不仅没有影响BICEP2升级之后的下一代望远镜BICEP3继续获得经费支持,而且使国际上对于原初引力波的期待更加热切"——看看,这就是"犯错误"的美妙之处啊!

那么这一次呢?这一次的故事是这样的:遥远的两个黑洞碰撞了,它们有相当于3个太阳质量的能量化成了引力波,辐射了13亿年之后,到达了地球,被探测到了……

可信吗?嘿嘿,我不知道。但我注意到两点:

第一,国内主流科学共同体,比如理论物理学界,好像迄今还未见重量级人物对此事发表正式评论。

第二,相当致命的一点是,按照目前国际国内主流科学共同体一致认同的标准,一项新发现要得到公认,必须有"实验可重复性",即别处的科学家同行也能获得同样的实验结果,或观测到同样的天文现象。但是,这次宣称发现了引力波的位于美国路易斯安那州利文斯顿市的激光干涉引力波天文台(LIGO),其设备却是全世界独一无二的。也就是说,他们宣称的引力波探测结果,目前没有任何别处的科学家可以重复验证。

这样的话,按照"实验可重复性"的标准,恐怕要等到世界上出现第二个类似LIGO的机构,而且也观测到了同样现象,才谈得上重复验证吧?也许这正是主流科学共同体重量级人物普遍对此事采取谨慎态度的原因之一。

媒体的科学主义和反科学主义

在我看来,媒体在这一波引力波新闻中,总体而言,还是过于激动了。

首先,我们的媒体几乎没有任何质疑的意识,只有一味的赞美和兴奋。回顾前一波"原初引力波"新闻,或前年荷兰公司的"火星移民"闹剧,媒体的表现都如出一辙。科学新闻出现时,他们通常不是首先想到采访相应的科学共同体权威人士,听听这些人士的判断,而是立刻就信了,然后就兴奋了。

为什么呢?那是因为——科学主义!

科学主义对科学是仰视的,是"无限热爱和无限崇拜"的,科学主义天然排斥一切对科学的质疑。而"引力波""火星移民"之类,当然是"科学"得不能再"科学"了,所以被科学主义统治了思想的媒体,必然一见到它们立刻就五体投地、顶礼膜拜,它们在见到这类新闻的第一时间,就对自己说:我爱她!我要赞美她!我要讴歌她!这种爱的冲动,当然不需要去采访什么专家,因为在专家那里,这种冲动往往得不到媒体期待的回应。所以,在科学主义影响下的媒体,实际上是"主题先行"的,而这很容易违背科学常识,很容易为闹剧当义务宣传员。

那么,媒体有没有办法在下次遇到类似事件时表现得更好一些呢？

有办法——那就是"反科学主义"。

反科学主义不再对科学仰视，不再对科学"无限热爱和无限崇拜"，而是力图正确地看待科学。反科学主义对科学技术本身，以及对科学技术的滥用，都保持着恰如其分的戒心。反科学主义还非常重视科学争议中的利益维度，对科学技术与商业资本的结合，抱有高度的敏感和警惕——而科学主义则总是有意无意地回避或忽视利益维度。

利益维度是一个非常有用的思考路径。例如，在转基因主粮争议中，主张推广的几乎全是可以从这种推广中获得经济利益的集团或个人；而反对推广的人通常都不可能从这种反对中获得经济利益。那么争议双方谁更干净一些，谁更可信一些，也就比较清楚了。

类似地，在引力波新闻中，物理学家们不甘心长期坐冷板凳，美国国家航空航天局（NASA）苦于经费遭到削减，都会促使他们不时炮制出耸人听闻的"科学新发现"来吸引公众的注意力。反正公众很容易遗忘，时过境迁之后，轻描淡写表示"那个发现是一个错误"，不仅不会遭到美国公众的追责（科学家可是用了美国纳税人的钱哦），甚至还会引来中国科学家的艳羡呢！

原载 2016 年 3 月 12 日 "腾讯·大家"

在数字城堡遇见戈尔和斯诺登

◎ 江晓原

小说《数字城堡》的故事

丹·布朗（Dan Brown）因小说《达·芬奇密码》（*The da Vinci Code*）畅销、还拍成同名电影（2006年）而成为当红作家。其实他的前一部畅销小说《数字城堡》（*Digital Fortress*，1998），已经显示了他作为一个密切关注社会现实的科幻作家的巨大潜力。这部小说极富前瞻性地表达了对互联网侵犯公众隐私的忧虑和恐惧。

在《数字城堡》的故事中，美国情报机构国家安全局以"防止恐怖活动"为理由，建造了一个可以窥探全世界一切电子邮件的"万能解密机"，此举遭到一些人——包括该个机构原先成员——的极力反对，最终"万能解密机"被反抗者摧毁。不过丹·布朗自己对这个问题的立场，在小说中则是暧昧不明的。

这牵涉到几方面的问题。首先，窥探公众隐私的理由，本来是为了防止犯罪，但是在犯罪实施之前，"万能解密机"之类的高科技设施，窥探到的其实只是犯罪计划或犯罪的思想动机，而仅仅因为某人有犯罪计划或犯罪的思想动机，就对他进行制裁和惩罚，这虽然从理论上说不无道理，但实际操作起来却是不可能的。因为实施了犯罪，才会形成证据，才可以据此认定犯罪事实；而犯罪动机则是思想上的事情，仅有犯罪计划，也没有事实可以被认定，因此就需要"解读"，而这种解读，哪怕是由菲利普·迪克（Philip K. Dick）的小说《少数派报告》(*Minority Report*，2002 年也被拍成同名电影）中的"预测者"来进行，也必然导致歧义、误读、武断等等问题，就像《水浒》中黄文炳对宋江题在浔阳楼上的"反诗"的解读那样，据此定罪，不可能是公正的，因为很容易将无辜者入罪。

《数字城堡》中展示的另一个重要问题是，有些人总是想暗中掌握别人的隐私，"万能解密机"这类东西对外当然必须严格保密，不能让公众知道自己正处在严密监控中，而监控者实际上能够知道别人的一举一动，这给情报机构的首脑带来某种"君临天下"的感觉，那种感觉真是好极了——那是权欲和偷窥欲的双重满足。技术手段的进步，确实有可能给我们带来难以预料的后果。当一种新技术刚出现时，人们往往很容易看到它带来的便利，比如电子邮件，但是，当人们一天也离不开电子邮件时,"万能解密机"之类的东西就开始严重威胁公众隐私了。

隐私是自由和人权不可分割的组成部分,所以《数字城堡》故事中最重要的问题是:如果以"预防犯罪"或"反恐"为理由侵犯公众隐私,就会形成公众尚未被犯罪或恐怖活动侵犯于彼,却已先被"预防犯罪"和"反恐"措施侵犯于此的荒谬局面。

戈尔在斯诺登之前已经揭露和批判了"棱镜门"

美国前副总统戈尔集多种身份于一身,他是世界环境保护运动的大力推动者——由此还获得了诺贝尔和平奖;他主持的纪录片《难以忽视的真相》获第79届奥斯卡金像奖;与此同时,他还可以算一个相当成功的商人。一个集上述多种身份于一身的人,通常有着丰富的社会资源和人脉关系。在这些有利条件的基础上,如果又能勤于思考,著述不辍,则发为文章,必有可观。戈尔的新作《未来:改变全球的六大驱动力》(*The Future: Six Drivers of Global Change*, 2013)正是一部这样的作品。

《未来》中一个非常引人注目的例子,就是对美国有关当局的监控活动的抨击。斯诺登所揭露的"棱镜门"之类对公民的非法监控,其实戈尔在《未来》第二章中早已经有过充分的揭露。戈尔地位高、名头大,又集多种身份于一身,掌握的信息比一般公众多得多。如果说斯诺登爆出的"猛料"提供了某些具体的例证和细节,那么戈尔不仅从宏观上对美国情报机构的侵权监控进行了揭露和批判,在具体指证上也与斯诺登各有千秋,异曲同工。

戈尔指出:"很多人全然不考虑这样一种前景,即美国政府可能逐渐发展成一个监控之国,而这个国家所拥有的权力将会威胁到公民的自由。"* 他举出了若干骇人听闻的例证。例如,所谓的"网络安全威胁"和"反恐","被用作新的正当理由来建立一个世界上迄今所知最具侵入性和最强大的数据收集系统",这个系统于 2011 年 1 月在犹他州奠基,预定 2013 年年底投入使用,它有能力"监控所有美国居民发出或收到的电话、电子邮件、短信、谷歌搜索或其他电子通讯(无论加密与否),所有这些通讯将会被永久储存用于数据挖掘"。

戈尔所揭露的上述系统,已经是丹·布朗在 15 年前的小说中详细描述过的"数字城堡"的升级版。写小说虽然难免虚构,但丹·布朗总要有一些来自生活的素材吧?从戈尔《未来》中所揭露的情况来看,美国对公众的监控历时已久,政出多门,有多种多样的项目和途径。例如戈尔说:"据一位前国家安全局官员估算,自'九一一'事件起,国家安全局已经窃听了'十五到二十万亿次'的通讯。"

在斯诺登揭露"棱镜门"之后,奥巴马和美国政府

---

* [美]戈尔著,冯洁音、李鸣燕译.未来:改变全球的六大驱动力.上海:上海译文出版社,2013 年 7 月.

官员纷纷出来,为美国情报机构进行徒劳的辩护。在他们的辩护中,"授权"是一个经常出现的措词——仿佛有了"授权",这种监控行径就变得合法和正义了。对此我们可以看看戈尔在《未来》中是怎么说的:

> "《互联网情报分享与保护法案》就是一个准许政府在有理由怀疑网络犯罪时窃听任何在线通讯的美国法律提案,……但是在该法律广义条款下可被视为有嫌疑的互联网通讯量如此巨大,以至于该提案实际上免除了政府部门遵守其他各种意欲保护互联网用户隐私的法律的义务。"

也就是说,有了该提案,"其他各种意欲保护互联网用户隐私的法律"实际上就会统统失效。戈尔对此持强烈的批判态度,他甚至引用了幻想小说《一九八四》来说事:"连乔治·奥威尔都可能会拒绝此类例子出现在他对一个警察国家权力的描述中,以免读者认为不可信。"

斯诺登为《数字城堡》和戈尔补充了细节

现在让我们重温3个时间节点:丹·布朗的小说《数字城堡》出版于1998年;戈尔的《未来》出版于2013年——但戈尔肯定至少在数年前就开始为该书准备材料;斯诺登向世人揭发"棱镜门"是在2013年6月。

在小说《数字城堡》刚出版时,读者如果认为故事中的"数字城堡"纯属想象,固无不可;但戈尔作为一个在政治上大有身份的人,不可能在书中仅凭想象就信口开河,所以《未来》中揭露的相关内容,对于理解斯诺登和"棱镜门"大有帮助——斯诺登以一个"起义特工"的身份,为《数字城堡》的想象和戈尔的揭发提供了骇人听闻的细节和证据。

既然戈尔已经在斯诺登之前就立场鲜明地揭露和批判了美国政府对公众的非法监控,那么一个非常有意思的问题是,戈尔会对斯诺登持什么态度?《南方周末》记者采访戈尔时直接向他提出了这个问题:如何评价"棱镜门"?戈尔是这样回答的:

> 我觉得对这件事情历史会给出一个更好的评价,而不是我们现在所作的评论。毫无疑问的是,充分的证据证明,斯诺登的行为违反了美国法律,……但他揭露的事件是很让人感兴趣的。对于他的所作所为,我们得等待历史的评判。
>
> (引自2013年7月25日《南方周末》)

从上面的回答中,谁都看得出戈尔对斯诺登是同情的,他的这个回答和《未来》一书中的有关立场也是完全相容的。

原载《新发现》2014年第7期

大学是对抗互联网+的最后堡垒吗?

◎ 江晓原

互联网+攻略视野中为何没有大学?

历史上著名的争议人物之一金海陵王完颜亮,虽是女真人却也接受汉文化,传世诗文不多,最有名的当然是这一首:"万里车书一混同,江南岂有别疆封,提兵百万西湖上,立马吴山第一峰。"此诗标题或作"南征至维扬望江左",或作"题临安山水",总之是表现海陵王面对南宋锦绣河山时那种急不可待的征服欲望。

现在,提兵百万的海陵王已有一群,他们就是当今互联网企业的弄潮巨头们,马化腾当然是其中的一位。在《互联网+:国家战略行动路线图》一书中,马化腾和他的部下、谋士、同行、友人及"文学侍从之臣"们,立马吴山,踌躇满志,将工业、农业、金融、交通、能源、建筑、零售、物流、社区……尽数纳入准备征服的视野，"万里车书一混同"的豪情壮志跃然纸上。

然而奇怪的是，在他们的攻略视野中，我没有找到大学——事实上，在这本450余页的书中，连"大学"这两个字都几乎没有出现过！

大学是什么地方？大学不是最早亲近互联网的地方吗？不是硅谷的依托吗？为什么这样一块风光旖旎的临安山水，竟然没有出现在互联网海陵王征服的视野中？难道大学已经变成对抗互联网＋的锡安要塞？还是成了终止海陵王南征的采石战场？

互联网降低学术准入门槛但也矮化了学术

"互联网＋"最近成为极热的热词，它究竟是什么意思，有多种解释版本，比如官方版、马化腾版、阿里版、李彦宏版、雷军版，文字各有异同，意思大同小异。用我自己理解的大白话来说则是：互联网技术的洪水冲决以往各种准入限制，各行各业大洗牌，最终达到打破垄断、降低成本、提高效率的新局面。这个精神我是完全赞成的，因为它在整体上对全社会有利。这和我以往"赞成作为通讯工具的互联网"的立场，也是完全一致的。

对于互联网海陵王的临安山水中所没有的大学，我已经观察很久了，互联网对这片山水的影响，其实是喜忧参半的。

在前互联网时代，学术资料的获取具有很高的准入门槛。比如，你要想研究某个美国学术商人的成功奥秘，不亲自跑到美国去查阅有关档案资料，研究是不可能有效进行的。去一趟美国当然需要成本，这一成本就构成了准入门槛。所以很长时期中国学者普遍回避西方的研究课题，获取学术资料的准入门槛是其中一个重要因素。但是互联网冲破了这样的准入门槛，现在中国学者在自己的校园里，就可以获取许许多多在美国的学术资料。我们上海交通大学科学史的博士们，就成功研究了多项美国和英国的课题。这种现象是符合上述互联网+精神的，也是互联网对大学的正面影响。

但是，再正面的影响，如果一味扩展下去，也可能走入人们不愿意看到的局面中去。比如，互联网冲破了学术资料的准入门槛，上海交通大学的博士可以研究NASA的政治背景，可以研究Nature杂志的前世今生，那么只要有了互联网，某个地区师专的学生也可以研究啊。再往下想，某个考不上大学的乡村学究也可以研究啊。不错，他们都可以研究，进而言之，谁都可以研究。这不正是互联网+精神的体现吗？

这样的影响，在现实世界确实已经产生，其结果之一就是"学术论文"的急速增长。据说在以往10年中，全世界论文的发表数量增长了100倍。你当然可以将这样的现象解读成"学术繁荣"的表现，但显然也可以有别的解读。

要在10年中让论文的发表数量增长100倍，没有互联网的帮助是不可能的，你无法想象世界上的纸质杂志在以往10年中增长了100倍。是互联网提供了"网络出版"这种玩意儿,越来越多的作者们网络投稿,外包的公司网络审稿,然后杂志网络出版。杂志不再受到篇幅的限制,想发表多少论文就发表多少论文。进入这样的局面之后,"发表论文"的实际含义,也就和以往人们熟悉的含义渐行渐远了。

这里我们看到的是,互联网对于大学的学术研究而言,固然有打破垄断、降低准入门槛的功效,却也在同时矮化了学术。而这两点,并不是大学乐意看到的。

大学教育的筛选功能与互联网+的对峙

现代教育,或者我们先收小一点,现代大学教育,有没有问题?当然有一大堆问题。这一点在中国和美国都一样,甚至在发展中国家和在发达国家都一样,至多只是问题的侧重和程度有差别。而在我看来,现代大学教育中的种种问题,最主要的根源,是因为人们没有认识到:现代教育的社会功能已经越来越偏离教育的原初宗旨了。

教育的原初宗旨是什么?可以用8个字一言以蔽之,就是"技能传授,人格养成"。我们中的绝大部分人都想当然地认为,现代的大学教育,就是为了实现这8个字。上面我们谈到的互联网+精神冲破准入门槛,和这个原初宗旨是不矛盾的,甚至是相得益彰的。

然而,许多人没有意识到的是,现代教育另有一项极其重要的社会功能，不是"技能传授，人格养成"，而是"筛选"！

只要社会资源处于短缺状态，"筛选"就是必不可少的——我们必须不断地让一部分人出局，我们的社会资源才够在剩下的人群中分配。以前靠贵族血统或武力杀戮来完成筛选，大家越来越感到太不公平、太不人道。人类社会一直在寻找着更公平、更人道的筛选方式，而现代大学教育就是被选中的相对最公平、最人道的筛选方式。

为什么要搞应试教育？为什么孩子要在学校里学那么多根本没用的知识？我们完全不必为这样的问题义愤填膺。因为无情的答案是：就是为了让一部分孩子学不下去，好让他们出局。怎么可能人人都当美国总统呢？怎么可能家家的孩子都从北大、清华毕业呢？用学习成绩来决定谁出局，总比靠"拼爹"公平，比靠打架人道吧？现在普遍流行的"智商测试"，发挥的也是教育筛选的辅助功能。

如果我们同意现代大学教育具有这样的筛选功能，再去看大学和互联网＋之间的关系就会别开生面。比如慕课问题——这几乎是目前人们能够想到的大学和互联网＋之间唯一的接口，在450余页的《互联网＋：国家战略行动路线图》中，只有一页的篇幅谈到了慕课，作者认为中国的慕课发展得不如人意。

其实，慕课是符合互联网＋精神的，它希望冲破门槛；但它却偏偏是和现代大学教育的筛选功能直接冲突的，因为筛选功能要求高筑门槛。人们推介慕课时，经常会讲"非洲穷孩子也能听到哈佛名师的课"之类的动听话语，也确实有一些"哈佛名师"的课可以从互联网上下载或共享。但是"非洲穷孩子"听了这种课有什么作用呢？为哈佛做做广告是不错的，让这孩子对哈佛心向往之。不过，你没指望这个"非洲穷孩子"也能从哈佛毕业吧？如果慕课真的能让全世界想从哈佛毕业的孩子都从哈佛毕了业，它就彻底摧毁了现代大学教育的筛选功能。而这对于当下大学的利益来说，将是毁灭性的伤害。

所以我预言：只要我们还需要现代教育的筛选功能，互联网＋攻城略地的兵锋就会在大学校门口停下来，大学校园就是互联网海陵王面临的采石战场。我甚至怀疑，马化腾已经知道了这一点，因此在他《互联网＋：国家战略行动路线图》的临安山水中，根本没有画上大学这一块。

原载《新发现》2015年第7期

星际航行：一堂令人沮丧的算术课

◎ 江晓原

一万年太久，只争朝夕

霍金最近心血来潮，就地外文明、外星人等话题发表了意见，引发了媒体对此类话题的很大兴趣。话题之一，就是关于人类进行星际航行的可能性。

与地外文明话题联系在一起的"星际航行"，当然不包括在我们自己太阳系中进行的行星际航行——这种航行人类已经能够进行，尽管目前还只能在离地球不太远的地方（比如火星）稍转一转。由于到目前为止从未发现太阳系之内有别的文明，因此与地外文明联系在一起的"星际航行"总是指在恒星之间的航行。

要讨论这样的星际航行，我们可以先从非常简单的算术开始思考。

通常人们都愿意从离太阳系最近的一颗恒星——半人马座的比邻星——开始思考，比邻星距离太阳系有 4.3 光年，也就是说，以光速从地球到比邻星要运行 4.3 年。

目前人类实际能够达到的最高星际航行速度是多少呢？

从地球上飞出太阳系所需要的"第三宇宙速度"，人类已经能够实际达到，因为我们相信已经有航天器能够飞出太阳系（到底有没有飞出，其实很难确证），这个速度是 16.7 公里/秒。注意这个速度连光速（300 000 公里/秒）的万分之一都不到。当然，按照常理，在此基础上再努力一下，增加一倍左右，达到 30 公里/秒，应该说还是不太离谱的。

如果我们以 30 公里/秒（光速的万分之一）的速度飞向比邻星，至少需要 43 000 年。

如果我们能够达到 3 000 公里/秒（光速的百分之一），飞到比邻星至少需要 430 年（这里完全忽略了飞船出发后加速、到达前减速之类的过程所需要的附加时间）。但这个速度对人类目前的科技能力来说已经是遥不可及了。

其实在不少问题上，430 年和 43 000 年是一样的。比如，这都大大超出了人类的正常寿命，也大大超出了机器的工作寿命（至少到现在为止，人类还没有机会实际考察任何现代机器设备能否安然工作 400 年，更不用说宇宙飞船这样极度复杂的系统了）。

我个人觉得还有一个更大的问题，那就是任何在地球上的人们有生之年看不到结果的实验、考察、探险等活动，虽然在理论上可以进行，但实际上人们总会意识到它对自己已经毫无意义，所以很难设想这样的活动会得到实施。

也许正是考虑到这一点，英国皇家宇航学会在20世纪70年代进行的星际航行模拟研究"Daedalus工程"（希腊神话中Daedalus造了翅膀逃出迷宫），设想的飞行速度是30 000公里/秒（光速的十分之一），这在此后许多关于星际航行的假想中被视为一个重要"门槛"。之所以考虑采用这个"门槛"，也许和上面提到的心理有关——如果花43年飞到比邻星，再等4.3年让无线电报告传回地球，这样在我们有生之年（半个世纪内）还可以得到探险结果。

上穷碧落下黄泉，两处茫茫皆不见

星际航行是一个美丽的梦想，它既可以在当代科学主义纲领下不顾一切地被追求（现今人类的许多航天活动就是这样），也可以从古代纯粹的人文情怀中得到共鸣——《长恨歌》中那个道士还"排空御气奔如电，升天入地求之遍"呢。所以，尽管人类目前实际能够达到的航行速度只有光速的万分之一量级，但这并不妨碍科学家对星际航行展开丰富、系统而且大胆的想象。

这种想象已经提出了多种方案，大体可以分为两条路径。

一条路径是接受目前只能"慢速航行"的现实，考虑千百万年的长期航行。这样的航行必将面临一系列难以克服的困难。

首先是燃料从何处提供？目前人类都是采用固体、液体或气体燃料来驱动飞船，但是飞船出发时不可能携带维持 43 000 年的燃料，目前也没有任何在中途添加燃料的能力。想象中的核动力也难以维持如此之长的年代。其次是机器设备的工作寿命，迄今为止还没有一架航天器持续工作过 50 年，43 000 年谁敢指望？

这还只是考虑无人航天器，如果载人，则宇航员要么"冬眠"，那飞船上的支持系统能工作千万年而不出差错吗？电影《2001 太空漫游》中冬眠宇航员因生命维持系统遭电脑切断而被"谋杀"的命运如何避免？要么在飞船上传宗接代，那这飞船就要被建设成一个小型的地球，这就更没谱了。况且还有近亲繁殖问题。

另一条路径当然是从加快航行速度上来着手，只要速度足够快，就可以消解上一条路径中的大部分困难。这时"Daedalus 工程"中的十分之一光速"门槛"就经常会被用到。已设想的至少有如下几种重要方案：

（1）核聚变发动机。这正是"Daedalus 工程"本身所设想的方案，它用的是氢的同位素氘（D）和氦-3（^{3}He）聚变，这样可以不需用水来冷却发动机，但是方案所需的数千顿氦-3，则只能到木星上去提取。所以这只是史诗般的假想，用来拍科幻电影可以，要实施的话目前人类根本没有这样的能力和财力。

（2）反物质发动机。欲将物质转换成为能量，目前所知最有效者，莫过于物质与"反物质"的相遇湮灭，能够释放出巨大能量。如果想把1吨重的设备，在50年内送到比邻星，初步的计算表明，需要1.2公斤的反物质。但是目前人类的技术能力在这方面还差得太远。关于反物质发动机在技术上离我们有多远，只要提到一个事实就够了：反物质不能存放在任何有形容器中（因为任何有形容器都是物质，两者一相遇就要湮灭爆炸），它只能被悬空拘束在一个真空磁场中。在丹·布朗的小说《天使与魔鬼》中，他只敢想象1克的反物质。而事实上，以人类现有的科技能力，哪怕只生产1毫克（1克的千分之一）反物质，就需要耗尽全世界的能源。

（3）光帆飞船。它很容易在公众心目中唤起诗意的联想，但是真要实施的话，技术上的困难是骇人听闻的。飞船的光帆将大到数十平方公里，厚度则只有16纳米（1毫米的十万分之一多一点）。这样的帆怎样张开？更别说还要操纵它了。还需要在土星和天王星之间的某个位置建造巨大的太阳能-激光转换器，设想中该转换器的直径竟达1公里，据说射出的激光束可以远至40光年也不发散。不过，这个宏伟的方案真要实施的话，它的能量消耗将是现今整个地球生产能力的几万倍。

何以解忧，唯有虫洞？

在上面这些史诗般的狂想方案中，基本上都没有考虑人。人类向外太空的探险行动，最先派出无人飞船当然可以，但最终总要派人到达彼处才行。而一旦考虑了人的因素，立刻会出现两方面的困难。

首先是生理上的问题。在"Daedalus 工程"类型的方案中，要求飞船的巡航速度达到光速的十分之一，即每秒 30 000 公里，这必然有一个现今难以想象的加速过程，人体瞬间能够承受多大的加速度？对某种加速度又能够持续承受多长时间？在民航客机起飞和降落时，这么一点点加速度就会使某些乘客不适甚至发病。宇宙飞船如果急剧加速，说不定刚起飞不久宇航员就七窍流血而死了。

其次是心理上的问题。如果奉派飞往比邻星，以光速的十分之一巡航，这对宇航员来说意味着什么？43 年如一日在船舱里，到了比邻星后，即使能够顺利返回地球，那至少也得 86 年以后了——这其实就是终身监禁啊！世间有几人能够承受？

人类星际航行的真正出路，恐怕只能是目前谁也没见过的虫洞了。

原载《新发现》2010 年第 9 期

地球 2.0？又一堂令人沮丧的算术课

◎ 江晓原

刚好在整整 5 年前，我在本专栏写过一篇"星际航行：一堂令人沮丧的算术课"（载《新发现》2010 年第 9 期）。最近关于"发现另一个地球"的新闻甚嚣尘上，我稍微关心了一下，顺便又备了一堂算术课，忍不住要和读者分享一回。

"发现了另一个地球"是什么意思？

当媒体使用"发现了另一个地球"或"地球 2.0"这样的措辞时，在普通公众心目中唤起的想象，通常是这样的：天文学家在某处找到了一颗行星，那颗行星上的环境和地球相当类似，比如，有大气层，有液态水，有和地球上相似的四季和温度，有距离远近合适的恒星作为它的太阳……

但在想象这种前景之前,我们必须先搞清楚,"发现了另一个地球"到底是什么意思?是我们听到这个说法时通常想象的意思吗?

寻找类地行星的事情,其实一直有天文学家在做,也时不时要想办法在媒体上说一说。这次是 NASA 高调宣布的,它的"开普勒太空望远镜"发现了一颗类地行星,命名为"开普勒 452b"。按照最近公布的数据,"开普勒 452b"年龄约 60 亿岁,公转周期 385 天,质量"可能是地球的 5 倍",据说它的"与地球相似指数"高达 0.98。

但是,千万不能轻易相信这些看起来头头是道的数据,也不要因为它们是 NASA 公布的就顶礼膜拜,因为还有一个致命的数据不声不响夹在中间。我一听说这次"发现了另一个地球",首先就找这个数据:"开普勒 452b"离地球有多远?目前的数据是——1 400 光年。

先回顾一下冥王星的故事吧!

1 400 光年意味着什么?正巧最近冥王星也非常热——尽管在物理上它是一颗"极度深寒"的星球,那我们就拿冥王星的故事当作标尺来用吧。

1 400 光年,就是说以光速(每秒 30 万公里)运行,需要 1 400 年。而冥王星作为太阳系较为边远的天体,它离太阳的距离,以光速运行大约需要 5.5 个小时。这里就需要开始上算术课了:1 400 年 = 365 × 24 × 1 400

小时 = 12 264 000 小时，也就是说，"开普勒 452b" 离地球的距离，是冥王星离太阳距离的 12 264 000 ÷ 5.5 = 2 229 818 倍，或者更粗略些说，"开普勒 452b" 离我们的距离是冥王星离我们的距离的 200 多万倍。

考虑到冥王星距离太阳是地球和太阳平均距离的大约 40 倍，在谈论"开普勒 452b"和我们的距离或者是冥王星和我们的距离时，为了方便，我们其实已经可以忽略地球和太阳之间的平均距离（1 个天文单位）。这样我们就知道，如果说"开普勒 452b"是地球在远方的"大堂兄"或"大表哥"，冥王星简直就像是和我们紧挨着的近邻。

那么我们就来看一看，对于冥王星这个紧挨着的近邻，我们究竟知道多少。

通常关注某颗行星，特别重要的是它的这几个参数：尺度、质量、公转周期、与地球的距离。

冥王星是 1930 年发现的，1980 年出版的《中国大百科全书·天文卷》告诉我们，冥王星的尺度"至今仍未定准"，最初定为 6 400 公里，后来给出的下限是 2 000 公里，当时常采用 2 700 公里的说法。现在较新的数据是 2 370 公里，前后相差 2.7 倍。

冥王星的质量，在 1971 年以前被定为 0.8 倍的地球质量，但到 1978 年被确定为 0.002 4 倍的地球质量，前后相差 333 倍。

只有冥王星的公转周期，前后说法相当一致，约 248 年。但要注意，从冥王星被发现迄今，它只运行了公转周期的三分之一，天文学家还远远没有见证它绕着太阳走完一圈，所以修正的余地仍然存在。

我们对冥王星的探测已经超过 85 年，2015 年 7 月 14 日，"新地平线号"探测器已经从冥王星身边掠过，但我们对这颗"肮脏的冰球"所知仍然极为有限。想一想，对于比冥王星更遥远 200 多万倍的"开普勒 452b"，天文学家能知道多少？他们有多大的依据可以断定这是"另一个地球"？

另外，NASA 又是用什么手段"发现"了"开普勒 452b"的呢？听起来也玄得很，他们的方法是"凌星法"。"凌星法"本来并不玄，比如当金星运行在地球和太阳之间时，有时会在日面上呈现一个微小的黑点，这就是所谓"金星凌日"。但是对于一个比冥王星还要遥远 200 多万倍的恒星来说，是不可能有"日面"的——无论在多大的望远镜中它都只能呈现为一个光点，这种情况下有行星"凌日"能让我们"看见"什么呢？据说这会导致望远镜中那颗恒星的亮度出现极为微弱的变化，NASA 的科学家就是根据这一点"发现了另一个地球"的，这究竟能有几分靠谱，你自己去估摸吧！反正能造成遥远恒星在望远镜中呈现亮度微弱变化的原因，还有好多种呢！

科学界这些镜花水月的发现啊！

30 多年前，有一本《物理世界奇遇记》，在中国理科大学生中红极一时，书中有一句虚构的台词:好莱坞这些粗制滥造的电影啊！是我们同学经常在开玩笑时拿来用的。现在，一句模仿的感叹经常在我脑海中盘旋:科学界这些镜花水月的发现啊！

近年一系列科学新闻都有某些共同之处。从言犹在耳的"原初引力波"，到此次"另一个地球"，中间还穿插着一些小新闻，诸如，在火星上"可能有水"啦（注意在无法判断那上面到底有没有水的情况下，科学家们总是说"可能有水"，而从不说"可能没水"），冥王星上的"大平原"或"氮河"啦……科学家们经常急不可待地将一些捕风捉影的、只是猜测的"重大科学新闻"向媒体兜售，有时学术论文还没有正式发表，就先向大众媒体和科普杂志披露，甚至不惜过一段时间后再向大众媒体和科普杂志表示先前披露的重大新闻"那是一个错误"（所谓的"原初引力波"就是如此）。

有些媒体和记者还喜欢跟着激动——至少是在文章和报道中装作很激动的样子，比如，这次的"开普勒452b"，竟然被说成是"科学发现改变三观"，甚至提升到"为万世而未雨绸缪"这样的骇人高度。这恐怕已经是"刻奇"（出自德语"Kitsch"）了，当心过几天NASA的科学家又出来轻描淡写地对你说"那是一个错误"啊！

那么，"开普勒452b"到底有什么意义呢？老老实实看只能有两个:一是也许在这样的行星上会有和我们人类相类似的高等智慧生物和高等文明;二是也许将来我们地球人类可以移居到这样的行星上去。

我们从小在教科书上读到的是：生命产生的基本条件是要有阳光、空气和水。这个说法并没有错，但它只是从地球这个唯一样本"归纳"出来的。常识告诉我们，只靠一个样本根本无法形成基本意义上的"归纳"，但在我们谈论生命、高等智慧、行星环境之类的问题时，这一点却经常被遗忘。比如，为什么不能想象一种无需呼吸空气或无需阳光和水的生命形态？如果我们同意还可以有其他多种形态的生命或文明，那就将不得不同意，在千千万万个天体上都有可能存在生命，或存在高等文明。这样，"发现了另一个地球"的第一个意义就被消解了。第二个意义更加镜花水月，只要想想"开普勒452b"距离我们1 400光年就可以知道，以人类现有的航天能力，飞往那里大约需要两千万年（参见上一堂算术课）。

其实"发现了另一个地球"还有第三个意义，倒是相当现实的——NASA近年来一直受到削减经费的困扰，它迫切需要增加各方对它的关注。

原载《新发现》2015年第9期

阿波罗登月：用科学工具竖一块冷战里程碑

◎ 江晓原

为何关于登月造假的传说长期流行？

在许多传统"科普"书籍中，20世纪六七十年代美国的阿波罗登月行动，总是被歌颂为人类科学技术进步的伟大里程碑，这种说法当然也被写进有关的教科书中。

然而，长久以来，美国社会对阿波罗登月这一工程却始终存在各种质疑的声音，许多著作认为，NASA的阿波罗登月工程并未真正成功，人类并未真正登上月球。所谓的"登月工程"，实际上是用摄像机和照相机记录的一系列精心伪造的登月证据，并利用普通公众不可能亲自验证这一事件的局限，将阿波罗登月工程"建构"

成一项"事实",然后通过强大的传媒灌输给美国和世界各国公众。

这种质疑阿波罗登月真实性的言论,当然也遭到许多热爱科学技术、热爱美国的人士的激烈驳斥。但值得注意的是,关于登月造假的指控和讨论持续了数十年,不仅没有随着时间流逝而渐趋沉寂,反而在近年隐隐有愈演愈烈之势,参与指控和讨论者的身份更加庞杂,质疑的版本也日渐繁多。这个奇特的话题,似乎已经成为公众谈论科学文化、反思科学技术的平台。

更值得注意的是,这种质疑阿波罗登月的言论,同样在大众媒体上广受欢迎——显然比歌颂阿波罗登月是人类科技进步伟大里程碑的言论更受欢迎。例如,1978年美国政治幻想影片《摩羯星一号》(*Capricorn One*)中的故事讲述,NASA因为航天项目搞了16年,耗费了巨额国帑却一直没有什么成果,已经越来越无法向国会和公众交代,于是首席科学家决定铤而走险,假造出一个震惊世人的巨大成果——发射"摩羯星一号"宇宙飞船,载人登陆火星。这部影片正是质疑阿波罗登月在公众中流行的典型作品,如果以中立的立场来看,会感觉到影片似乎就是为了回答那些对登月造假的驳斥而拍摄的。该影片曾被引进中国大陆公开放映,考虑到那时美国电影很难在中国大陆公开放映,《摩羯星一号》获此殊荣,可能和它有助于"揭露资本主义的腐朽黑暗"有关。

为什么人们热衷于质疑阿波罗登月行动的真实性?

为什么别的科学成就很少遇到这样广泛而持久的质疑？这背后确实是有原因的。

真实的事情，虚假的定性

阿波罗登月到底是不是真实的？绝大部分公众当然不可能亲自去验证——无论是怀疑登月的质疑者，还是登月行动真实性的捍卫者，都是如此。所以大家都只能根据媒体上的材料进行间接推断。

从已经公布的材料来看，阿波罗登月工程曾数次遭到重大挫折，甚至发生灾难。例如，1967年1月27日，"阿波罗1号"的3名宇航员在一次地面演习中被烧死在返回舱中；1970年4月11日，"阿波罗13号"发射中运载火箭第二级发动机未能正常工作，在飞往月球的过程中第二号氧储箱破裂导致爆炸，3名宇航员借助登月舱才侥幸逃生。但这些挫折并不是人们质疑登月行动真实性的主要原因。

据说"几乎没有什么科学家会认真对待登月造假论的观点"，但人们也未见事主出来自辩清白或澄清事实，NASA和当年的宇航员们似乎都对此没有兴趣。1999年7月20日，在华盛顿国家航空航天博物馆举行的纪念登月30周年的仪式上，副总统戈尔向当年"阿波罗11号"上的3名宇航员颁授奖章，表彰他们的贡献，这当然表示了美国政府的态度。但当年的登月英雄阿姆斯特朗，依然拒绝参加任何记者招待会，拒绝签名，拒绝合影——

几十年来他一直选择沉默。然而这些也不是人们质疑登月行动真实性的主要原因。

我和我指导的博士研究生史斌，前些年曾合作发表过一篇学术文本，讨论关于阿波罗登月造假的传说。我们考察了多种关于登月造假的质疑和指控，初步推断的结论是：阿波罗登月是真实的。基本事实大致如下：

阿波罗登月计划肇始于20世纪50年代末，1958年8月8日，美国总统艾森豪威尔签署命令，指示由新成立的国家航天局负责执行载人太空飞行计划，拉开了登月进程的历史序幕。1961年5月25日，肯尼迪政府正式推出阿波罗登月工程，其基本目标是："在这个10年结束之前，把一个人送上月球，并使其安全返回地球。"自宣布之日起，到1972年"阿波罗17号"飞船完成最后一次登月飞行为止，阿波罗登月工程历时11年，耗资255亿美元，先后完成6次登月飞行，把12人送上了月球。

然而，肯定了登月的真实性，并不能解释为什么会有那么多关于登月造假的指控。这里仍然有很大的研究和思考余地。现在看来，关于登月造假传说广泛流行的主要原因，是因为美国政府和世界各国公众及首脑都对此事作了虚假的定性。这种虚假定性是美国政府出于自身的战略需要而建构出来的，但是各国公众及首脑在科学主义思想的影响下，很自然地接受了这种定性。这个定性正是我们通常在教科书中见到的——阿波罗登月是人类科学技术发展的一个里程碑。

究竟是科学的里程碑，还是冷战的里程碑？

阿波罗登月当然是依靠科学技术来完成的，但这个行动本质上并不是一个科学行动，科学技术只是被它利用的工具。当人们习惯于将阿波罗登月和其他科学技术成就相提并论时，就特别容易掩盖这一点。这好比今天如果有人利用计算机犯罪，他这一行动的定性仍然只能是犯罪，而不能是计算机实验或计算机应用。

第二次世界大战结束后，世界分成两大阵营：以前苏联为首的社会主义阵营，和以美国为首的资本主义阵营。从20世纪50年代开始，冷战方殷，双方用直接军事冲突之外的手段激烈争夺。冷战的重要内容之一，就是要向世人证明，自己阵营的社会制度和意识形态比对方的优越。

怎样才算优越呢？民富国强当然是指标，但"科学技术先进"同样是最重要的指标之一。所以当苏联领先一步，成功实现了宇宙飞船载人飞行之后，社会主义阵营一片欢腾，意气风发。当时的苏联和中国报刊杂志上，以文章、诗歌和漫画等形式，连篇累牍地对这一成就进行激越赞颂和引申发挥。这种局面让美国政府坐不住了，总统肯尼迪急切地表示："如果有人能告诉我如何赶上去……没有比这更重要的事了。"

显然很快就有人告诉肯尼迪如何赶上去了——搞出一个比苏联的加加林上天难度更大的航天行动，来证明美国的科学技术比苏联的优越。阿波罗登月工程就是在这样的背景下出台的。所以这个工程从本质上来说就是一个政治工程。但是，这个政治工程背后所暗含的逻辑——证明我们的科学技术比对手先进，就证明了我们的社会制度和意识形态也比对手先进，就可以在冷战中坚定我方信心，提升我方士气——这是不能对公众明说的，所以在一切公开场合，阿波罗登月工程都被建构成一个"纯粹"的科学探索行动。

  那么当时的苏联阵营呢？由于自己在对加加林上天的赞颂和发挥中，率先引用了上述暗含的逻辑，现在这个逻辑既然已经转而对自己不利，也就更乐意接受美国政府对阿波罗登月的虚假定性，将它视为一个科学的里程碑，而不提它的政治性质了。这样我们也就不难理解，为何恰恰是在美国，会有那么持久和广泛的对阿波罗登月行动真实性的质疑，那是因为他们早已注意到它只是一场政治秀而已——他们会想：既然只是一场秀，何必劳民伤财地"真搞"呢？

原载《新发现》2012 年第 11 期

核电就是魔鬼,也要与它同行吗?

——《核电员工最后遗言》中文版序*

◎ 江晓原

　　直到前不久,我仍然是赞成使用核电的。主要是考虑到地球上煤、石油、天然气的储量都是有限的,而能够替代上述三者的能源方案中,核电相对来说是最为"成熟"的。所以我最初听到"核电就是魔鬼,也只能和它同行"的说法时,居然认为可以表示同意。

　　但是读了平井宪夫的《核电员工最后遗言》之后,我改变了观点——现在我的观点是:至少目前的核电技术,作为民用是不宜推广的(军事用途可以例外,比如

---

* [日]平井宪夫著,陈炯霖等译. 核电员工最后遗言. 北京:人民文学出版社,2011 年 11 月.

核动力航空母舰、核动力潜艇等）。因为本书指出了核电现存的一些致命问题——这些问题以前是被我们普遍忽视的。

只报喜不报忧的"核电科普"

在福岛核电站泄漏事故闹得如火如荼的时候，我不止一次被媒体在采访中问到同一个问题：为何在书店找不到关于核泄漏、核辐射等方面的科普书？当然随后许多出版社一拥而上，炮制出一大批这方面的"急就章"书籍，但在福岛核电站泄漏事故之前，我也没有注意过这个问题——也许这个问题一直没有人注意过。

当时我对媒体的回答是：这和我们对科普的认识误区直接有关。我们多年来把科普看作一种歌颂科学技术的活动。在传统的科普理念中，科学技术可能带来的任何危害和负面作用，都被断然排除在科普内容之外。例如，有关核电的科普，总是强调核电如何"高效"和"清洁"，以及现代核电站是如何"安全"。但对核电站实际造成的问题和可能的危害，则几乎绝口不提。切尔诺贝利核电站泄漏事故通常被认为是"环保"的话题，而不是科普的题中应有之义。

核电的"高效"，到现在为止也许尚无问题，但"清洁"就很成问题。我们不能仅仅因为核电站不冒出火电厂烟囱通常要冒出的烟——现在还有更时髦的说法是碳排放——就断定核电站更"清洁"。

一座核电站只要一开始运行，即使是完全正常的状态，也不可避免地会有核辐射散布出来。核辐射无声无色无味，杀人伤人于无形，怎么能说是"清洁"的呢？当然，核电专家会向我们保证说，核电站在设计上有多重保障，即使有核辐射，也足以确保这些辐射是"微量"的，不会对人体有任何伤害。

但更大的问题是，一旦发生了福岛核电站这样的泄漏事故，辐射污染全面进入土壤、空气和海水，还谈什么"清洁"呢？换句话说，核电站对环境的潜在的污染可能性，远远大于火电厂的那些烟尘排放。

在福岛核电站事故之后，有一个已经去世15年的日本人平井宪夫，重新被世人关注。因为他的遗作《核电员工最后遗言》早已预言了福岛核电站今天的命运——事实上现在的事态比他当年的预言更为恶化。

平井宪夫是核电技师，生前参加过日本多座核电站的建设（包括福岛核电站），后因长期遭受核辐射罹患癌症，遂成为废除核电运动的积极分子，他在58岁时去世。他的《核电员工最后遗言》的最大价值，在于提供了来自核电建设和运行第一线的真实情况报告——这些情况与公众常见的"核电科普"以及核电专家的安全承诺大相径庭！

核电站的第一个致命问题

平井宪夫书中最重要的贡献，是指出了如下事实：

核电专家在图纸上设计出来的"绝对安全"的核电站方案，实际上是无法在施工和运行中实现的——因为人在核辐射环境中，生理和心理都使他无法正常工作。所以，核电站无论设计多么合理，理论上多么安全可靠，在实际施工和维护时总是难以达到设计要求，难以绝对保证质量。而设计核电站的人，当然不是那些在现场核辐射环境中施工或检修的工人。

这是一个以前在关于核电的讨论中从未被公众注意到的问题。

平井在书中举过一个例子：有一次运行中的核电机组的一根位于高辐射区的螺栓松了，为了拧紧这根螺栓，不得不安排了 30 个工人，轮番冲上前去，每人只能工作几秒钟，有人甚至扳手还没拿到时间就到了。结果为了将这根螺栓拧紧 3 圈，动用了 160 人次，费用高达 400 万日元。

平井告诉读者，日本的核电站总是将每年一度的检修维护安排在冬季，为的是可以招募附近农闲时的农民或渔民来充当临时工。因为电力公司的员工们都知道检修时环境中有核辐射，他们谁也不愿意去核辐射环境中工作。

核电就是这样一种要求工人定期在核辐射环境中工作，而且还会使周边居民长期在核辐射环境中生活的工业。毫无疑问，这是一种反人道的工业。

核电站的第二个致命问题

核电站的另一个致命问题，是它运行中所产生的放射性核废料。世界各国都为此事大伤脑筋，至今也没有妥善的解决办法。正是在这样因循苟且的状态中，核废料继续分分秒秒在产生出来，堆积起来。

日本的办法起先是将核废料装入铁桶，直接丢进大海（想想日本的渔业吧），后来决定在青森县建立"核燃基地"，计划在那里堆放300万桶核废料，并持续管理300年。美国计划在尤卡山的地下隧道存放77 000吨高放射性核废料，但不幸的是他们现有的核废料已经足以填满尤卡山。而以核电产生的废料放射性钚239为例，它的半衰期长达24 000年，持续管理300年又有什么用呢？

这个问题不是新问题，但确实是一个迄今为止仍然无法解决的问题。

核电站的第三个致命问题

核电站还有一个非常怪诞的问题——如果说世界上竟有一种只能开工运行却无法关闭停产的工厂的话，那大概就是核电厂了。因为核电厂的核反应堆只要一开始运行，这个持续高热的放射性"怪物"就如中国民谚所说的"请神容易送神难"——停产、封堆、冷却，等等，都需要持续花费极高的成本。例如，一个核电机组停机封堆之后，至少需要使用外来电力帮助它持续冷却达 50 年以上。

一个特别生动的例子，就是此次出事的福岛核电站一号机组。据平井宪夫披露，原本计划运行 10 年就要关闭的，结果电力公司发现关闭它是个极大的难题，只好让它继续运行。如今它运行 40 年后终于出事了。

这个问题也是以前在关于核电的讨论中从未被公众注意到的。

核电站比原子弹更危险

在我们地球上，核电站重大事故至少已经发生了 3 起：切尔诺贝利核电站事故、三里岛核电站事故、福岛核电站事故。小的事故就更多了，只是外界不曾注意而已。原子弹当然在核试验中爆炸过多枚，真正用于战争而投放的则有在日本广岛和长崎爆炸的两枚。但上述爆炸都是在受控状态下进行的。

那我们可不可以说：世界上的核电站至少已经发生过 3 起重大事故，而全世界的原子弹还没有发生过重大事故，因而核电站比原子弹更危险？

也许有人会争辩说：谁敢保证原子弹没有发生过事故？即使发生了事故，军方也一定会全力将其掩盖起来。但电力公司也同样有掩盖核电站事故的动机，而原子弹如果真的出了重大事故，恐怕谁也没有能力面对无孔不入的西方媒体长期将其掩盖。

事实上,核电站确实比原子弹更危险——而且危险得多。

这里最根本的原因在于:核电站是要"运行"的,它要持续进行核反应,而投放爆炸之前的原子弹,并不处在"运行"状态中。

核电站的上述3个致命问题,对原子弹来说都不存在。

更何况原子弹是用来攻击敌国的,但核电站要是出了问题,受害的却是本国民众!

所以,运行核电站,难道不比存放原子弹更危险吗?核电站难道不比核军备更应该反对吗?

追问核电:我们为什么要用越来越多的电?

福岛核电站事件之后,全球的核电发展会因此而停滞吗?

各国都有一些激进人士主张完全废止核电,但另一些人士则认为应该积极发展核电。主张发展核电的人甚至提出了"核电就是魔鬼,也只能与它同行"的说法。

要评判这个说法,首先应该思考一个问题:为什么我们总是不断地、毫无节制地增加对电力的需求?

现在,几乎全世界的人都在埋头奔向一种叫做"现代化"的生活,而且已经停不下来了。我们正在一列叫做"现代化"的欲望特快列车上。我们已经上了车,现在发现谁都不能下车了;而且也没人能告诉我们,这列列车将驶向何方;更可怕的是,这列列车不仅没有刹车机制,反而只有加速机制。事实上,可以说我们已经被科学技术"劫持",或者说被"现代化"劫持"了。正是这种状态,导致我们无休无止地增加对电力的需求,以满足自己贪得无厌的物欲。

如果没有切尔诺贝利,没有福岛,也许我们还有理由停留在"现代化"的迷梦中,但事到如今,我们实在应该梦醒,应该反思!如果真的只能与魔鬼同行,那我们是不是应该问问自己,我们为什么还一定要在这条路上行走呢?

我们对待科学技术的态度

眼下的现实是,全球都在死命追求高污染、高能耗的"现代化",煤、石油和天然气不久就会用完。太阳能和风电目前发电成本还很高,技术上也远未成熟,与大规模商业化推广还有很大距离。可是全球对电力的需求仍在快速增长,根本等不及新能源的研发和成熟。所以核电在许多人看来是目前难以放弃的选择。

我们即使不赞成将目前的核电技术推广应用于民用,但并不反对进一步研发更安全的核电技术。如果有朝一日,这种核电技术真正成熟了——以前面所说的3个致命问题都得到有效解决为标志,那也不妨推广应用。

但是,在此之前,我们还能做些什么呢?

我认为能做的事情之一是思考。哪怕这种思考目前只能得出无奈的结论，也比不加思考、只顾向前狂奔要好。

首先是我们看待科学技术的态度。我们不应该只知道一味赞美科学技术，还应该全面看待科学技术，应该对科学技术可能的负面作用提出警告和反思。想当然地认为科学技术必定美好，必定会给我们带来更美好的生活，其实只是盲目的信念。

人类确实正在享用科学技术的成果。但它们是否真正美好，需要时间来检验。比如杀虫剂，使用15年后就被证明危害非常大，可人们已经依赖它和自然界建立了新的动态平衡，想不用也不行了。核电极可能也会形成类似的局面。又如三聚氰胺、瘦肉精，等等，都曾经被我们视为"科学技术成就"，甚至获得过国家奖项，这些"科学技术成就"给我们的生活带来了什么呢？再如对于转基因主粮，如今争议激烈。这些都需要我们深刻反思。

今天的科学共同体，也是一个利益共同体。它也会谋求利益最大化，也会与资本和市场结合，但它身上却一直罩着别的利益共同体所没有的光环。所以它更需要伦理的引导，更需要法律的约束，更需要一切现代资本和市场都必不可少的监督。

2011年7月26日
于上海交通大学科学史系

影响因子是用来赚大钱的

——剥开影响因子的学术画皮（一）

◎ 江晓原　穆蕴秋

影响因子在当今中国的声势

期刊的所谓"影响因子"（impact factor），在中国当下的期刊评价体系中，特别是在科技期刊评价体系中，已经被推崇到荒谬的高度。举例来说，英国的《自然》杂志如今在许多中国学者心目中绝对是高居神坛，而它之所以被学界捧上神坛，主要原因之一就是它在风靡全球的"影响因子"游戏中长期遥遥领先——2014年其影响因子高达41.5，在SCI期刊中位居第七。几乎可以这样说，对《自然》的迷信和崇拜，就是对期刊影响因子迷信和崇拜的表征。

这种迷信和崇拜可以达到什么程度？举个例子就可见一斑：据2006年《自然》杂志上题为"现金行赏，发表奖励"的文章中记载,这一年中国科学院对一篇《自然》杂志上的文章给出的奖金是 25 万人民币,而中国农业大学的奖金高达 30 万人民币以上,这样的"赏格"让《自然》杂志自己都感到有点受宠若惊。

在当前国人的错误认识中,普遍将期刊影响因子看成理所当然的权威学术评估手段,视为一种"学术公器",用于衡量个人、学术团体、研究单位甚至国家的整体学术水平。许多科研机构的管理部门,长期强调并用各种考核手段要求科研人员尽可能将论文发表在国外的高影响因子刊物上,却完全没有看到,这种要求不仅在学理上极为荒谬,而且实际上正在对中国学术造成极大伤害。

影响因子的商业性质

一位《中国科学报》的资深女记者,在和笔者之一讨论有关问题时,曾非常自然地问:影响因子难道不是国际科学界对科研成果公认的最客观评价吗?她这样问,当然反映了她对影响因子公正性的深信不疑。让笔者稍感吃惊的是,在我们的思想认识中,作为一位《中国科学报》的资深记者,她按理应该在这个问题上有着比一般公众及文科学者更为专业和清醒的认识。结果我们看到连她这样的专业人士都受害如此之深,可见影响因子的神话已经误人到什么程度了。

当时笔者之一忍不住告诉她:你要是知道影响因子其实是美国一家私人商业公司推出的一项盈利产品,你就不会那样问了！

非常奇怪的是，国内学界对期刊影响因子的历史形成过程，几乎没有人去关注，而且几乎完全没有人注意到它纯粹的商业性质。出现这种状况的原因，主要是因为人们普遍从一开始就跪倒在影响因子面前，将它误认为是国际科学界的"学术公器"。

让我们先"剧透"一点调查结果：

科学情报研究所（Institute for Scientific Information，通行的简称是 ISI）逐年发布的"科学引用索引"（Science Citation Index，简称 SCI）和"期刊引证报告"（Journal Citation Report，简称 JCR），被当今科学界视为两种最权威的学术评估数据。SCI 可用来检索科学论文被引用的情况，JCR 本质上是 SCI 的衍生产品，它是基于对 SCI "引用索引"（Citation Index）数据进行整合处理后得到的结果，就是期刊的影响因子。许多人误以为它们是由"国际权威科学机构"发布的，实际上这家科学情报研究所从一开始就是一家地地道道的私人商业公司，1992 年又被汤森路透（Thomson Reuters）收购。只是 ISI 的这一性质，多年来一直不太为普通公众和许多学界人士所知。

但是且慢，科学情报研究所难道会是私人商业公司吗？

是的，对于习惯于"循名责实""名实相副"的中国公众来说，这太出人意料了。但是别忘记，这家公司是在美国。

公司创始人尤金·加菲尔德（Eugene Garfield, 1925—　）最初曾使用"尤金·加菲尔德学会"的名称，听上去有点"伪学术"味道，但在1960年改名为"科学情报研究所"之后，听起来就完全像一家政府科学机构了——这对中国这样的发展中国家来说尤其如此。晚年的加菲尔德功成名就之后，对于自己的"成功之道"也不用那么讳莫如深，他曾在文章中非常坦率地承认，他要的就是这种容易引起混淆的效果："特别是在国外，'科学情报研究所'这样的叫法，很容易被当成一家非营利机构。"在美国他这样做并不违反法律方面的任何条规，而在中国公众所习惯的观念中，甚至有可能涉嫌欺诈了。

我们知道，对于长期跪倒在影响因子面前的人来说，仅仅指出它是由一家私人商业公司发布的，可能仍然不足以动摇他们对影响因子的崇敬之情，要真正理解影响因子的商业性质，就有必要进一步了解它的前世今生。

尤金·加菲尔德的创业

SCI 和 JCR 这两种数据行用半个世纪，已经极大地改变了国际科学界的学术生态和发表机制。它们的创立者尤金·加菲尔德不管历史功过如何，已经足以名垂青史。

加菲尔德1925年生于纽约布朗克斯区，从哥伦比亚大学获化学学士学位（1949年）和图书情报学硕士学位（1954 年），从宾夕法尼亚大学获结构语言学博士学位（1961 年）。1956 年，还在职攻读博士学位的加菲尔德已经注册成立了一家小公司，推出了第一款信息产品《目录快讯》（Current Contents，简称 CC），是一种对管理类杂志目录进行定期汇编的小册子。除了零售散卖，贝尔实验室（Bell Lab）成为他的第一家企业用户。加菲尔德回忆，为了完成贝尔的订单，需要先投入 500 美元作为印刷费，这在他白手起家的早期不是一笔小数目，他靠私人银行贷款才勉强度过难关。

1960 年加菲尔德迎来了他事业的转折点。就是在这一年他将公司改名为"科学情报研究所"，与美国国家健康学会合作，获得国家科学基金（NSF）30 万美元，共同承担建设"基因文献引用索引库"（Genetics Citation Index）项目。该项目对 1961 年 28 个国家出版的 613 种期刊 20 000 册上的 140 万条参考文献建立引用索引，进行编目，最终结果共 5 卷，其中基因类文献引用索引独立成一卷。1963 年该项目顺利结项，加菲尔德原指望国家科学基金继续提供资助，将余下 4 卷一起出版，但他的申请未获批准。加菲尔德于是决定自己来干，独立出版，并将 5 卷统一命名为"科学引用索引"，即科学界现今奉为圭臬的 SCI。

SCI 收录一定范围数量的期刊——通常被称为"源刊"（source journals），通过在源刊文本和源刊参考文献之间建立"引用索引"，可提供检索学者的 SCI 论文发表数量和被引用次数——在理工科领域，对学者学术水平的评判现今主要取决于这类数据。1964年加菲尔德首次出版1961年的SCI报告，此后逐年出版，延续至今。他又先后在1973年和1978年开始推出"社会科学引用索引报告"（Social Science Citation Index，简称SSCI）和"艺术及人文科学引用索引报告"（Arts & Humanities Citation Index，简称A&HCI），两者完全套用了SCI的产品思路和模式。JCR从1975年开始以SCI附卷的形式出版，1993年起独立推向市场。

从起源上看，"引用索引"的想法并非加菲尔德首创，它是受到美国一种判例援引法律工具书的启发。美国法律遵照"判例"原则，法院进行判决时，必须与本院或上级法院此前对相似案例做出的判决保持一致。1873年，芝加哥法律出版商谢帕德（F. Shepard）开始出版一种他自己编印的工具书，在判例和援引案例之间建立索引，统一编列并标记判例是否已被推翻、撤销、修改或加入限制条件。这种工具书能帮助律师快速了解一个判例是否仍然适宜援引，出版后大受欢迎，法律人士几乎人手一本。谢帕德的名字甚至衍化出一个法律术语"Shepardize"，意为"查阅《谢帕德引证》"。

而作为一种期刊评估手段，JCR的思想源头可追溯至格罗斯（Gloss）夫妇1927年发表在《科学》（Science）上的一篇文章。他们试图解决这样一个问题：在图书馆预算有限的情形下，应该参照什么标准为学生购买供查阅的化学期刊？最简便的方法，当然是找一个权威专家为图书馆开列一张目录清单，但这会受到专家本人阅读经验的局限和个人好恶的左右。格罗斯夫妇的解决方案，是选取知名刊物《美国化学学会杂志》(Journal of the American Chemical Society)，对它1926年发表的247篇文章的3 633条参考文献进行统计，按引用次数对所有被引刊物进行排序，刊物重要性与排序结果直接对应，图书馆可参照此清单进行购买。这种筛选方式操作简便，且不存在太高专业门槛，很快被其他信息科学家借鉴推广到别的学科领域。

SCI作为JCR的数据基础，相较前人而言，有所突破的地方还在于不再区分学科类别，收录期刊海量增加。但根本区别在于，格罗斯夫妇及其后继者们对期刊进行筛选时，还保持着非常"纯洁"的动机，为的是服务学术，而SCI和JCR却不是这样，它们从一出生就是商业信息产品，"赚钱"是它们与生俱来的属性。

讲个故事推销产品：预测诺贝尔奖

加菲尔德白手起家，从最初500美元都要靠私人银行贷款，发展到今天至少在科学界俨然有君临天下之势的"信息帝国"，确实堪称科学、信息、资本三者结合的传奇。这个帝国的所作所为是好是坏，影响因子本身是不是合理，还不是本文打算讨论的内容，要留待以后再说。但加菲尔德在推销他的产品时，手法高明而且不遗余力，却不可不提。这里也姑举一例以见一斑。

加菲尔德千方百计要让他的信息商品位居高端，乃至凌驾于学术之上,他的关键手法之一是讲了一个动人的故事——SCI可以预测诺贝尔奖。

1965年,即SCI推向市场的次年,在美国海军研究办公室(Office for Naval Research)主办的一次学术会议上,加菲尔德做了大会报告。当时他迫切需要打开SCI的市场,所以这次大会报告很大程度上成为一次不失时机的产品推介。加菲尔德宣称,SCI有5项功能:①便于学者了解前人工作;②可作为评估研究成果的手段;③便于追踪研究成果的发表来源;④可用于计算期刊的影响因子;⑤为科学史研究提供一种辅助手段。

在阐述第二项功能时,加菲尔德选择了最能撩拨学界敏感神经的"诺贝尔奖预测"来进行论证。他利用1964年首次出版的1961年度SCI报告,统计了1961年257 900位学者的成果被SCI论文引用的情况,又统计了1962年和1963年产生的13位物理、化学和医学诺贝尔奖获得者的论文引用情况,数据表明,该13位学者在获得诺贝尔奖的前一年,他们的成果被SCI论文引用的平均数量和次数远高于一般水平。

从表面上看,这确实表明优秀科学家群体有着更高的SCI论文被引用数,但这并不足以支撑加菲尔德的论断:SCI论文引用数可以反过来用于评估单个学者的学术水平。

事实上,就在两年前的一篇文章中,加菲尔德还主动发出警告,利用论文引用次数评估科学家和科学成果可能存在风险,理由是"论文的影响和论文的重要性及意义是两码事"。他甚至非常恰如其分地引用了前苏联科学家李森科的例子，说明如果引用次数最多的作者应该获得诺贝尔奖，那就会得出李森科是苏联最伟大科学家的荒谬结论。而且在加菲尔德举例的13位诺贝尔奖获得者中，已有一个明显反例：按照加菲尔德的统计，1963年度物理学奖获得者约翰内斯·詹森（J. H. Jensen）1961年3篇论文的SCI引用才4次，连引用次数的平均值（5.51次）都未达到。

但是，加菲尔德在随后持续打造SCI产品"学术形象"的过程中，却似乎完全忘记了自己当初发出的警告。从1965年至1983年间，他先后撰写了30多篇文章，力图证明SCI论文引用可以"预测"诺贝尔奖。

在1990年的一篇综述文章中，加菲尔德引用他此前鼓吹此事的30多篇文章，力图将所谓"高引作者名录"和诺贝尔奖联系起来。我们详细研究了加菲尔德这篇文章所提供的数据，发现对数据的处理和使用至少存在3个问题：

第一，加菲尔德非常明显地对数据进行"选择性呈现"。每年新增SCI论文数以万计，这些论文产生的引用会让SCI"高引作者名录"各年大不相同，因此截取年限不同，结果就不一样。加菲尔德提供的6组数据中，起始年份各不相同，截止年份都在1990年（该文写于这一年），截取年限依次为1年、1年、11年、14年、13年和15年，并无章法可循。事实上，在1961—1990年的30年间，所有可能截取的年限共有465种，对应的"高引作者名录"就应该有 465 份——而加菲尔德仅仅给出了其中的 6 份，呈样率不到 1.3%。对于如此明显的选择性呈现，加菲尔德却没有交代任何理由（哪怕是宣称"随机抽取"）。

第二，加菲尔德没有说明"高引作者名录"人数的选取标准。因为名单越长，出现诺贝尔奖得主的概率也就越大。加菲尔德的 6 组数据，名单人数从最初的 50 人扩大到后来的 1 000 人，却没有给出任何解释理由。

第三，没有明确预测的有效年限。通常预测事件发生是有时限要求的。加菲尔德 6 组数据的预测年份截止于 1990 年，只是因为他的文章写于这一年，这意味着预测的有效期限可能止于任何年份，这完全背离了预测的基本要求。

加菲尔德之后，有学者采用相同路径加入预测行列，这些工作对引导学界相信 SCI 论文"高引"可预测诺贝尔奖起到推波助澜的作用，客观上则是在自觉或不自觉地帮助 SCI 推销产品。对于这种预测，学界至今还存在相当大的异议。下面仅举一例：

学者金格拉斯（Y. Gingras）和华莱士（M. Wallace）2010 年发表一项研究，他们对比物理和化学领域的两组数据：逐年统计 1901—2007 年排名前 500 的高引作者的被引用情况，和 1901—2007 年 330 位诺奖得主的被引用情况。统计结果显示，1900—1945 年间，诺贝尔奖得主在获奖当年的平均被引用次数确实高于其他高引作者，出现一个突出的峰值；但是从 1946—2007 年，这样的峰值再未出现。这意味着，1900—1945年间成果引用或许可以看作预测诺贝尔奖的有效风向标，但是自从1946年以后，试图从高引作者中鉴别出诺贝尔奖得主已经完全没有可能。他们对这种变化提出的解释是：20世纪50年代以来科研人数在急剧增加，同时专业分支在不断细化。如果他们的研究结论成立，那就表明：早在SCI作为一种商品被销售之前的大约20年，它在预测诺贝尔奖这件事上就已经失效了。

一个对金格拉斯和华莱士两人上述研究结论非常有利的最新证据是：科学情报研究所2014年公布的"高引作者名录"中，尽管包括多达3 216位科学人士，但该名录2014年的诺贝尔奖预测命中率为零。

然而这并不妨碍"高引作者名录"继续受学界追捧。因为在"SCI引用"风行整个学界的今天，能进入该名录已经被当成学术水平突出的象征。更何况，鼓吹预测诺贝尔奖本来只是加菲尔德当年推销SCI产品的一个手段，时移世易，SCI和影响因子的声势已经如日中天，能不能预测诺贝尔奖早已无关紧要。

ISI"信息帝国"的惊人利润

在加菲尔德创业之前，美国的科技情报工作，倒是和今天中国公众想象的十分接近：通常由政府学术机构牵头采集、整理和公布。套用一句今天的时髦话头，可以说是加菲尔德一手开创了科技情报的商业化经营模式。所以《科学》杂志 1978 年的一篇文章中称加菲尔德为"将信息王国建立在脚注上的百万富翁"。

对加菲尔德而言，1964 年投产 SCI 完全是背水一战的商业冒险。为了弥补资金缺口，他把公司 20% 的股权以 50 万美元价格卖给华尔街风投。老年加菲尔德回顾自己创业时的峥嵘岁月，在一次访谈中告诉记者，当年 SCI 的发售价格为每份 700 美元，它的第一份订单来自美国中央情报局（CIA）图书馆，出人意料的是第二份订单——它来自红色中国。

事实证明，加菲尔德对 SCI 的产品决策堪称"高风险高收益"。SCI 从 1964 年推向市场到 1971 年，ISI 的利润连年以年均 27.5% 的幅度增长。随后又开发的十余款新产品，使公司业务迅速拓展到全球，最终成为世界第一大科技信息服务咨询公司。

除了 SCI 和 JCR 这样的"灵魂产品"，ISI 开发的其他知名产品还包括：①《目录快讯》(CC)，1956 年首次面市，只对管理类期刊进行汇编，翌年起将汇编对象拓展到医药、化学、生命科学等领域的学术期刊。作为 ISI 开发的第一个产品，CC 在 SCI 出现之前一直是公司最赚钱的产品。②《化合物索引库》(Index Chemicus，简称 IC)，该数据库有助于研究者了解新出现化合物的相关研究数据，还可获得重要有机化学期刊对它的评价结果，但 1960 年推出后一直只赔不赚。加菲尔德却对它倾注了巨大热情，手下 4 名主要副手集体辞职也未能迫使他终止。不过 IC 如今已成为汤森路透的又一热门产品。

1988年，加菲尔德把科学情报研究所超过50%的股权卖给JPT出版公司（JPT Publishing）。1992年4月，汤森路透以2.1亿美元价格收购了JPT出版公司。据汤森路透首席运营官说，这项交易主要是为了得到科学情报研究所，"当时科学情报研究所在全球拥有30万客户，每年净利润约为1 500万美元"。到了今天，汤森路透和英国里德·爱斯维尔集团（Reed Elsevier）、荷兰威科集团（Wolters Kluwer），三巨头据统计共占据全球情报市场份额的90%。

至于如今汤森路透旗下科学情报研究所的盈利规模，笔者姑且披露一所我们熟悉的国内著名"985"高校的有关情况以见一斑：该校目前订阅了汤森路透7种信息产品：Web of Science（包括SCI、SSCI、A & HCI等）、JCR、BIOSIS Previews（生物科学数据库）、CC、Derwent Innovations Index（德温特专利情报数据库）、Essential Science Indicators（基本科学指标，ESI）、ISI Emerging Market（ISI新兴市场信息服务），该校每年为此支付的费用超过200万人民币。

想想全中国有多少所类似的高校，全世界又有多少所类似的高校，而且国外许多高校在购买此类数据库时往往比国内高校更为慷慨，再想想科学情报研究所在1992年就有30万客户，就不难想象加菲尔德创建的"信息帝国"如今的盈利规模了。

原载《读书》2016年第5期

影响因子是可以操弄的

——剥开影响因子的学术画皮（二）

◎ 江晓原　穆蕴秋

拙文《影响因子是用来赚大钱的——剥开影响因子的学术画皮（一）》在《读书》2016年第5期刊出后，反响颇大，有点出乎我们的意料。也许这和"A类期刊"风波恰好在此时发生也有关系。这些反响让我们感觉到，不妨将原先计划中第二篇文章的写作稍稍提前一点。

友人告诉我们，第5期上的拙文已经"严重伤害"了某些人士朴素的感情——他们是如此热爱SCI和影响因子，以致当他们发现任何打算"诋毁"影响因子的企图时，都会产生由衷的义愤，而拙文就被认为具有这种企图。

关心此事的读者想必还记得，第5期上的拙文其实只完成了一个任务——揭示影响因子游戏背后的科学情报研究所的纯粹商业性质。这一点之所以有必要揭示出来，是因为国内学者、官员、管理人员和广大公众都长期忽视了这一点，所以笔者认为有必要提请各方注意到影响因子背后的商业性质。

然而，指出影响因子背后的商业性质，却伤害了那些热爱影响因子的人士的感情，从他们对拙文的反应来看，有一个共同点，他们纷纷质问：商业化就必然不公正吗？非商业化而不公正的例子不是也很多吗？

但是，仔细阅读第5期上的拙文，其中有任何一句话可以被解释为"商业化就必然不公正"这样的意思吗？当然没有——因为笔者并不这样认为。事实上，那篇拙文根本没有涉及影响因子的公正性问题。既然如此，上面的质问岂非无的放矢？其实，这种质问背后暗含的逻辑是这样的：

据说中国人普遍有"无商不奸"这样一种传统观念——到底有多普遍也很难说，笔者就不持此种观念，而有些热爱影响因子的人士，看来却恰恰持有这种观念，所以他们一看到有人谈论影响因子背后的商业性质，就会认为影响因子的"清誉"受到了诋毁，或者认为笔者有诋毁影响因子"清誉"的企图，于是义愤磅礴而出。

让我们言归正传，本文的任务是：揭示影响因子可以如何被操弄。先声明一点：限于篇幅，关于影响因子游戏的种种问题，包括它的不合理、不公正之处，并非本文所能尽举，笔者准备在下一篇文章中进一步揭示。

虽然商业化并不必然导致不公正，但具体到影响因子游戏，它的这些不公正之处和商业性质之间，则既有表面的直接联系，更有内在的本质联系。所以，热爱影响因子的人士在阅读本文之前有必要做好思想准备——你们热爱的对象，行将遭到进一步的"诋毁"。

两栖化：中国读者不熟悉的杂志形态

《自然》和《科学》之类的西方科学杂志，能够在学术江湖中获得"顶级"的名头，确实有一些中国公众不熟悉的"神功"。其中一项，简单地说，就是让杂志两栖化——既刊登学术文本（包括原创的论文以及综述文章），也刊登各种各样的大众文本。

就以《自然》为例，目前它每期刊登的文章中，属于学术文本的仅3个栏目：论文（Article）、归类于"原创研究"的通信（Letter）以及综述评论（Review）。通信比较简要，是对某项科研成果的初步介绍，论文篇幅稍长，是对某项研究工作更全面的介绍。但是一定要注意，《自然》还有另外的15个栏目呢！它们是：

消息和评论（News and Comment）、读者来信（Correspondence）、讣告（Obituaries）、观点（Opinion）、书籍和艺术（Books & Arts）、未来（Futures，就是那个发表科幻小说的栏目）、书评（Book Reviews）、消息和观点（News & Views）、洞见（Insights）、评论和视野（Reviews and Perspectives）、分析（Analysis）、假想

（Hypothesis）、招聘（Careers）、技术特征（Technology Features）、瞭望（Outlooks）。

那么，前3个栏目和后15个栏目的篇幅比例如何？从SCI数据库逐年统计的文章篇数来看，《自然》目前前3个栏目和后15个栏目的篇幅比例大致是1比2，也就是说，学术文本只占总篇数的三分之一左右。

这或许会使许多一直跪倒在"国际顶级科学期刊"面前的人大跌眼镜：不会吧？按照中国读者习惯的观念，这样的杂志不就几乎是一本"科普杂志"了吗？

许多人一直习惯将《自然》和《科学》当成"国际顶级科学期刊"，在他们心目中，这样的杂志应该是何等的"学术"！

这里不妨先看一下中国人自己办的科学期刊，在2015年的影响因子游戏中，成绩最好的是《细胞研究》（Cell Research），影响因子为14.8，这仅比《科学》同年影响因子的三分之一稍稍高一点。而2014年能够"有幸"加入影响因子游戏的173份中国期刊（在2015年增至185份）中，90%以上的影响因子都低于3.0，当真是瞠乎其后。可是这些中国科学期刊都是极度、完全、纯粹学术的，通常没有任何非学术文本。那些影响因子数倍、数十倍于中国科学期刊的"国际顶级科学期刊"，难道不应该比低影响因子的中国科学期刊更"学术"数倍、数十倍吗？

相信许多跪倒在"国际顶级科学期刊"面前的人心里，一直就是这样想当然的吧。"国际顶级科学期刊"

怎么可能有三分之二的非学术内容？

但是事实就是如此。不仅《自然》如此,《科学》和《柳叶刀》(Lancet）也是如此。这个名单中还可以加上《美国医学会杂志》(Journal of the American Medical Association)、《新英格兰医学杂志》(The New England Journal of Medicine)，等等，它们都是在影响因子游戏中遥遥领先的"国际顶级科学期刊"。

再看看这几个影响因子游戏"顶级玩家"的成绩吧，下面是它们 2015 年的影响因子数据（四舍五入保留 1 位小数）：

《自然》:38.1；　　　《科学》:34.7；

《柳叶刀》:44.0；　　《美国医学会杂志》:37.7；

《新英格兰医学杂志》:59.6。

在这几个"顶级玩家"中，说实话《自然》相对已经要算最"规矩"的了——如前所述，它的学术文本目前好歹还占到文章篇数的三分之一（这个比例在它的历史上曾经有过大幅变动），《柳叶刀》和《新英格兰医学杂志》就更放得开了，它们的学术文本只占约四分之一到五分之一。

对数字较为敏感的读者是不是已经开始有一点朦胧的感觉：莫非杂志的"两栖化"和杂志的影响因子之间有着某种神秘关系？你看：《自然》非学术内容约占三分之二，影响因子38.1；《柳叶刀》非学术内容约占四分之三，影响因子44.0；《新英格兰医学杂志》非学术内容约占五分之四，影响因子59.6……

当然，事情不像你想象的那样简单。这里先看一组尚不过时的数据：

2014年全球被SCI收录的科学杂志共8 659种，其中影响因子最高的20种杂志中，符合我们中国学者想象习惯的纯学术杂志，即只刊登原创科学论文的杂志，只占1种！其余19种杂志中，两栖类占9种（上面提到的5种都在其中，《自然》名列第7）；综述类（即全部刊登综述文章的杂志）占据10种。

2015年的影响因子数据已经新鲜出炉，SCI收录的期刊增加到8 778种，前20名"顶级玩家"名次稍有浮沉，比如《自然》下降到第9名，《柳叶刀》仍保持在第4名，但总体上没有多少变化。

常识告诉我们，能够在影响因子前20名中占据9席，无论如何不可能是偶然现象，这一数据至少强烈提示了这样一点：两栖化是提高影响因子的"王道"之一。至于具体怎么提高，机制如何作用，详见下文。

中国改革开放已逾30年，许多国外杂志出版了中文版，中国学者在图书馆或网上阅读国外杂志也越来越容易了。按常理来说，中国的读者，中国的杂志编辑或出版人，应该不难注意到上述"国际顶级科学期刊"的两栖色彩，为什么未见中国杂志起而仿效呢？

笔者对2000年以来被SCI收录的中国科学期刊中影响因子前20位的刊物作了考察，发现全部是以发表原创研究论文为主的论文类期刊。我们估计即使对目前被SCI收录的中国科学期刊全部考察一遍，也还是相同的结果。事实上,中国几乎不存在《自然》《科学》《柳叶刀》这种类型的两栖杂志——这一现象将在下文的讨论中显现出更为重要的意义。

国内对影响因子计算公式的表述普遍错误

现在我们终于不得不面对影响因子的计算公式了。这个公式甚至在第 5 期上的拙文中也没有来得及提到。

尽管这个公式每年都会在 ISI 发布的 JCR 报告(期刊引证报告)上被表述一遍,但国内许多学者和媒体在表述这个公式时,却普遍是错误的。举例来说,在 2016 年 6 月 20 日(本文撰写中的日子),从百度上搜索对这个公式的表述,包括"百度百科"中的表述,几乎全是错的(只有维基百科表述正确)。至于它们为何都错,详见下文。

影响因子计算公式的准确表述,当然应该以 ISI 每年发布的 JCR 报告上的文本为准,它是这样的:

一份期刊前两年中发表的"源刊文本"在当年度的总被引用数,除以该期刊在前两年所发表的"引用项"文章总篇数,即为该期刊当年度的影响因子数值。

这个公式从提出到今天,中间曾有过修改;公式中"两年期限"的合理性,多年来也在学术界备受质疑和争议。但为了保持我们思路的简洁,这些都将留待在下一篇文章中讨论。此处我们先要注意的,是这个公式中分子部分的措辞。

上述公式中分子部分的"源刊文本"一词,迹近"学术黑话",其实就是"杂志上刊登的全部文章"。而"源刊文本"又被区分为"引用项"和"非引用项"两类,在通常情况下,"引用项"对应着学术文本,"非引用项"对应着非学术文本。

公式的意思是:在分子部分,它包括了该期刊上前两年所刊登的全部文本在当年度所产生的全部引用。

这就是说,对于《自然》《科学》《柳叶刀》这类两栖杂志而言,占据杂志大部分篇数的非学术文本所产生的所有引用,都会被计入影响因子计算公式的分子值中。

这首先会产生这样一个问题:《自然》《科学》《柳叶刀》这类杂志上的非学术文本,会产生 SCI 引用吗?

这个问题并非没有意义,因为对于长期跪倒在"国际顶级科学期刊"面前的人来说,他们习惯性的想象是:这些杂志的全部篇幅都是用来刊登"高大上"的学术论文的,这些杂志之所以有很高的影响因子,是因为它们刊登的学术论文质量高、影响大,所以人人引用。对这些人士来说,《自然》或《柳叶刀》这样的杂志上,竟然会有三分之二以上甚至五分之四的文章是非学术文本,已属难以想象;更难以想象的是,这些非学术文本(比如 11 岁小姑娘写的幻想小说),难道也会产生 SCI 引用?

答案竟是肯定的。

两栖杂志上非学术文本对影响因子的直接贡献

上述影响因子计算公式中,关于"引用项"和"非引用项"两类文本的区分虽然至今仍不无争议,但对于公式中的分子部分则一直没有争议,因为规则定得非常简单明确:所有文本(即无论是"引用项"还是"非引用项")所产生的引用全部计入分子。

加菲尔德1975年开始出版JCR报告,最初确立上述分子规则时,理由是"非学术文本很少会被引用"。然而有意思的是,在1981年一篇介绍《自然》的文章中,他自己开列了1961—1980年间杂志被引用排名前20的物理学文章,其中就有一篇被引196次的文章属于"非引用项",这就表明,《自然》上"非引用项"也能产生可观的引用次数。

关于"非引用项"对影响因子的贡献,多年来一直受到学界诟病。2005年加菲尔德受邀出席在芝加哥举行的同行评审及生物医学出版国际会议,做了题为《影响因子的历史及其意义》的报告,其中他为自己制订的规则辩护,这次他提出了两条理由:

第一,"非引用项"虽然也会被引用,但主要集中在文章发表的当年,所以不会对影响因子的计算结果产生明显影响(因为上述公式中需要计入的是文章发表后第二、第三年产生的引用)。

第二,影响因子公式尽管包括了"非引用项"的被引用次数，但只会对小部分杂志的影响因子产生相当有限的影响——他估计的幅度在 5%~10% 之间。

但是加菲尔德在上述报告中，并未提供任何数据来支持他的辩护。没有数据支持，他的辩护是否可信？学术界当然不会人人都信。事实上，已有学者对此进行过专门研究，他们用实际数据表明：加菲尔德上述两条辩护理由都不能成立。

先看学者海内伯格（P. Heneberg）2014 年发表的研究成果：他选择了 11 家高影响因子刊物：《自然》《科学》《自然医学》(Nature Medicine)、《自然免疫学》(Nature Immunology)、《科学信号》(Science Signaling)、《细胞》(Cell)、《细胞代谢》(Cell Metabolism)、《细胞干细胞》(Cell Stem Cell)、《新英格兰医学杂志》、《美国医学会杂志》、《柳叶刀》，测算它们 2009 年发表的各栏目文章，在当年度（2009 年）和接下去两年（2010 和 2011 年）的被引用情况。结果表明，加菲尔德的第一个辩护理由完全不能成立。这些期刊上的非学术文本，比如"评论""读者来信""消息"，甚至"更正"之类，在发表后第二、第三年度产生的有效引用，普遍明显高于当年度的引用。也就是说，这些引用必然会对影响因子的计算结果产生明显影响。

另一项研究成果则明确否定了加菲尔德的第二条辩护理由。1996 年学者莫伊德（H. F. Moed）等人为了验证 ISI 关于"可引用项"定义的合理性，挑选了 1988 年的 320 份 SCI 期刊，将"非引用项"的引用次数从影响因子算式分子中完全排除，对"可引用项"（文章、评论和技术通信）的影响因子进行单独计算。结果表明，其中一些刊物上的"非引用项"栏目，其实对影响因子有着很大贡献。

文章着重列出 10 家知名杂志（包括《自然》），它们的"非引用项"对影响因子的贡献，比值在 6%~50% 之间——其中《自然》算是非常小的，也有 11.28%，而《柳叶刀》则高于 50%，10 家杂志中有 9 家大幅超出了加菲尔德所宣称的 5%~10% 之间的限度。

值得注意，莫伊德等人的论文，发表于加菲尔德 2005 年的报告之前 9 年，而且颇有影响，"谷歌学术"统计显示它在正式刊物上被引已达 200 余次。但奇怪的是，加菲尔德在报告中对莫伊德等人研究的结论居然只字未提——很难想象加菲尔德会对此一无所知，因为仅仅一年之前（2004 年），加菲尔德和莫伊德两人还合作发表过论文！

操弄影响因子的捷径：减少分母！

上一节只是揭示了两栖化杂志上的非学术文本对于杂志影响因子的直接贡献，而实际上两栖杂志的这些非学术文本，对于影响因子还有非常重要的隐性贡献，笔者将在下一篇文章中讨论这个问题。

但是笔者知道，到此为止，热爱影响因子的人士心中仍然不服，他们的义愤正在一系列设问中酝酿起来：

好吧，就算我们顶礼膜拜的"国际顶级科学期刊"《自然》和《科学》是两栖化期刊，就算它们的影响因子中有非学术文本的贡献，那总还有学术文本的贡献吧？就算非学术文本对《柳叶刀》影响因子的贡献高达50%，那至少还有一半来自学术文本吧？再说了，两栖化又怎么了？两栖化就不公正吗？

笔者当然也可以故伎重演，反问在本文中有任何一句话可以被解释成"两栖化就不公正"这样的意思吗？当然没有。不过在影响因子这个问题上，规则到底公不公正，到底什么是公正，请先抛弃成见，请先压抑一下对影响因子热爱的情怀，看看下文再下结论。

在本文前一节中笔者已经指出，国内对影响因子计算公式的表述普遍是错误的。想想许多热爱影响因子的人士，其实连自己热爱的对象是什么都没搞清楚，也真是够悲摧的。而造成这种普遍错误的根本原因，则是因为在中国不存在两栖化的杂志，所以影响因子计算公式的表述者们，都想当然地将分母中的"引用项"数等同于分子中的"源刊文本"数。

也就是说，对于中国杂志而言，如果是学术杂志，那么在绝大部分情况下，它的全部文本都是"引用项"，所以"源刊文本"数就等于"引用项"数；如果它不是学术杂志，那么它的"引用项"就是零，因而也就不可能加入影响因子游戏——因为这将导致在影响因子计算公式中分母为零。

中国人将公式理解错了，但洋人们可没理解错，尤其是那些影响因子游戏的"顶级玩家",他们不仅正确理解了公式,而且从公式中看出了操弄影响因子的捷径!

根据公式,影响因子是一个分数值,要将一个分数值变大,途径当然有两条:一条是增加分子的数值,在影响因子游戏中,就是设法追求更多的引用;而另一条则是减小分母的数值——在影响因子游戏中,这可以通过减少"引用项"数量来达到。

为此笔者考察了被中国学界顶礼膜拜的《自然》杂志。简而言之,《自然》大幅提升影响因子的捷径之一,就是利用影响因子的计算公式的分母规则,逐渐减少"引用项"(即学术文本)的数量。对《自然》这样的周刊而言,它还有先天的优势——庞大的发表数量,使得它可以在不引人关注的情形下,逐年减少引用项数量。如果把多年数据进行逐年统计和对比,结果颇为惊人,数据表明:

从科学情报研究所开始出版 JCR 报告至今,《自然》一直在持续减少"引用项"的数量,从 1974 年的 1 502 篇,减少到 2014 年的 862 篇。

与引用项大幅减少形成鲜明对应的是,过去 40 年里,《自然》的影响因子一直在逐年攀升,1974 年为 2.3,2014 年为 41.5。对应《自然》的影响因子排名与此相应,1974 年位列第 55,20 世纪 80 年代后期开始跃升,1990 年至今一直稳居前 10 的位置。

减少学术文本数量可以提升影响因子,原因是显而易见的,事实上并非仅《自然》一家有此做法。根据2007年《皇家医学会杂志》(*Journal of the Royal Society of Medicine*)上的一项研究,1994—2005这10年间,《内科学年鉴》(*Annals of Internal Medicine*)、《英国医学杂志》(*British Medical Journal*)、《美国医学会杂志》、《新英格兰医学杂志》、《澳大利亚医学杂志》(*Medical Journal of Australia*)、《加拿大医学联合会杂志》(*Canadian Medical Association Journal*)等著名医学期刊,学术文章数量都在逐年大幅下降。

这项研究还考察了一个学术文本数量直接左右影响因子的典型案例:在1997—1999年的3年间《柳叶刀》的学术文本曾大幅增加,结果《柳叶刀》影响因子随之大幅下滑,从1996年的17.9下降到1999年的10.0,排名则从第20名下降为第56名。

《柳叶刀》主编后来在《自然》上发表文章谈论此事,说此事纯属意外。1997年杂志把原本不计入影响因子公式分母的"通信"(Letters),分为读者来信(Correspondence)和研究通信(Research Letters),前者不计入公式分母,后者由于走同行评审程序,ISI就将其归为"原创论文"计入分母,这直接导致杂志的"引用项"数量大幅增加。

《柳叶刀》2000年原本计入"引用项"的数量是821项,经与ISI讨价还价"沟通"之后,"纠正"为684项。此后《柳叶刀》及时进行"矫正",大幅削减学术文本数量,影响因子随之一路回升,2000年为15.0,2005年升至23.8,2014年高达44.0,跻身影响因子游戏"顶级玩家"

之列。而 2014 年《柳叶刀》的"引用项"已经减少到只剩 271 项了。

另一奥妙：减少哪些学术文本？

实际上，杂志在"利用两栖性质减少学术文本以提升影响因子"的策略实施过程中，还另有隐性机制作用于其间：既然决定减少计入分母的"引用项"文章，当然就可以尽量减少以往低引作者或低引主题的文章，而这一点完全可以通过考察该杂志前几年学术文本的引用情况来做到。

例如，《自然》2005 年就曾发表过一项统计表明：2004 年《自然》89% 的引用数是由 25% 的文章贡献而得。2002 年和 2003 年《自然》共发表约 1 800 篇引用项，其中只有不到一半的文章在 2004 年被引超过 100 次——排名第一的文章引用超过 1 000 次，其余绝大部分被引都少于 20 次。

上述统计结果还表明，论文引用和学科类别直接相关，从 2003 年度《自然》发表的论文来看，热门领域如免疫学、癌症学、分子生物学、细胞生物学方向的论文，引用在 50~200 次之间，而冷门专业如物理学、古生物学和气候学，论文引用通常少于 50 次。

所以，杂志编辑部完全可以多登高引文章，少登甚至不登低引文章。

这里需要特别补充一点：一本杂志要实施上述"自

主选择",前提条件是,它不能是国内学者想象中的"学术公器"——匿名审稿并由编委会决定稿件的刊用与否。而《自然》这样的杂志恰好不是这种"学术公器"。

《自然》的现任主编坎贝尔(Philip Campbell)2014年在接受果壳网的采访时,对中国读者有过一段非常坦率的表白,这对于我们理解《自然》的性质非常有帮助:

> 我们所做的就是发表我们认为有意义的文章。我们从不设编辑委员会,我们有同行评议人帮助我们,我们的编辑一直是选定文章和做最终决定的人,他们花费大量时间拜访实验室、阅读论文,掌握科学发展的最新情况。自然集团的所有期刊都这样。

这段话的要点是:《自然》并非国内通常意义上的学术刊物——因为它既不实行学术同行的匿名审稿制度,也没有编委会(2015年它宣称"允许作者要求进行双盲审稿",但这显然并非制度,审稿人也无权最终决定文章刊用与否)。

讨价还价和黑箱操作

上文《柳叶刀》案例中,同一类型的文本,归入"通信"栏目就不算"引用项",归为"研究通信"栏目就算"引用项",还暴露了影响因子规则存在的另一漏洞:两栖刊物栏目繁多(比如《自然》目前就有18个),而各刊物对栏目的命名并不统一，除了"综述评论"和"论文"之外，ISI对刊物其余栏目是否归属"引用项"，界定并不明确。

《自然》和《科学》就都有这种情况，加菲尔德在早年的文章中曾专门指明，除"评论"之外，《自然》归为"引用项"的栏目是"论文"和"通信"，《科学》归为"引用项"的栏目是除"评论"之外的"论文"和"报告（Report）"。而对《科学》上的常设栏目"通信"不算为"引用项"的做法，加菲尔德的解释是，"不可将《科学》的'通信'混同《自然》的'通信'，因为后者相当于《科学》上的'报告'"。

按实际发表内容而不仅凭名称来决定栏目的归属，当然合乎情理，但问题在于，由于人力的限制，ISI很难做到对所有两栖刊物的每一期、每一栏目都进行仔细甄别，这就为刊物提升影响因子留下了操作空间。

2006年，美国《公共科学图书馆医学杂志》（*PLOS Medicine*）在题为"影响因子游戏"的文章中披露，该杂志2005年首次被SCI收录的时候，他们曾通过邮件、电话、面谈等方式展开说服工作，试图让其时已归属汤森路透旗下的ISI少算分母项，而类似做法在行内已是公开秘密，"编辑们都试图说服汤森路透减少杂志的分母数，而公司拒绝把挑选'引用项'的过程公之于众"。几番接触下来，他们意识到，除原创论文之外，汤森路透公司对余下哪些文本应该归入"引用项"，完全含糊其辞。《公共科学图书馆医学杂志》的情形是，分母项如果只包括原创论文，影响因子将达到11，如果将所有文本全部包括在内，影响因子将直降为3。从最终结果来看，杂志的这番讨价还价似乎产生了效果，2005年它的影响因子是8。

照这样看，为了影响因子计算公式的分母数值大小，和汤森路透讨价还价的事是经常发生的。计算公式虽然年年在JCR报告上公开表述，但具体到某本杂志，其中的分母数值到底怎么计算，却大有上下其手的空间，而汤森路透是不会将计算过程公之于众的。

果如《公共科学图书馆医学杂志》所言，期刊和汤森路透公司之间讨价还价的做法已如此普遍，公司又坚持黑箱操作，则其间是否存在"权力寻租"性质的问题，很难不引人遐想。比如，我们可不可以进一步设想，作为一家精明的商业公司，这样的规则漏洞有没有可能是科学情报研究所最初有意留下的呢？

原载《读书》2016年第9期

从韩春雨事件看影响因子迷信之误人

◎ 江晓原

影响因子的江湖故事已经讲了 8 回,当然还未讲完,不过因为最近突然出了一件与影响因子有密切关系的新鲜事,所以这次要插叙一节"外传"。

韩春雨事件最近越闹越大,传统媒体和新媒体上,有关报道连篇累牍,有人认为此事"正大踏步向丑闻迈进"。我既不想判断韩春雨造假与否,也不打算对涉事各方进行任何道德评价,而是想对事件中某些尚未引起注意的细节进行解读。我的奢望是,不管此事尘埃落定时是何种结果——韩春雨成功了,或韩春雨造假了,或不了了之了,我下面的解读都仍然能够成立。

做科学实验,实名有那么难吗?

2016 年 5 月 2 日,河北科技大学副教授韩春雨,在

《自然·生物技术》(Nature Biotechnology,《自然》杂志的专业子刊之一)上发表论文,宣称他成功利用 NgAgo 进行基因编辑,他的这种基因编辑工具与目前实验室最为流行的基因编辑工具 CRISPR-Cas9 各具优势。此事经国内媒体报道之后,韩春雨顿时名声大噪,立成"网红",他在论文中所说的这项工作,甚至被说成是"诺贝尔奖级别的工作"。

据说韩春雨论文发表之后,许多国内同行纷纷与他联系,希望重复并跟进他的工作。但是不久之后就出现越来越多关于他的实验无法重复的质疑。

8月3日,河北科技大学对《人民日报》采访记者承诺,韩春雨将在一个月内"采取适当形式公开验证,届时将有权威第三方作证",但这项承诺至今未能兑现。

到10月10日,《科技日报》报道了韩春雨接受记者的访谈,韩春雨对记者表达的意见中包括:一是他自己"没有必要自证清白";二是质疑他的实验无法重复的人都没有实名,"他们要是愿意实名出来,我们就让重复实验成功的人实名出来"。

到这里就有深度解读的必要了:为什么试图重复韩春雨实验的人,无论是对媒体表示自己无法重复的,还是韩春雨宣称能够成功重复的,到那天为止——离韩春雨论文发表已经超过整整5个月了——都不肯让别人知道自己是谁?想想看,做科学实验嘛,体面、光荣、崇高,又不是做什么见不得人的事情,实名有那么难吗?

13个团队与韩春雨的巨大反差

也许是韩春雨对《科技日报》记者表达的关于"实名"的意见，在10月10日见报之后刺激了一些学者，也许只是时间上的巧合，第二天的媒体就报道了13位国内重复韩春雨实验的科学团队的负责人，实名指证韩春雨的实验无法重复。

让我们先将这13位学者排列出来，看看能够解读出哪些信息：

这次愿意站出来发表公开声明的13位学者依次是：

北京大学生命科学学院教授魏文胜；

北京大学生命科学学院研究员孙育杰；

北京大学分子医学研究所教授熊敬维；

中科院动物研究所研究员王皓毅和李伟；

中科院生物物理研究所研究员王晓群；

中科院生物化学与细胞生物学研究所研究员李劲松；

中科院上海生科院神经科学研究所研究员杨辉；

浙江大学生命科学研究院教授王立铭；

上海交通大学教授吴强；

华东师范大学生命科学学院研究员李大力；

哈尔滨工业大学教授黄志伟；

温州医科大学教授谷峰。

总共12个团队，13名教授（研究员）。这12个团队中，中国科学院4个，北京大学3个，浙江大学、上海交通大学、华东师范大学、哈尔滨工业大学、温州医科大学各1个。中国科学院下辖各研究所，作为中国科学研究的"国家队"那是毫无疑问的，而上述6个大学中，5个都是目前中国大学等级最高的"985"高校，只有温州医科大学是省属普通高校。

再让我们回过头来看看韩春雨和他所属的学校吧：河北科技大学也是一所省属普通高校，韩春雨还只是一位副教授。

想想这个"盛况"，难道没有一点奇怪吗？10多个中科院和"985"高校的大教授和他们所负责的科研团队，都在重复一位省属普通高校副教授的工作？

借用金庸武侠小说中描绘的江湖图景，这些大教授即便没达到少林方丈、武当掌门的名位之尊，至少也都是"名门大派"中的高僧、高道一流人物吧？这样的人物会去练一个类似海沙帮小头目的武功？

也许这就是大家5个多月都不肯实名的隐秘原因吧？大家都在悄悄练呢。

估计江湖上最近在练"NgAgo神功"的大人物，应该远远不止这次愿意站出来实名指证的13位——还有不愿意出来实名指证的呢！还有如韩春雨所宣称的能够重复实验的呢！

影响因子迷信遮蔽常识催生幻想

接下来的问题当然就是："名门大派"的高僧、高道们为什么会一窝蜂去悄悄练一个海沙帮小头目的武功？

本来在正常情况下，依据常识是不会出现这种"盛况"的。我的一个已毕业的博士听到韩春雨"诺贝尔奖级别的工作"的最初反应是：这种实验挺费钱的，韩春雨所在的学校恐怕没有条件支撑吧？所以他倾向于不相信韩春雨的论文成果。这其实就是常识，这种常识本来在很多情况下可以让人们作出比较正确的判断。

可是，这次海沙帮的"NgAgo神功"有"琅琊阁"的背书，情况就大不一样了！韩春雨的论文发表在《自然·生物技术》上，这家杂志2016年的影响因子是43——要知道在中国名声如日中天的《自然》这次也只有38！这么高的影响因子意味着什么？意味着它在全球八千多种SCI杂志中排名第五！

在极度顶礼膜拜影响因子的中国科学界，论文发在这样的"国际顶级科学期刊"上，足以震晕一大堆"名门大派"的高僧、高道们，它甚至把饶毅教授和邵峰院士这样的人物也镇住了，使他们成为第一批"对韩春雨的科研工作给予正面评价的科学工作者"。当他们两人也认为韩春雨所在的河北科技大学的某些做法已经"欠合适"之后，在9月21日致河北科技大学校长的信中，谈到他们当初肯定韩春雨工作的原因："鉴于韩春雨的工作经过严格的同行评议发表在严肃的国际学术期刊《自然·生物技术》上，且未有同行看出论文有任何明显问题，根据我们自己的学术背景，我们按照国际学术惯例正面肯定了韩春雨的工作。"显然，这本杂志全球排名第五的极高影响因子，不可能不影响他们对韩春雨工作的判断。

那么，河北科技大学让饶毅教授和邵峰院士感觉"欠合适"的又是什么事呢？他们在致校长的信中指出，是学校对韩春雨"过高或不必要的支持"，包括在开学典礼上热捧韩春雨、为他"继续争取2亿以上的经费"，等等。

其实河北科技大学的做法不难理解：最近江湖盛传，教育部要废除"985"和"211"，以"双一流"取而代之，正在节骨眼儿上！省属普通高校多年来被教育部直属高校、"211"高校、"985"高校，还有更高的所谓"C9"（第一批985高校）层层压在头上，积怨久矣。对于省属普通高校来说，"一流大学"固然无望，但"一流学科"却开了方便之门，河北科技大学正是宣称要建设"基因编辑领域的一流学科"，决定用韩春雨豪赌一把。

加入这场赌局的还有河北省，"2亿以上的经费"就是河北省许诺的；7月13日，韩春雨发表论文才两个月，就当选为河北省科协副主席。国家自然科学基金也闻风而动，立项资助韩春雨"基因编辑技术的完善及应用研究"100万元……

这一切的源头，就是影响因子！

现在，只有韩春雨成功，才能为影响因子挽回一局。

原载《新发现》2016年第11期

科学已经告别纯真年代

◎ 江晓原 杨 天

现阶段不应在中国推广转基因主粮

《瞭望东方周刊》：围绕转基因的争论近几年一直没有停歇。2010年初，您曾参与发布了《关于暂缓推广转基因主粮的呼吁书》，而您新近主编的ISIS文库中也有一本《孟山都眼中的世界》，讲述的正是转基因的历史和争论，以及这种生物技术给全球各地带来的伤害。那么，对于转基因技术，您的态度是怎样的？

江晓原：我认为转基因技术现在研究是没有问题的，但是至少目前绝对不应该推广转基因主粮。

一个理由是这个技术现在有争议，我们现在还没有办法确切判断它对人和环境是否有害，并且我们现在也没有什么必要急着去推广它。急着推广转基因技术的人，说服我们的理由之一就是说它是无害的。但是即使无害也不一定要急着推广啊！我们也没看见它有什么好处啊！（转基因技术）产量上现在看来没有什么大的提高，而在防治病虫害这一点上争议也很大，不仅可能带来其他方面的问题，而且新的中立研究表明，同样时间内，转基因作物在降低使用农药的幅度上还不如传统同类作物。

作为一个不研究转基因技术的人，对于这些细节都是不清楚的。我们能确定的一点，就是对于这项技术有争议。有争议的事情为什么还要急着推广它呢？为什么不可以缓一缓，先进一步研究呢？

在方舟子和崔永元对这一问题的争议中，方舟子说崔永元不是专家，不懂这个技术，所以没资格说话。这个逻辑就是只有专家才有资格说话。但只有专家才愿意推广转基因主粮啊，这就变成了只有愿意推广转基因主粮的人才有资格说话，别人都没资格说话。这是什么逻辑？转基因主粮是一件涉及公众和整个国家利益的事情，所以每个人对这件事都有发表意见的权利。即使不懂转基因技术，也有资格发表意见。

西方国家在解决这一问题上的基本原则是，科学家觉得做某件事情好，就应该去说服公众究竟好在哪里，一直到取得公众的认同才可以做。如果公众不同意，那么就坚决不能做。比如，美国当年的超级超导对撞机项目，都已经花了20多亿美元了，但因为公众意见很大，在美国国会的听证会上他们也不能说服民意代表，最后这个项目只好下马。科学家对此很愤怒，抱怨公众阻碍了他们的科学研究，可是这个项目所需的资金来自纳税人，那就得说服纳税人同意。

《瞭望东方周刊》：那么，现在西方国家说服公众推广转基因技术了吗？

江晓原：当然没有。例如，西欧的大部分国家都禁止转基因作物的种植。我国农业部2009年就给转基因水稻"华恢1号"和"Bt汕优63"颁发了安全证书，这被认为是在国际上的"创新"之举。转基因作物在别的国家普遍受到质疑，而他们的政府则采取了谨慎的态度。

美国前副总统戈尔在他的新书《未来：改变全球的六大驱动力》一书中说得就很清楚：孟山都公司控制着世界上90%的转基因种子的基因，所以，不管转基因作物到底有没有害，孟山都公司肯定是获利的。既然如此，为什么有些人要急着替孟山都公司在中国获利呢？很多人觉得这么做会损害中国的国家利益，如果这个判断没道理，推广转基因主粮的人应该正面回应嘛。他们应该正面回应自己同孟山都等公司到底有什么关系，应该正面回应这个技术中自主研发的比例到底占多少。为什么面对公众和媒体时，对于经济利益的问题总是讳莫如深呢？

事实上，在转基因主粮这个事情上，经济利益是很敏感的，但是他们讳莫如深。他们竭力把这个问题转化为一个科学问题——吃转基因食品对人有害没害。你如果同意转基因作物的推广是一个科学问题，话语权就到他那里去了。因为你又不懂，只有他懂啊！他告诉你没有害啊！作为不了解这个技术的公众，我们唯一能肯定的是，"转基因作物对人和环境到底是否有害"还存在争议，我们并不能完全相信这个技术是无害的。

还有一个理由是对安全问题的看法。这个也是容易让人有误解的。很多人以为安全是一个客观的东西。专家能告诉我们安全与否，我们因为不懂，只能选择相信。其实安全不是客观的，你自己觉得不安全，这本身就是不安全的因素之一。所以不可能由别人来宣布你安全与否，就像不能由别人来宣布你幸福与否一样。杯弓蛇影的故事讲的就是这个道理，你以为自己吃进一条蛇的时候，你的身心健康就受到伤害了，你就不安全了。所以北大刘华杰教授就说，人民群众觉得转基因食品是不安全的时候，它就是不安全的。

基于这些理由，在转基因主粮的问题上，我的主张是"现在不应该推广"。

科学早已告别纯真

《瞭望东方周刊》：关于转基因问题的争论，可以放在科学和商业资本结合的大背景下考察。那么，对于科学和商业资本的结合，您又是怎么看的？

江晓原：现在科学和资本的结合越来越紧密，这不是一个好现象。

《瞭望东方周刊》：为什么呢？

江晓原：因为这种结合完全终结了科学的纯真年代。

当科学和资本结合在一起的时候,我们就应该重新回忆马克思当年所说的那句话:资本来到世间,从头到脚,每个毛孔都滴着血和肮脏的东西。这句话到了今天你又会觉得有道理。

科学和资本的结合其实也是我们自己要这样做的。我们向科学技术要生产力,要经济效益,但是当它给了你经济效益的时候,它就不纯真了。现在有些人还在利用公众认识的错位,把已经和资本结合在一起的科学打扮成以前纯真的样子,并且要求人们还像以前那样热爱科学。但实际上科学早已不纯真了,已经变得很积极地谋求自己的利益了。

我们现在知道了科学和资本的结合,就应该对科学技术抱有戒心。这样的戒心才能更好地保护我们的幸福。这个戒心就包括,每当科学争议出现的时候,我们就要关注它的利益维度。比如,围绕转基因主粮推广出现争议时,我们为什么要听任某些人把事情简化为科学问题?为什么我们不能问一问这个背后的利益是怎么样的呢?比如核电的推广,我们为什么不问一问这个背后的利益又是怎么样的呢?你可以看到,凡是极力推广这些东西的人,都拒绝讲利益的事情,因为利益就在他们自己那里。但是公众有权知道这背后的利益格局。

"一列欲望号特快列车"

《瞭望东方周刊》:您把今天的科学形容为"一列欲

望号特快列车"，这是为什么？

江晓原：我们以前对科学技术发展快是讴歌的，那时候我们自己科学技术落后，就老觉得发展最好要快。实际上，真的那么快了之后，你会发现它太快是有问题的。何况现在快了也没办法慢下来，谁也不能下车，车也不能减速，越开越快，也不知道会开向何处，这不是很危险吗？

《瞭望东方周刊》：这和戈尔在《未来》一书中所说的"过度发展"是一个意思吗？

江晓原：完全是一样的，这个概念整个是配套的。戈尔批评的"过度发展"，就是煽起人的无穷无尽的欲望，然后把这种欲望当成社会发展的动力。在这种动力推动下的发展，肯定很快就进入过度发展的阶段。现在早就是过度发展了。

《瞭望东方周刊》：您提出了科学发展有一个临界点，这个临界点具体指什么？

江晓原：这个临界点可以从多种角度解读。一种解释是这样的：最初科学技术是按照我们的意愿为我们服务的，我们要它解决什么问题，它就照做。但是随后，它开始不听你的话了，你没叫它发展，它自己也要发展，你没有某方面的需求，它也要设法从你身上引诱、煽动出这个需求来。

《瞭望东方周刊》：这方面有没有具体的案例？

江晓原：最典型的就是互联网。互联网一日千里的发展到底是谁在推动的？其实就是资本。资本自身要增值,是互联网巨头们的自身利益决定了他们要发展这个东西。互联网上新的诱惑层出不穷,这些诱惑很多本来都不是我们想要的。

《瞭望东方周刊》:关于临界点,还可以有什么样的解读?

江晓原:从科学和资本结合的角度也可以理解临界点。在科学的纯真年代,科学是不和资本结合的。科学不打算从它的知识中获利。比如,牛顿没有从万有引力理论中获利,爱因斯坦也没有从相对论中获利。但是今天,每一个科学技术的成绩都迫切想要和专利挂钩。所以,今天突飞猛进发展的技术都是能挣钱的技术,不挣钱的技术就没有人研究。这又是一种理解临界点的路径——现在科学技术是爱钱的,以前是不爱钱的。

《瞭望东方周刊》:越过了临界点的科学,对人类未来的发展会产生什么样的影响?

江晓原:那是不可知的,非常危险。

《瞭望东方周刊》:危险在哪里?

江晓原:会失控。这就是我用欲望号快车来比喻现今科学技术的原因。它不停地加速,没办法减速,也没办法下车,开往何处是不知道的。我们以前只觉得科学是个好东西,要快点发展,不问它会发展到哪儿,会把我们带到哪儿。我们就相信它肯定会把我们带去天堂。但现在知道,它不一定能把我们带去天堂,万一是地狱呢?

《瞭望东方周刊》:就是已经超出人类能控制的范围了。

江晓原：我们现在说要对科学有戒心，已经是一个很无力的表达了。实际上，很可能已经控制不住了。但即使是在这样的情况下，有戒心总比没戒心好吧。有戒心的人可能会少受点害吧！比如，我现在就还用着老式的手机，不用智能手机，也远离移动互联网，这就是戒心的一种表现。起码可以少浪费我的时间，也不容易被误导。

科学政治学

《瞭望东方周刊》：随着社会的发展，科学与商业结合之外，与政治的关系也越来越密切。您曾经说过，全球变暖、台湾的"核四"争议等都是科学政治学的典型个案。那么能否请您解释一下科学政治学的含义？

江晓原：科学政治学包含了两层意思：一是科学和政治之间的相互作用；二是科学在运作过程中自身显示出来的政治。这两个"政治"并不完全相同。比如我们说办公室政治，说的就是办公室这样一个环境在运作中显示出来的政治色彩。实际上，这两个方面最后的根都可以追溯到经济上去，在很多情况下，经济是目的，政治只是手段。

《瞭望东方周刊》：那您怎么看待科学和政治之间的关系呢？

江晓原：科学和政治的结合也和科学告别它的纯真年代相关，科学和政治或者和资本的结合都会导致不好的结果。

《瞭望东方周刊》：您觉得科学和政治以及和商业资本之间的结合会越来越紧密吗？

江晓原：现在的确是有这样的趋势。这也正是我们应该担忧的。为什么在发达国家，反科学主义的思潮越来越深入人心？那是因为他们比我们更早看到了这一点。科学技术发达到一定程度，它才会和商业资本结合。在很落后的地方，很落后的科学是不能和商业资本结合的，商业资本看不上它。所以，发达国家的公众比我们更早地看到了这一天，他们在这方面的认识也比我们提前一些。

《瞭望东方周刊》：他们有没有一些具体的行动？

江晓原：比如，各种各样的环保行动，对各种项目上马的限制，甚至是让某种项目下马。这些都是具体的行动。环保运动最初正是从西方发达国家开始的。现在我们的科学也逐渐发展起来，西方看到的我们也看到了，他们经历过的我们也正在经历着。

科学主义与反科学主义

《瞭望东方周刊》：您刚才提到了反科学主义。事实上，关于科学主义和反科学主义的论争从十多年前一直延续至今，能否谈谈您对这两个概念的理解？

江晓原：先解释一下什么是科学主义，知道了什么是科学主义，就知道了反科学主义，反科学主义就是反对这种"科学主义"，而不是反科学的主义。

科学主义有3个基本认知：一是认为科学等于正确；

二是相信科学可以解决一切问题;三是认为科学是至高无上的知识体系。这3点是互相依赖的。如果一个人同意这3条,那么他就是一个科学主义者。反科学主义反对的正是这3条。

《瞭望东方周刊》:科学主义在中国的现状如何?

江晓原:多年来,我们一直不自觉地宣传着科学主义,或者叫唯科学主义。因为一开始我们老觉得自己科技落后,要追赶上去,所以,我们给科学的地位远远超过了西方发达国家给科学的地位。比如,我们有科普机构,有《科普法》,这在发达国家是没有的。我们从上而下设置了很多科普机构,别的学问为什么就没有这些普及的机构呢?这是因为我们给了科学一个过高的地位。这样的地位肯定会滋生科学主义的思想。你给了它这样超乎一般的地位,本身就意味着它高于别的知识体系。这也是为什么后来中国科学院和中国科学院学部主席团联名发表《关于科学理念的宣言》,其中明确指出,避免把科学技术凌驾于其他知识体系之上。

《瞭望东方周刊》:那您觉得我们现在对待科学的态度究竟应该是怎样的?

江晓原:只要正确认识到科学已经告别了它的纯真年代,我们就很容易获得对科学的正确态度——科学只是一个工具而已,而且这个工具也是能伤人的,所以要对它有戒心。就像一把切菜刀,好人拿它做菜,坏人拿它杀人。但是你得防范它可以用来杀人。

科学只是一个工具,我们现在不能不用,但它不应该是我们崇拜热爱的偶像。我们今天不应该再谈什么热爱科学了，就像我们不必热爱切菜刀一样。对一个你需要对它有戒心的东西，怎么能再热爱呢？

《瞭望东方周刊》：所以，您提倡的反科学主义，是说要在认识到科学正面作用的同时，也要反思它对人类社会发展所产生的一些不利影响？

江晓原：对。我们要认识到它对人类社会可能带来的危害和已经带来的危害。许多中国公众现在对于科学还停留在一个模糊的、过时的认识中，我们需要获得一个正确的认识。但是，科学共同体希望人们仍然把它当成纯真年代的它，其实它已经不是了。就像孩子已经开始学坏了，可是还在试图让他的父母相信他是个好孩子。

《瞭望东方周刊》：反科学主义思潮现在在中国的发展如何？

江晓原：基本还停留在学院里。北大有给研究生讲授的 SSK 课程，几乎所有的关于科学知识社会学的经典著作都已经在国内翻译出版了。虽然作为一种学术研究，它还停留在学院层面，但是由于一些学者不断在公众媒体上发表有关论述，实际上公众也并非对这种思潮毫无了解。另外，很多公众从常识出发，同样可以达到合理的认知。我接触过的很多朋友，他们并不了解 SSK 是什么，但是他们对于一些具体问题的理解也是合情合理的，他们通过别的渠道让自己离开了科学主义所希望他们停留的那个立场。比如很多反对推广转基因主粮的人士，并没有思考过什么科学知识社会学的问题，他们是从常识和良知出发这样做的。

核电的前景已经黯淡下来

《瞭望东方周刊》：福岛的核危机其实也给了人们某些警醒。核电以前一直被宣传为是安全、清洁、高效的能源，但是从切尔诺贝利到福岛，一系列重大核事故的发生，是否颠覆了人们原有的这种认知？

江晓原：正如戈尔在《未来》一书中明确指出的，核电的前景已经黯淡下来。

核电的成本是无法估算的。戈尔在《未来》中说，在美国和欧洲都找不到一家公司愿意替你估算核电厂的成本，这就说明它根本不是经济的——因为它的成本包含了一些高风险因素。一旦核电厂出了问题，都是社会来埋单的。比如，福岛一号机组的灾难发生后，日本社会为它支付了巨额的善后费用，甚至到现在还在为它埋单。这些都要算在核电的成本里面。这就和车险是一个道理。保险公司收多少车险，与行车记录有关，记录越不好，车险越贵。核电出过那么几次大的灾难，这个险得多高啊！

还有清洁，这对公众是个很大的误导。煤燃烧时会冒烟，你肉眼可以看见它污染环境，可是核反应所产生的核辐射、核废料的放射性，普通人是无法察觉的。核废料的问题，现在全世界没有一个核电厂有办法解决。从美国开始，大家都对这个问题因循苟且。这也是为什么德国等国要大力提倡废止核电的重要理由之一。

所以,对核电这个问题,我的态度也和对转基因主粮问题类似,我觉得现在重要的不是推广,而是继续研究,如果科学家能研究出更安全的核电,特别是能研究出解决核废料的方法,那时再谈推广也不迟。

前段时间台湾的"核四"争议也说明,现在电不是不够用,(大力发展核电)这里面也有利益因素。

《瞭望东方周刊》:您觉得目前全球的能源危机靠科学能解决吗?

江晓原:我觉得仅仅靠现有的科学技术手段是肯定不能解决的。当然人们都寄希望于未来的科学技术。但科学技术的发展是不可知的,比如受控核聚变等技术成功了,能源问题当然也可能一朝解决。但这些目前看来都是狂想类型的,还远远不能变为现实。很多人担心的是,在传统能源耗尽后,新的替代能源还没有找到,这不就完了吗?

其实我们对待能源有两种不同的思路。一种是人类的欲望可以无限膨胀,只要不断用科学技术开发新的能源来满足这种欲望,在这条路上会越走越快,一个欲望被满足之后,会催生下一个欲望。另一种是从根本上解决问题,就是控制我们的欲望。如果我们能控制住,那么地球上的传统资源也许能支持更长的时间,这就给我们留下了更长时间来研究未来的能源。也许有一天传统能源还未枯竭的时候,新能源已经出现了,人类也有救了。如果现在不节制,仍然继续拼命用,只是幻想着也许有一天能解决，或者干脆饮鸩止渴，即使核电不安全也先上马，最后要么核电导致不可收拾的结局，要么就是资源用光，地球走向灭亡。这两种前景，在西方的科幻小说和电影里已经无数次想象过了。

《瞭望东方周刊》：所以正确对待能源危机的方案应该是既开源又节流？

江晓原：开源当然是指继续抓紧研究新能源，节流则不是简单地推广节电技术，重点是要约束我们的物欲。现在提倡的绿色环保，讲的就是这个。

人文当然高于科学

《瞭望东方周刊》：您很早就使用了"科学文化"这样的表述，为什么要用这样的表述？

江晓原：我们有一群朋友学术背景各不相同，有的是科学史、有的是科学哲学。我们从10多年前开始使用"科学文化"这样的词汇。因为这个词汇的包容性比较大，科学史、科学哲学、科学社会学都能包容进去，甚至科普、科学传播也可以包容进去。

我和刘兵一直在主编一种名叫《我们的科学文化》的丛刊，一年出两本。最初取的就是"科学文化"这个词汇的包容性。这个词在我们用了10年后，一些官方语境中也出现了。比如国家新闻出版总署找专家评审有关的图书项目，他们的分类里就会有"科学文化"这样一类。

《瞭望东方周刊》：能否谈谈科学和人文之间的关

系?您的态度是怎样的?

江晓原: 在我现在的观念里,人文当然是高于科学的。科学在我看来就是一个有点危险的工具。它当然要依靠人文来规范。一个人的人文素养是最重要的。有人采访我,问我推荐学龄前儿童看什么科学书籍,我说他们此时不需要看科学书籍,这个时候应该看的是能提升人文素养的东西。学习科学有什么可急的?从小学开始不就有科学教育吗?人文肯定应该高于科学,工具怎么能比人重要?你自己的修养最重要么!科学只是用来做事的,人文是用来做人的,做人比做事重要。路甬祥任中国科学院院长时,就曾在很多次演讲中提到,要用法律、伦理规范科学。

《瞭望东方周刊》: 您觉得科学和人文之间现在产生了矛盾,根源究竟是什么?

江晓原: 如果我们认识到科学只是工具,本来是不会产生什么矛盾的。冲突的产生是由于科学企图凌驾于人文之上。科学被赋予了不恰当的地位,这就使得某些人觉得科学是至高无上的。正是这样的科学主义观念,导致了科学和人文之间的冲突。

《瞭望东方周刊》: 要调和这种矛盾有什么可能的路径吗?

江晓原: 可能的路径就是重新给科学定位——科学就是一个有危险性的工具,有了这个定位,这些问题就都解决了。

《瞭望东方周刊》: 现在有"公众理解科学"的提法,

这和传统的科普有什么区别?

江晓原:"公众理解科学"是西方流行的提法。这是一种互动的关系,不是公众单向被灌输科学知识,这和传统科普是不同的。现今公众在学校教育阶段早就完成了基本的科学教育,他们也不需要全面了解各种科学,比如你就不需要了解你的手机是怎么造出来的。所以科学和公众之间已经隔得很远,单向向公众灌输科学知识已经没有什么意义。

"公众理解科学"则包含了公众关注科学和自己的生活之间的现实联系。比如,要上马化工项目,会影响人们居住的环境,人们就会去抗议。这就是公众理解科学中的一部分。当然这里面也仍然包含了传统科普,只是它已经退化为"公众理解科学"的一部分了。"公众理解科学"中包含了传统科普的内容,也包含了以前所没有的内容。比如现在我们会谈核电的危害性,这就是以前传统科普里没有的。

《瞭望东方周刊》:所以,"公众理解科学"和您之前说的对科学的重新定位是有联系的,并且它有助于解决科学和人文之间的矛盾?

江晓原:对。是有帮助的。

科学与宗教

《瞭望东方周刊》:还想请您谈谈科学与宗教的关系。您在《科学十五讲》中说到:科学和宗教信仰的关系,它们之间不是对立的关系，而是并行不悖的关系。您能否具体解释一下您的这种观点？

江晓原：从科学史的角度来看，科学和宗教的关系一直是并行不悖的。在有些情况下，宗教甚至帮助了科学。在中世纪，是谁保存了知识的种子？正是教会的修道院。科学和宗教之间其实并非你死我活的关系，这种关系是我们以前自己建构出来的，好像科学一直在受迫害，科学和宗教是不相容的。中科院的《关于科学理念的宣言》中说到的"避免把科学知识凌驾于其他知识体系之上"，"其他知识体系"也未尝不可以包括宗教。

有个典型的例子很能说明问题。在中国的教科书中，都说布鲁诺因宣传"日心说"被烧死，而西方学者几十年前早已研究证明，布鲁诺被烧死主要是因为他鼓吹宗教改革。但是我们一直把这个故事作为"宗教是科学的敌人"的典型案例。

《瞭望东方周刊》：那科学和宗教是怎样相互影响的呢？有没有具体的例证？

江晓原：比如中世纪的那些神学论证，无论是对思维的训练，还是直接的思想方法，对科学都有借鉴和帮助作用。往往论证一个事物时所遵循的程序，当它被用来讨论科学问题时也一样适用。

随着科学的发展，其实宗教也一直在修改着对世界的看法。比如，《天体运行论》曾经出现在他们的《禁书目录》上，不久之后不是也被拿掉了吗？

《瞭望东方周刊》：您觉得科学最终会取代宗教吗？

江晓原：不可能。这两者的功能不同，是难以相互替代的。科学是人们处理物质世界时的工具，宗教用来安慰人的心灵。不过，什么都是可以发展的，这两者中的某一个如果发展到连另一方的功能也具备的时候，取代也未尝不可。但现在我们至少还看不到这样的趋势。人们的心理出了问题，一般不会在科学那里找答案吧？在西方，即使是一些科学主义者，也有很多人还是信教的。

科学与伪科学

《瞭望东方周刊》：从古至今，公众对于神秘事物与现象的兴趣一直不减。公众甚至一些科技工作者，都对风水、算命、气功、星座占卜、人体特异功能等人们通常所认为的伪科学表现出浓厚的兴趣，对此，您怎么看？科学、伪科学之间的界限何在？

江晓原：科学和伪科学之间的区分，从根本上说是不可能的。这正是科学哲学上说的划界问题，是没办法解决的。所以，不可能为科学和伪科学的划分设立一套普适的判断依据。但是具体到某件事情上，哪个是科学，哪个是伪科学，有些是可以判断的。因为通常我们认为那些按照现有的科学理论和规范来操作的东西就是科学，反之则不是。但不是也并不一定就是伪科学，当它没想把自己打扮成科学的时候，它仍然不是伪科学。只有当那些东西照现在科学的规范来判断不是科学，但又要宣称自己是科学的时候，才能被称为"伪科学"。

《瞭望东方周刊》：能举一些具体的例子吗？

江晓原：比如中医。为什么有人要把中医称为伪科学呢？是因为有些中医觉得自己被说成不是科学很难受，极力为自己正名是"科学"。他们这么做的时候，就被人说成是"伪科学"了。如果中医理直气壮地宣称自己不是科学，谁会说你是"伪"的呢？这个世界上不是还有很多不是科学的东西存在吗？艺术、宗教等等都不是科学，为什么我们不称它们是伪科学呢？

另外，我们对伪科学要有一个正确的态度。我主张对伪科学宽容。我认为伪科学只要不危害社会公众的利益，不危害他人的利益，就让它存在着好了，不必去打压它。有人要把伪科学想象成科学的敌人，要对伪科学斩尽杀绝，这是不对的，对科学的发展也没好处。伪科学可以成为科学的温床。西方发达国家的科学比我们先进，其实他们对伪科学也比我们更宽容。如果利用伪科学犯了罪，也不用罪及伪科学本身；就像利用科学犯了罪，我们通常也不罪及科学本身。

《瞭望东方周刊》：那么，伪科学的发展是否会对科学的发展有某些促进作用？

江晓原：这种促进作用在历史上是有过的。比如，炼金术催生了化学，星占学对数理天文学的发展也有过促进作用。从这些例子里我们都能看到，伪科学和科学并非处于敌对阵营。

《瞭望东方周刊》：您刚才讲到了中医，您曾提出"对待中医要有新思路"，能否具体谈谈您的看法？

江晓原：我不是中医，也不懂中医，所以我对中医的看法纯粹是我从科学哲学和常识出发思考的结果。我觉得今天中医一个重要的宣传策略，应该是不要把自己打扮成科学，因为这样容易被别人说成是伪科学。其实中医自有一套看待世界的图像，与科学是不同的。中医的图像里有阴阳五行、经络穴位，这在科学那里没有。中医用一根针扎进某穴位就能对肉体产生影响，这在西医的理论中是很难解释的，但在中医确是行之有效的。

另外，我们在思考中医未来地位时，应该注意到，在西医进入中国之前，几千年来中国人的健康一直是由中医呵护的，这个呵护是很成功的，所以你得承认中医的有效性。另外，今天在医德日渐败坏的情况下，让西医有一个竞争对手，这不是符合反垄断的基本思想吗？让公众有另外一个选项，有什么不好呢？

事实上，西医在西方人那里也不是科学，只是在进入中国时被我们说成是科学。在西方的学科分类里，科学、数学、医学三者经常是并列的，这就说明医学并未被看成科学的一部分。而且西医的历史更不堪问——和中医相比，西医在相当长的历史时期内是那样的低级、野蛮，只是最近一两百年才被弄成很"科学"的样子，动辄弄个很大的仪器检查人体，即使这样，西方人也没承认它是精密科学。

原载《瞭望东方周刊》2013 年第 39 期

为什么人工智能必将威胁我们的文明?

◎ 江晓原

我要跟大家分享的观点,听起来可能更明确,我主张,对人工智能的发展,至少应该进行重大限制,而且这种限制现在就应该进行。

人工智能的好处就不用说了,想必大家都知道。现在在媒体上一点都不缺关于人工智能好处的信息,而且很多搞人工智能的人士也整天跟我们讲好处,所以用不着我再跟大家讲了。我们现在需要讲人工智能的危险。

对于人工智能这样的东西,我们必须认识到,它跟以往我们讨论的所有科学技术都不一样。现在人类玩的最危险的两把火,一把是生物技术,一把就是人工智能。生物技术带来很多伦理问题,但是那把火的危险性还没有人工智能大,人工智能这把火现在最危险。最近一些商业公司,通过"人机大战"之类的商业炒作,一方面加剧了这种危险,但另一方面也激发了公众对人工智能前景的新一轮关注,这倒未尝没有好处。

我们可以把人工智能的威胁分成3个层次来看:近期的,中期的,远期的——也就是终极威胁。

近期威胁:大批失业、军事化

人工智能的近期威胁,有些现在已经出现在我们面前。近期威胁基本上有两条:

第一条,它正在让很多蓝领工人和下层白领失去工作岗位。现在较低层次的人工智能已经在很多工厂里被大量采用。有些人士安慰我们说,以前各种各样新的技术发明出现的时候,也曾经让一些工人失去岗位,后来他们不都找到新的岗位了吗?但是人工智能不一样。你们也许已经在媒体上看到过,包括人工智能的从业者自己也都在欢欣鼓舞地展望,说我们现在绝大部分的工作岗位,人工智能都是可以替代的。

果真如此,显然这个社会将会变成绝大部分人都是没有工作的,只剩下少数人有工作。对于这样的社会,我们人类目前没有准备好。我们今天如果有少数人没有工作,多数人有工作,我们把少数人养着没问题,这样的社会是现有的社会制度和伦理道德结构能够承受的。但是如果颠倒过来,这个社会中有相当大的比例——且不说超过50%，按照那些对人工智能的展望，将来90%以上的工作岗位都会被人工智能取代。比如说，你们想听一场我的报告也用不着找我，找个人工智能来做做就可以了，说不定比我的报告听起来还要来劲。

当这个社会大部分人都没有工作的时候，社会会变成什么样？肯定会非常不稳定。那么多没有工作的人，他们可以用无限的时间来积累不满、酝酿革命，于是就会危及社会稳定。无论东方还是西方，无论什么意识形态的社会制度，在这个形势面前都将黯然失色。所以说人类还没有准备好。

顺便再展望一下，既然90%以上的工作岗位都可以由人工智能来取代，那么"革命战士"这种工作岗位能不能由人工智能来取代？革命能不能由人工智能来发起和进行？当然也可能。但是想想看，这样的革命会带来什么呢？很简单，那就是科幻影片《黑客帝国》和《未来战士》中的世界——人类被人工智能征服、统治、压迫。

这是人工智能近期的第一个威胁，现在在很多工厂已经出现了。对工厂来说，这个级别的人工智能是很容易实现的。那些工厂的管理者说，我们换一个机器人上来，它的成本只不过是3个工人一年的工资，但是它们管理起来太容易了。管理工人很难的，你让他加班他不愿意，加班加得多了他可能跳楼自杀或上街游行，而机器人你让它24小时一直干着都没有问题，管理成本又节省下来——管理成本往往是无形的，不是那么容易计算的。结果是，换用机器人很容易就可以收回成本，一年就收回来了。所以他们乐意用机器人取代工人。我看见我们一些地方政府还通过政策鼓励当地的工厂用机器人来换掉工人，你就不想想，你所在的城市，不需要几年，几百万工人失去工作，到那个时候后悔就来不及了。

人工智能第二个近期的威胁，加入军队的人工智能是可怕的。但现在以美国为首的某些发达国家，最起劲的事情就是研发军事用途的人工智能。研发军事用途的人工智能本质上和研发原子弹是一样的，就是一种更有效的杀人手段。为什么伊隆·马斯克之类的人也号召要制止研发军事用途的人工智能？道理很明显，研发军事用途的人工智能，就是研发更先进的杀人武器，这当然不是人类之福。

今天我们只能、而且必须抱着和当年搞"两弹一星"类似的心态来进行军事用途的人工智能研发。军用人工智能就是今天的"两弹一星"。

比较理想的局面，是各大国坐下来谈判，签署限制或禁止人工智能的国际协议。目前国际上已出现这样的倡议，但是仅来自某些学者或学术机构，尚未形成国家层面的行动或动议。

中期威胁：人工智能的反叛和失控

我们再来看人工智能中期的威胁。大家肯定早就在媒体上看到过，有一些人工智能的专家安慰大家，你们现在不要担心，人工智能现在还很初级，即使它战胜了李世石，不过是下个棋；即使它会作诗、写小说，它还是很低级的，你们不用担心。这种安慰非常荒谬。

我们都知道那个"养虎遗患"的成语，如果那些养老虎的人告诉我们说，老虎还很小，你先让我们养着再说，我们能同意这样的论证吗？你让我们同意养老虎，就得证明老虎不会吃人，或者证明你养的不是老虎。要是老虎养大了，它要吃人了，就来不及了。

这个成语非常适合用来警惕人工智能的失控。各种各样的科幻作品，刚刚主持人也提及，像影片《黑客帝国》中的场景，人工智能建立了对人类社会的统治，我们人类就完蛋了。我们为什么要研发出一个统治我们的超级物种？这是会失控的。针对这种失控，一部分专家安慰大家说人工智能现在还很低级，你们不用担心，这个论证是不充分的。老虎虽然小，也不能养。

当然，还有一部分专家说，你想让我们提供关于人工智能这个"老虎"不吃人的证据，我们有啊，我们有办法让我们的人工智能不吃人、不反叛，变成不吃人的老虎。理由是什么？我们只需要在人工智能那里给它设定道德戒律。

围绕在人工智能中设定怎样的道德戒律，用怎样的技术去设定，专家们确实已经想过各种各样的方案了。但是这些方案可行吗？任何一个具体方案，如果仔细琢磨，就会发现这些方案都是有问题的。但是我们当然不可能在这里逐个纠缠这些方案——待会在讨论中我们或许可以挑个把方案仔细讨论。我们先不考虑具体的方案，我们只要考虑一个总体的情形，就足以让我们警惕。

简单地说，如果通过为人工智能设置一些道德戒律，就指望它不会学坏，那么请想一想，我们人类到现在为止，能够做到让每一个后代都学好吗？做不到。我们总是有一部分学坏的后代。对这些学坏的后代，难道家长和老师没有向他们反复灌输过各种道德戒律吗？况且社会还有各种各样的法律制约，结果仍然还有一部分人不可避免地学坏。

从这个情形来推想，人工智能就算是你的一个孩子，你能确保他不学坏吗？

更危险的事情是，人工智能会比人类更聪明。现在人类有一部分后代学坏，还没有颠覆我们的社会，那是因为他们毕竟没有变成超人，总体跟我们是一样的，一小部分人学坏，大部分人还是可以制约他。要是那个学坏的人是超人，他掌握了超级智能后依然学坏，你就将没办法控制它。然而现在人工智能研发追求的是什么境界？不弄出"超人"来，科学家肯罢手吗？

所以，那些盲目乐观、说我们能让人工智能不学坏的人，请先解决怎么确保我们人类自己的后代不学坏吧！如果人类不能在总体上杜绝我们后代的学坏，那你们对人工智能不学坏的信心又从何而来？

在考虑人工智能的中期威胁时，还必须考虑人工智能与互联网结合的可怕前景。主要表现为两点：

（1）互联网可以让个体人工智能彻底超越智能的物理极限（比如存储和计算能力）。

（2）与互联网结合后，具有学习能力的人工智能，完全有可能以难以想象的速度，瞬间从弱人工智能自我进化到强人工智能乃至超级人工智能，人类将措手不及而完全失控。

另外，鼓吹人工智能的人在安慰公众时，还有一个非常初级甚至可以说相当低幼的说法："我们可以拔掉电源。"专业人士在试图打消公众对人工智能的忧虑时，也经常提到"我们可以拔掉电源"的说法。但实际上他们完全知道，如今人工智能已经与互联网密切结合——事实上，这一点正是许多大企业极力追求的，借用如今高度发达的定制、物流、快递等社会服务，人工智能几乎已经可以摆脱对所有物理伺服机构的依赖。而当人工智能表现为一个网上幽灵时，没有机体和形态，将没有任何"电源"可拔。

人工智能和互联网结合以后，危险成万倍增长。以前对于个体的人工智能，智能的增长还会受到物理极限的约束，但一旦和互联网结合，这个物理极限的约束就彻底消失。人工智能可以在极快的时间里自我进化。

去年流行一篇很长的文章，在很多圈子里风传，那篇文章稍微有点危言耸听，但结论我同意。作者想论证这样一种前景，就是说人工智能一旦越过某个坎之后，自我进化的速度是极快的，快到不是以年月来计算，而可能是以分钟来计算，以秒钟来计算。一瞬间它就可以变成超人。一旦变成超人以后当然就失控了。因此说老虎还小的人，你以为老虎跟现在一样一年长出一点来，如果这个老虎一分钟长大一倍，这样的老虎还了得？虽然现在很小，过5分钟就能吃掉你了。

我甚至觉得，人工智能这把火玩得不好的话，不要说在座的年轻人，说不定我的有生之年就要看到灾难。当然，对于这种事情，我本质上是乐观主义者，虽然看到了这样危险的前景，我也还是得乐观地生活。每个人都不能因为觉得末日可能要来临，就不过好自己的每一天。

另外，对像汪镭教授这样搞人工智能的专家，我和他们是这么说的：你们要知道，在我所预言的危险前景中，你们是最危险的，因为你们就在老虎身边，老虎最先要吃的，很可能就是你们这些人，所以要特别警惕。

远期威胁：终极威胁是消解人类生存的根本意义

从中期看，人工智能有失控和反叛的问题，但是人工智能的威胁还有更远期的，从最终极的意义来看，人工智能是极度致命的。

大家肯定听说过阿西莫夫这个人，"机器人三定律"就是他提出来的。目前在搞机器人的行业里，有人表示三定律还是有意义的，但是也有一些专家对三定律不屑一顾。如果对3个定律仔细推敲的话，我相信汪镭教授肯定会同意下面的说法：三定律绝对排除了任何对军事用途机器人的研发。因为只要让人工智能去执行对人类个体的伤害，哪怕是去处死死刑犯人，就明显违背了三定律中的第一定律。但是搞军事用途人工智能的人会说，这三定律算什么，那是科幻小说家的胡思乱想，我们哪能拿它当真呢？

很多人不知道的是，这个阿西莫夫还有另一个观点——所有依赖于人工智能的文明都是要灭亡的。

阿西莫夫有一部史诗科幻小说《基地》系列，共11卷，其中对人工智能他有一个明确的观点。对于人工智能的终极威胁，他已经不是担忧人工智能学坏或失控，他假定人工智能没学坏或没失控，但这样的人工智能还是会毁灭人类的，因为这样的人工智能将会消解我们人类生存的意义。

你想想看，所有的事情都由人工智能替你干了，你活着干嘛？你很快就会变成一个寄生虫，人类这个群体就会在智能和体能上急剧衰退，像虫子一样在一个舒适的环境里活着，也许就自愿进入到《黑客帝国》描绘的状态中去：你就是要感觉快活，这个时候乖乖听话的人工智能完全可以为你服务，主人不是要快活吗？我把主人放在槽里养着，给他输入虚假的快活信号，他就快活了，这不就好了吗？

从根本上来说，人工智能像我们现在所希望、所想象的那样无所不能、听话、不学坏，这样的人工智能将最终消除我们人类生存的意义。每一个个体都变得没有生活意义的时候，整个群体就是注定要灭亡的。

所以我的结论是：人工智能无论它反叛也好，乖顺也好，都将毁灭人类。

我的观点倒是跟最近史蒂芬·霍金、比尔·盖茨、伊隆·马斯克等人联名公开信的观点一致,他们也希望各大国坐下来谈判,与签署核裁军的国际条约相类似,对人工智能也签署一个国际条约。比如说,在这些条约中,我们要严禁研发军事用途的人工智能,要严禁人工智能和互联网结合起来——但现在这一步已经挡不住了,这一步已经迈出去了。

所以人工智能这个事情,无论从近期、中期、远期来看,都是极度危险的。无论它们反叛还是乖顺,对人类也都是有害的。因此,我完全赞成应该由各大国谈判订立国际条约来严格约束人工智能的研发。这个条款应该比美俄之间用来约束核军备的条款还要更严格,否则的话是非常危险的。

科学研究必须有禁区

以前曾经有过科学的纯真年代,那个时候你也许可以认为科学是"自然而然"产生的,但是今天科学早就告别了纯真年代,今天科学是跟资本密切结合在一起的。所有的这些活动,包括研发人工智能,背后都有巨大商业利益的驱动。

谈到科学和资本结合在一起,我总要提醒大家重温马克思的名言:资本来到世间,每个毛孔都滴着脓血和肮脏的东西。对于和资本密切结合在一起的科学,我们的看法就应该和以前不同。

很多人想必记得,我们以前一直有一个说法:科学没有禁区。这个说法是我们以前很多人都习惯的，但是对于这个说法，现在科学界的很多人已经开始有新的认识。比如曾任北大校长的许智宏院士，前不久就对媒体表示：我们以前一直说科学没有禁区，但现在看来，科学研究仍然有着不可逾越的红线。他是在提及生物技术的某些应用时说的，"不可逾越的红线"当然就是禁区了。

如果表述得稍微完备一点，我们可以说，在每一个特定的时期里，科学都应该有它的禁区，这个禁区可以在不同的时期有所改变。比如说某项技术，当人类社会已经准备好了，我们已经有成熟的伦理或者比较完备的法律来规范它的时候，也许可以开放这个禁区，说这件事情现在可以做了。但是没准备好的事情，现在把它设为禁区则是应该的，这个禁区也应包括科学技术的高低维度，高到一定程度就有可能变成禁区，不应该再继续追求了。

发展科学这个事情，在今天，其实各国都是被绑架的。已经领先的怕被别人超越，当然不能停下来；尚未领先的，当然更要追赶。结果谁也不肯停下来或慢下来，谁都不敢停下来或慢下来，因为害怕"落后了就要挨打"。所以只有各大国坐下来开会谈判，设立条约，不然毫无办法。在这种局面中，只要有一个人开始做不好的事情，比如研发原子弹或军事用途的人工智能，其他人就会被迫跟进，结果大家都会被绑架。

原载 2016 年 7 月 29 日《文汇报》
2016 年 5 月 24 日在上海社联的报告

下编　示例

我们应该努力追赶并已取得成绩的

◆ "北斗"系统的重要意义
◆ 中国为什么需要航空母舰?
◆ 中国为什么需要大飞机?
◆ 高铁:中国的亮丽名片
◆ 中国要强"芯"
◆ 反卫星武器
——圣人不得已而用之

"北斗"系统的重要意义

◎ 黄庆桥

在当今中国,大概多数人都知道 GPS,因为它神通广大、应用广泛,中国的车主就都很喜欢它。但如果你提起"北斗"(BDS),知晓的人要少得多。其实,GPS 也好,"北斗"也好,都是利用人造卫星来实现地球表面物体的精确定位,简称卫星定位导航系统。只是 GPS 由美国主导,并在全世界使用了 20 多年,而"北斗"系统则由中国主导,还在建设完善之中。

那么,定位导航系统除了能在开车时给我们导航,它还有哪些鲜为人知的功能呢?在人们已经习惯使用 GPS 的时候,为什么中国要下大本钱去搞"北斗"呢?只有了解这些问题的答案,才能对我们深入理解国家安全大有助益。

从 GPS 与海湾战争说起

对于全世界而言，1991年的新年注定没有欢乐，是因为海湾战争的发生。1月17日，在联合国安理会的授权下，以美国为首的多国部队对伊拉克发起进攻，目的在于恢复科威特的国家主权。这场战争历时42天，以伊拉克最终接受联合国660号决议并从科威特撤军而结束。

在世界现代史上，海湾战争在政治、经济、军事等多个方面都具有转折性、标志性的历史意义。仅就其军事意义而言，海湾战争的最大特点，就是这场战争是一次高科技之战。军事专家对这场高科技战争曾做过这样4个方面的总结：首先，电子战对战争进程和结果产生重要影响，以美国为首的多国部队的电磁优势成为战争中的新制高点；其次，空中力量发挥了决定性作用，海湾战争开创了以空中力量为主体赢得战争的先例，在空袭中，由于大量精确制导武器的使用，提高了空袭的准确性；第三，作战空域空前扩大，战场向大纵深、高度立体化方向发展，不存在明显的前方和后方之分；第四，高技术武器大大提高了军队的作战能力，使作战行动向高速度、全天候、全时域发展。

可以说，海湾战争是"二战"后美国高技术武器的一次集中配合大演练。在诸多军事高技术中，GPS是最引人注目的技术之一。

海湾战争爆发时，美国 GPS 系统尚在加紧建设中，还未完全建成，但美国军方果断地提前将其投入使用。当时美军的导航卫星只有 15 颗，每天提供 15 小时的服务。令人惊讶的是，即便是只有 15 颗卫星、还不成熟的 GPS 系统，也显示出强大的威力。在中东的茫茫沙漠中，GPS 为美军提供了精确定位服务，以致美国国防部长理查德切尼说："GPS 对战争的胜利起到重要作用，伊拉克绝对不会想到，在没有任何地形特征的情况下，我军能够胜利地横穿西部沙漠。"GPS 还为美军强大的空中力量提供精确制导服务，在美军的高密度空袭中，GPS 为数百架战机提供精确导航，特别是提高了美军 F-16 和 B-52 战机的攻击精度，隐身战机和巡航导弹几乎也全部依靠 GPS 来选择隐蔽的进攻路线。

总之，在海湾战争中，GPS 成为美军攻击系统的重要支持系统，极大地提高了美军的作战指挥通讯能力、多兵种协同作战和快速打击能力，大幅度提高了武器装备的打击精度和作战效能。也就是说，GPS 已经成为美军现代武器系统的重要组成部分。因此，在海湾战争之后，美国果断地（当然也是世界上第一个）用卫星定位导航系统取代陆基无线电系统，作为海、陆、空军事力量的主要导航手段。

以 GPS 为代表的高技术在战争中的巨大威力，给全世界以巨大的震撼。从战争一开始，军事专家和科学家就开始从不同角度探讨这场战争的转折意义和影响。概而言之，GPS 的实战"首秀"主要产生如下深远影响。

第一，卫星的应用价值被重新认识。卫星的诞生，本来是超级大国军事竞赛的产物，从20世纪50年代末开始，卫星被广泛应用于军事领域，但主要用于通信和联络。后来，卫星的应用扩展至民用领域，在气象、通讯等领域也发挥了不可替代的重要作用。但在90年代之前，卫星定位导航技术并不成熟，其产品并未成为武器系统的一部分，也就谈不上直接用于实战之中。在那时，各国的军事与战斗系统（如导弹、军舰等）的指挥与调动，主要依赖陆基无线电系统。而海湾战争让世人看到，原来卫星竟然有如此巨大的开发潜力，卫星定位导航技术和产品可以直接成为军事系统和尖端武器的重要组成部分，并能大大提高现代军事指挥协调作战能力以及精确打击的能力和效率。

第二，重新燃起大国间的太空竞争。正因为人们认识到卫星定位导航系统所具有的军事价值及其潜在的商业价值，所以海湾战争之后，世界上掀起了新一轮利用外层空间的竞争。不过，一般国家难以做到大批量发射并利用卫星，这种竞争主要在大国之间展开。研发属于自己的全球卫星定位导航系统，成为大国的首选目标。作为世界上第一个发射卫星的国家，俄罗斯在继承前苏联时期强大技术力量的基础上，加紧研发"格洛纳斯"（GLONASS）。西欧诸国尽管与美国保持着很好的关系，但也认识到拥有独立的全球定位导航系统的重要性，但他们又感到单凭一国之力，无法完成这样的庞大工程。于是，西欧各国联合起来，共同研发名为"伽利略"

(GALILEO)的全球卫星定位导航系统。

第三,就中国而言,海湾战争对加速中国军事现代化建设具有重要启发意义。仅就卫星技术及其应用而言,在早在80年代初,以"两弹一星"元勋陈芳允院士为首的科学家团体就提出了双星定位方案,但因经济条件等种种原因被搁置。而海湾战争美国GPS在作战中的成功应用,让中国的决策层深刻意识到,以后打起仗来,没有这东西还真不行。于是,研制属于中国自己的卫星定位导航系统被紧急提上日程并立即启动,几经波折,发展成现在的第二代中国"北斗"卫星定位导航系统。

那么,卫星定位导航系统到底是什么呢?

何为卫星定位导航系统?

卫星定位导航系统是基于卫星技术的应用成果之一。1957年10月4日,前苏联发射了世界上第一颗人造地球卫星,开创了人类利用太空的新纪元。有趣的是,尽管苏联是世界上第一个发射卫星的国家,但最先利用卫星进行全球定位导航服务的却是美国。

1957年10月,苏联率先发射成功人造卫星,引起了美国各界的高度关注。数学家比尔·盖伊和物理学家乔治·威芬巴赫对苏联卫星很有兴趣,他们在实验室里发现了一个现象,即这颗卫星的频率出现了偏移。在科学上,这种偏移现象被称作多普勒频移效应。这两位科学家发现,如果在地面上架设多部接收机,就可以根据接收到的信号的不同频差,推算出这颗卫星相对精确的具体位置。他们很高兴地把这个研究成果告诉了实验室主任弗兰克·麦克卢尔,说他们已经实现了对苏联卫星的多普勒定位跟踪。当时,弗兰克正在帮美国海军做一个项目,项目的研究内容就是如何在茫茫大海中确定美国海军军舰的具体位置。据说,当弗兰克听到两位科学家的汇报后,眼前一亮:既然你们能够发现卫星在哪里,如果把问题倒过来,卫星不就能发现你们在哪里吗?于是,海军军舰定位的问题就有答案了。这就是卫星定位导航系统的缘起和基本思路。

简单来说,卫星定位导航系统的基本原理,就是测量出已知位置的卫星到用户接收机之间的距离,然后综合多颗卫星的数据,即可判断接收机的具体位置。由于卫星运行轨道、卫星时钟存在误差,以及大气对流层、电离层对信号的影响,使得卫星定位的精度大为降低,单星定位精度能达数十米量级就已经很不错了。但卫星定位系统最重要的一点就是要提高定位精度,否则它的功能就会大打折扣,因此,科学家们想了很多办法来提高卫星定位精度。

为了提高卫星定位精度,科学家们采用了一种叫做差分定位的技术,建立地面基准站(差分台)进行卫星观测,利用已知的基准站精确坐标,与观测值进行比较,从而得出修正数据,并对外发布。接收机收到该修正数据后,与自身的观测值进行比较,消去大部分误差,得到一个比较准确的位置。利用差分定位技术,定位精度可提高到米级，甚至是厘米级。

为了实现精确定位，除了充分利用差分技术之外，还采取多发射卫星，从而使接收机接收多个卫星信号。比如，美国的GPS为提高其定位精度，保证在地球上的任何地方、任何时间，用户都至少可以同时接收到4颗GPS卫星信号，确保实现全球全天候连续的精确定位服务。目前，民用GPS的定位精度可达10米以内。据说，中国"北斗"系统在精确定位上并不输于GPS，在一些领域和区域的应用甚至要优于GPS，能够提供区域厘米级实时定位服务。

卫星定位导航系统主要由3个部分组成：卫星、地面控制系统、用户接收设备。

首先看卫星。发射人造卫星可以选择低、中、高共3种轨道。如果采用低轨道的话，发射成本比较低，精度比较高，但若想覆盖全球则需要200颗卫星，这显然是极不经济的。如果采用高轨道，在理论上只需3颗卫星就能覆盖全球，但其缺陷也很明显，一是发射难度大，二是定位精度低，实用性不强。而中轨道则是比较折衷的方案，覆盖全球只需要24~36颗卫星，由于轨道是运动的，即使地面的物体不动，但相对卫星的速度也很大，这就可以充分利用多普勒频移方法。综合上述各种因素，目前世界上的定位导航卫星主要是中轨道的。比如，美国的GPS就是由24颗中轨道卫星组成，位于距地表20 200公里的上空。

再看地面控制系统。地面控制系统主要由监测站、主控制站、地面天线所组成。地面控制系统主要负责收集卫星传回的信息，并计算卫星星历、相对距离、大气校正等数据。

最后是用户设备部分，也叫用户接收机。其主要功能是跟踪多颗卫星、捕获卫星信号、测量各种数据，并在此基础上计算出用户所在地理位置的经纬度、高度、速度、时间等信息，实现用户目标。

卫星定位导航系统并不复杂，经过半个多世纪的发展，卫星发射技术及其利用已臻于成熟，不再属于高精尖技术。因此，搞卫星定位导航系统，主要的问题和障碍并不在技术上。有人要问，既然如此，那为什么世界上大多数国家却没有自己的卫星定位导航系统呢？为什么这种系统只有少数国家才拥有呢？原因很简单，虽然卫星定位导航系统在科学和技术上并不复杂，但要发射数十颗人造卫星却是一项耗费巨资的庞大工程，一般国家在财力、人力、物力上难以承受。所以，截至目前，全球一共只有4家被联合国认可的全球无线电导航系统，即美国的GPS、欧洲的"伽利略"、俄罗斯的"格洛纳斯"和中国的"北斗"。也就是说，只有这四大系统有资格为全世界的用户提供卫星定位导航服务。

在这四大系统中，美国的GPS因其系统的稳定性和较高的精度受到很多国家欢迎，目前在国际市场上仍处于垄断地位。美国人在全世界宣传，自己的GPS系统是免费使用的，但美国人不是活雷锋，美国的GPS系统有军用和民用之分，美国的军用GPS精度很高，但开放的民用系统的精度已大为降低。俄罗斯的"格洛纳斯"主要用于本国，特别是军事领域，在国际市场并无很大的影响力。欧洲的"伽利略"系统因参与国家众多，虽然立项启动较早，但进展缓慢，国际影响也比较有限。中国的"北斗"系统近年来异军突起，已深受亚太地区国家的青睐，被视为 GPS 系统最有力的竞争者。

接下来的问题是，卫星定位导航系统都能干些什么?

卫星定位导航系统能干什么？

正如本文开头所论及的，卫星定位导航系统最先用于战争，是现代化军事战斗系统的重要组成部分。如果说中国人从海湾战争中看到了 GPS 在现代战争中的巨大威力，那么 1999 年南斯拉夫战争期间，中国人则对 GPS 的威力有切肤之痛。那一年的春夏之交，美国综合利用其精确定位和制导技术，对我国驻南斯拉夫大使馆实施了精确打击，震惊世界。

卫星定位导航系统一般都有军用与民用之别，军用系统的定位精度都会明显高于民用系统。军用定位导航系统的应用及其威力已无需多言，用中国的一句谚语"运筹帷幄中，决胜千里外"来形容是比较恰当的。民用定位导航系统的功能和价值是我们要论述的重点。首先说明一点，不管是军用系统还是民用系统，都是围绕卫星定位导航系统的核心功能，即精确定位来实现用户目标的。

普通民众对卫星定位导航系统最直接的感受，大多是车载导航系统——这几乎是每辆汽车的标准配置。现在，无论你是在城市，还是在山谷，有了车载导航系统，就能实现车辆所在位置的动态三维定位和驾驶目的地的精确定位，并通过对车辆位置和目的地的精确定位来计算最佳驾驶路线，从而大大降低驾驶者寻找、到达目的地的成本。

海运和水运是全世界最广泛的运输方式之一，也是卫星导航最早应用的领域之一。在世界各大洋和江河湖泊行驶的各类船舶大多都安装了卫星导航终端设备，使海上和水路运输更为高效和安全。卫星定位导航系统将在任何天气条件下，为水上航行船舶提供导航定位和安全保障。在我国，沿海地区的居民对卫星定位导航系统已经比较熟悉，这当然与渔民的生产生活方式密切相关。比如，南海、东海沿线的渔民们都安装了中国"北斗"的接收终端。通过该终端可以清楚地记录下渔船的航行轨迹，不仅有力地维护了渔民的捕捞权益，为处理争端保存了证据；而且一旦渔船遇险，借助"北斗"的通信功能，救援中心第一时间能够获知其具体位置，可以方便地组织附近船只来救援。

卫星定位导航还在路上交通运输和航空业中发挥着重要作用。比如，精确定位导航将有利于减缓交通阻塞、提升道路交通管理的水平。通过在车辆上安装卫星导航接收机和数据发射机，交通指挥中心可以获知车辆的位置信息，从而进行有效的调度指挥。再如，高精度的定位、测速、授时服务，还将促进铁路交通的现代化，实现从传统调度向智能交通管理的转型。另外，精确定位还在航空业中发挥重大作用。当飞机在机场跑道着陆时，最基本的要求是确保飞机相互间的安全距离。利用卫星导航精确定位与测速的优势，可实时确定飞机的瞬时位置，有效减小飞机之间的安全距离，甚至在大雾天气情况下，可以实现自动盲降，极大提高飞行安全和机场运营效率。

卫星定位导航还可以促进中国天气分析和数值天气预报、气候变化监测和预测，也可以提高空间天气预警业务水平，提升中国气象防灾减灾的能力。

卫星导航也广泛用于沙漠、山区、海洋等人烟稀少地区的搜索救援。在发生地震、洪灾等重大灾害时，救援成功的关键在于及时了解灾情并迅速到达救援地点。这时通过卫星导航设备终端，可及时了解受灾位置和灾区情况，有效缩短救援搜寻时间，提高抢险救灾时效，大大减少因灾损失。2008年汶川特大地震期间，"北斗"卫星定位导航系统就在抢险救灾中发挥了十分重要的作用。

精确定位还被开发出很多高级应用，比如形变监测，专门对水坝、大桥、高速公路等巨大建设物的沉降和变形做测量。前文提到的卫星定位导航系统运用的差分算法，通过把多次测量后的结果统计平均，就会有效地减少误差。假如一次定位的精度误差是10米，但把成千上万次的定位数据进行合并处理，就有可能得到更加精准的结果，甚至精确到毫米以下。也就是说，测量的次数越多和时间越长,精度就越高。而建筑物的沉降和变形是缓慢的,正好可以利用这些特点来进行高精度测量。

总之,卫星定位导航系统具有精确定位、精密授时、短报文通信等强大功能,有着极其广泛的应用领域和难以估量的应用价值。正如国务院新闻办于2016年6月16日发布的《中国"北斗"卫星导航系统》白皮书所指出的那样:"随着'北斗'系统建设和服务能力的发展,相关产品已广泛应用于交通运输、海洋渔业、水文监测、气象预报、测绘地理信息、森林防火、通信时统、电力调度、救灾减灾、应急搜救等领域,逐步渗透到人类社会生产和人们生活的方方面面,为全球经济和社会发展注入新的活力。"现在的问题是要解决好"最后一公里"的实际应用问题。据专业人员估计,仅中国"北斗"系统就至少有200多项应用,但如何将这些有潜在应用价值的技术变为实际的社会应用,还有一个需要不断创新的漫长过程。

"北斗"的前世与今生

中国是有抱负、负责任的大国。在事关国家安全的关键技术上,向来高度重视并倾力研制。在卫星定位导航系统这件事上,虽有波折,但经过缜密的战略论证,中国决策层显然是决心坚定、志在必得。

或许有人要问,人家美国的GPS不仅对全世界是开放的,而且还是免费使用的,中国还有必要烧钱去做这样一个系统吗？况且我们做的可能还不如美国 GPS 好，这不是费力不讨好吗？这种观点和思想，在"北斗"项目启动之初就有人提出过，至今还有不少人以"北斗"不如 GPS 为由，一再提及这一论调。据说，"北斗"每次召开新闻发布会，其官方新闻发言人都要回答这个问题，非常无奈。

其实，美国 GPS 免费使用完全是其技术特点决定的。GPS 是单向通信体制，与广播电视塔类似。比如，广播电视塔只管发射信号，到底是有 1 台收音机接听还是有 1 万台收音机接听，广播电视塔是不知道的。GPS 系统亦是如此，24 颗工作卫星只管不停地向地面发射信号，具体是谁在接收并使用这些信号，它是根本不知情的，既然不知情，那又如何收费呢？而 GPS 免费的结果则是在全球形成巨大的市场，依托这套系统会产生新的国际性产业，美国本来就是超级大国，GPS 免费带来的产业化和商业化显然有利于美国。另外，GPS 免费会形成一股强大的国家软实力，这显然也是符合美国国家利益的。所以说，美国人并不是活雷锋，美国人精明着呢。

如果我们贪图省事和便宜，在中国的军事系统上安装美国的 GPS，后果则是灾难性的。这是因为美国 GPS 开放的只是民码，定位精度本来就比美国军方使用的军码差了 10 倍。更重要的是，万一跟美国人打起了仗，人家顺手就把 GPS 民码停掉，可是你已经很依赖 GPS，甚至连指南针都丢了，那时可就真的抓瞎了。即便美国不停 GPS，但给你发个欺骗码，那么瞄准美国的导弹就可能飞到自家阵地上，这就更可怕了！即便是民码，咱们也不能只依赖美国的 GPS，谁能保证美国未来不在 GPS 的使用上设置障碍？一旦与美国关系紧张，谁能保障美国不在 GPS 的利用上刁难咱们？谁能保证美国不会利用 GPS 搜集情报、窃取商业机密？所以说，不管是中国的军事系统，还是在社会生活各个领域，绝不能完全依赖美国的 GPS，一旦形成依赖，就会像吸毒者一样无法自拔！后果自然也是灾难性的。因此，中国除了发展本国的卫星定位导航系统，别无选择。

正因为透彻地认识到拥有独立自主的卫星定位导航系统的重要性，中国决策层下定决心独立研制，确保成功。实际上，从 20 世纪 70 年代初中国第一颗人造卫星发射成功开始，对定位导航卫星的研究和论证就已经开始。在这里，大家有必要对我国卫星事业的发展做个简要的了解。

中国人所熟知的"两弹一星"工程中的"一星"，就是指人造卫星。新中国人造卫星的研制历史可以追溯到 1958 年。在那一年，毛泽东主席做出"我们也要搞人造卫星"的指示，研制人造卫星成为 1958 年的第一号任务，代号"581"工程。无奈那个年代的中国正处于"大跃进"的狂潮之中，国民经济濒临崩溃，一年后"581"工程黯然下马。1965 年，在前一年导弹和原子弹相继研制成功的基础上，加之国民经济恢复发展，卫星事业得以重启，代号为"651"工程。尽管中国很快进入"文革"，但因卫星研制事业受到军管保护，中国按计划于

1970年4月12日成功发射第一颗人造卫星,"东方红"乐曲响彻太空,传遍世界。

第一颗人造卫星发射成功以后,通信卫星、气象卫星、定位导航卫星等就都进入决策层视野。"七五"规划中明确提出了"新四星"计划,随后提出过单星、双星、三星、三到五颗星的区域性系统方案,以及多星的全球系统设想。总之,出于国防安全的需要,中国的定位导航卫星经历了研究、论证、再研究、再论证的过程,中国科学家对于它的研究从来就没有停止过。

20世纪80年代初期,陈芳允提出了双星定位方案,但因经济条件等种种原因被搁置下来。1991年海湾战争是个重大转折点,在美国GPS的激励下,搁置10年的双星定位方案得以启动,被称为"北斗"导航试验系统(也叫"北斗一代")。之所以选择这样一个双星定位方案,而不是像美国GPS那样搞30颗卫星的大工程,主要是考虑到当时的国情。当时的中国既没经验又没有钱,刚起步时不宜冒进,必须逐步积累以取得研制经验。如果一上来就玩大的,搞不好要出问题。然而发射两颗星的局限性很快就显现出来。因为只有两颗星,所以必须搞高轨道,因为轨道低覆盖面就小。不仅只有搞高轨道,而且还得是静止的,这样才能使两颗星安稳地停留在中国的上空为中国服务。高轨道卫星有一个很大的问题,就是定位精度不高,加之只有两颗卫星,所以其定位精度自然远远比不过GPS。1990年以来,在GPS的反衬下,中国"北斗一代"因性能不强而饱受诟病。在已有经验的基础上适时启动"北斗二代"系统，于是势在必行。中国在21世纪之初建成"北斗"导航试验系统，尽管它的性能并不强大，但对于中国来说，却有着特殊的意义，因为它使我国成为继美、俄之后世界上第三个拥有自主卫星导航系统的国家。

根据《中国"北斗"卫星导航系统》白皮书，中国"北斗"的建设实施"三步走"发展战略：

第一步，建设"北斗一号"系统（也称"北斗"卫星导航试验系统）。1994年，启动"北斗一号"系统工程建设；2000年，发射2颗地球静止轨道卫星，建成系统并投入使用，采用有源定位体制，为中国用户提供定位、授时、广域差分和短报文通信服务；2003年，发射第三颗地球静止轨道卫星，进一步增强系统性能。

第二步，建设"北斗二号"系统。2004年，启动"北斗二号"系统工程建设；2012年年底，完成14颗卫星（5颗地球静止轨道卫星、5颗倾斜地球同步轨道卫星和4颗中圆轨道卫星）发射组网。"北斗二号"系统在兼容"北斗一号"技术体制基础上，增加无源定位体制，为亚太地区用户提供定位、测速、授时、广域差分和短报文通信服务。

第三步，建设"北斗"全球系统。2009年，启动"北斗"全球系统建设，继承"北斗"有源服务和无源服务两种技术体制；计划2018年，面向"一带一路"沿线及周边国家提供基本服务；2020年前后，完成35颗卫星发射组网，为全球用户提供服务。

经过多年艰苦努力和持续探索，中国"北斗"系统的发展建设也形成自身的特色优势：一是"北斗"系统空间段采用3种轨道卫星组成的混合星座，与其他卫星导航系统相比，高轨卫星更多，抗遮挡能力强，尤其是在低纬度地区性能特点更为明显。二是"北斗"系统提供多个频点的导航信号，能够通过多频信号组合使用等方式提高服务精度。三是"北斗"系统创新融合了导航与通信能力，具有实时导航、快速定位、精确授时、位置报告和短报文通信服务五大功能。

中国的"北斗"经略

与美国 GPS 首先用于军事系统相同，中国"北斗"自然也首先用于中国的国防系统。毕竟，保家卫国是"北斗"的第一要务，这一点无须讳言。换句话说，"北斗"系统也有军用与民用之分。军用，当然是指中国人民解放军专用，笔者在此略而不论。至于民用，则是面向国际和国内两个市场。现实的问题是人们已经习惯使用 GPS 导航，甚至在一定程度上形成依赖，人们为什么要改变习惯转而使用"北斗"呢？针对国内和国际两个不同的市场，中国采取了不同的策略。

先看如何拓展国内市场。"北斗"在国内市场的开拓，其实就是4个字：一是"强制"，二是"补贴"。

所谓强制，就是政府鼎力支持"北斗"，在某些行业和领域强制安装"北斗"系统的终端产品。中国已规定政府机构必须使用"北斗",包括公安、救灾、旅游等部门。最有代表性的就是在"两客一危"上安装"北斗"产品终端。所谓的"两客一危",是指从事道路班线客运、旅行包车、危险货物运输车辆。交通部规定,"两客一危"必须安装电子定位装置,并将运行信息接入全国联网联控系统。在交通管理部门的监控大屏幕上,车辆的运动状态一目了然,这对改善中国交通状况的意义是不言而喻的。"两客一危"的范围还在不断扩展,警车、公务车、校车也将逐渐被纳入"北斗"定位系统之中,这对于保障行车安全、监控公车私用等,都具有重要意义。

然而,强制的范围毕竟有限,仅限于政府和涉及公共安全的特殊部门。对于社会生产生活领域,是难以做到强制的,毕竟人们习惯了GPS,转用"北斗"是既劳神又伤财的一件事情。因此,要想让老百姓接受"北斗",就必须采取新的办法,政府补贴就走向了前台。

政府不用行政力量强制推行"北斗"并限制GPS,而是对安装、使用"北斗"的用户给予免费或补助。例如,渔船安装"北斗"设备,政府并不禁止渔民继续使用GPS和海事卫星电话,而是给"北斗"设备提供大量补助,这样一来,明显"北斗"方案更划算,渔民当然会装"北斗"而弃用GPS和海事卫星电话。此外,政府还鼓励科研院所与企业联合,从事与"北斗"相关的终端产品开发,并给予资金支持或减免税收。"北斗二代"的技术体制与GPS差不多,由GPS转向"北斗"并不难,在政府激励政策的刺激下,在中国很多地方,已经形成了围绕"北斗"系统的高科技产业园区,这种战略性新兴产业,为解决中国"北斗"卫星定位导航系统"最后一公里"的应用问题注入活力。

实践证明,补贴的思路是成功的,其经典案例就是在沿海地区推广"北斗"卫星船载终端。"北斗"卫星船载终端具有双向短信功能,当遇险船只发出一键求救信号后,终端会自动把附带着定位信息的求救短信通过卫星发给岸上的救援队,比起"GPS+海事卫星电话",更加方便安全、实惠有效。这个终端当然是不便宜的,要让渔民弃用已经习惯了的GPS而安装"北斗"终端,难度很大。但政府将"北斗"终端列为安全机械设备,享受农机补贴政策,并额外出资免费为首批一万艘渔船安装"北斗"终端,后续再安装的直接补贴九成,几乎是白送了。"北斗"卫星船载终端的一大亮点就是卫星短信功能,那么,"北斗"卫星短信贵不贵呢?答案是,一条信息三毛钱!这大概是有史以来最便宜的卫星短信了,为什么会这么便宜呢?说白了还是有政府补贴,收费只是象征性的。本来有专家建议免费,但是又怕渔民们没事就发段子,过于浪费卫星信道资源,干脆就定一条信息三毛钱吧。"北斗"卫星船载终端目前大受欢迎,已经在我国渔业领域成功普及。

"北斗"系统在国际市场上的推广,也有两个重点:一是兼容,二是从亚太地区突破。

所谓兼容,即中国"北斗"系统是与世界其他卫星导航系统兼容共用的全球卫星导航系统。中国在国际国内市场上推广的"北斗"终端产品，至少兼容互操作GPS和"北斗"两套系统，并深入推进与俄罗斯"格洛纳斯"、欧洲"伽利略"以及印度等国的系统开展兼容与互操作协调，大力推广多系统兼容应用。

兼容的本质就是合作，走国际合作之路是"北斗"系统推广战略的一大亮点。中国为什么要选择合作兼容的道路呢？原因在于，中国的"北斗"系统说起来也只是受到国际认可的第四个卫星定位导航系统，是后来者，不仅其国际影响力与老牌、成熟的美国GPS没法相比，而且欧洲的"伽利略"、俄罗斯的"格洛纳斯"也雄心勃勃。如果我们不走合作之路，很难在国际上打开市场。并且，中国"北斗"的国际合作推广之路也有其独特之处：不是与其他三大系统开展一般意义上的技术合作，而是在用户终端主动设计兼容其他系统的产品，打消用户依赖单一系统的后顾之忧。中国的这一做法，貌似主动示弱、委曲求全，实则非常高明。这种兼容战略，对于属于后起之秀的中国"北斗"开拓国际市场，具有十分重要的意义。

亚太突破战略、服务"一带一路"是中国"北斗"走出去的又一亮点。正如《中国"北斗"卫星导航系统》白皮书所言，中国始终秉持和践行"中国的北斗，世界的北斗"的发展理念，服务"一带一路"建设发展，积极推进"北斗"系统的国际合作。中国持续推进与亚太地区及东盟有关国家的合作，探讨建立卫星导航应用合作机制，推动中国"北斗"系统的应用普及。那么，为什么亚太地区的国家会对中国"北斗"感兴趣呢？

中国"北斗"系统已经打上去19颗卫星，到2020年将打全35颗卫星。目前，这19颗卫星主要分布在以中国为中心的亚太地区上空，亚太地区的"北斗"定位导航网络因此已经建立起来，并已投入使用。东南亚国家纬度较低，按照北斗星座的分布特点，在这一区域"北斗"系统的导航性能更好，要优于其他导航系统。也就是说，对于亚太国家而言，"北斗"比GPS更有优势，用"北斗"比用GPS更加合算。亚太地区国家显然认识到"北斗"的覆盖优势，这就是中国政府积极推动"北斗"系统在亚太地区的应用并得到积极响应的原因所在。

中国"北斗"走出去的标志性事件是2014年5月巴基斯坦国家位置服务网一期工程的建立与完成。这一工程是中国"北斗"卫星导航系统的首个海外组网项目，这一项目在巴基斯坦卡拉奇市建立了5个基准站和1个处理中心，组成区域"北斗"定位增强网络，为巴基斯坦提供实时可靠的"北斗"高精度定位服务。巴基斯坦国家位置服务网项目，是巴基斯坦国家级重点基础设施，后续开展的二期工程，将覆盖巴基斯坦全境，并成为中国"北斗"海外第一个国家级高精度服务网,这对于"北斗"系统走向国际化和产业化应用都具有重大意义。

2014年7月，中国国家科技部国家遥感中心主办了"2014北斗技术与应用国际培训班"，学员是泰国、马来西亚、文莱、印度尼西亚、柬埔寨、老挝、朝鲜、巴基斯坦等国家从事卫星导航、遥感、地理信息系统、空间探测相关专业或从事相关管理工作的高级人员。活动的目的是为东盟及亚洲地区国家提供以"北斗"卫星导航系统为主的空间信息技术培训，以使中国"北斗"加快进入东盟及亚洲国家。中国方面还安排这些学员去武汉光谷北斗集团，参观中国最大的遥感卫星地面接收站，去黄石参观建设中的中国-东盟北斗示范城。这一活动无疑是成功的。据媒体报道，泰国科技部地理空间信息技术局的一名代表告诉记者，他亲身经历了光谷北斗在泰国建成首批 CORS 基站和与泰国开展"北斗"合作的过程，很荣幸能来中国参观学习，中泰合作将带动泰国地球空间信息产业的发展。

虽然 GPS 从 20 世纪 90 年代便开始在全球的商业扩张，但时至今日，卫星定位导航应用服务仍是科技含量极高的战略性新兴产业，"北斗"导航卫星产业化的市场空间极富想象力。据"北斗"官方负责人乐观估计，到 2020 年，中国的卫星导航产业将达到 5 000 亿元。这还只是对中国国内市场的估计，国际市场更是不可估量！

不管是国内市场用户还是国际市场用户，使用"北斗"、GPS、"格洛纳斯"等多个系统，减少对单一系统的依赖，增强安全性，都是非常重要和十分必要的。而这一点，正是中国"北斗"能够与 GPS 争锋的关键所在。我们相信，中国人一定能抓住这个关键点，众星拱"北斗"，本来就是人间天象。

中国为什么需要航空母舰？

◎ 黄庆桥

2012年9月，由前苏联"瓦良格号"航母改造而成的"辽宁号"航母正式入列中国海军，曾引起全世界的广泛关注。此后，中国军方也不断透露出独立建造航空母舰的消息，代号"001A"型国产航空母舰的下水时间也被媒体挖出，引起国人阵阵兴奋。总之，伴随着中国的和平崛起，中国人对航空母舰这一海上巨无霸的渴求越来越强烈。中国要有航空母舰，成为我们心中抹不去的情结。

航空母舰：海上浮动的机场与战斗群

"航空母舰"一词是个舶来品，中文简称"航母"。航母有两个层面的含义：第一层含义是指航母是一种以舰载机为主要作战武器的大型水面战斗舰艇。也就是说，从狭义上讲，单个的航母在本质上就是一艘"船"，只是这艘"船"很不一般，它非常大、非常高，能起降数十架甚至上百架飞机，有几十层楼那么高。航母的第二层含义是指以航母为核心组成的作战编队，简称"航母战斗群"。也就是说，我们谈航母时，一般不是指航母个体，而是指以航母为中心的海上舰艇编队。一艘航母是不能单独出海的，因为单个航母本身的自我防御能力比较弱，很容易遭到来自海上、空中和水下的攻击，航母出海必须有护卫舰、驱逐舰、核潜艇等保驾护航并提供必要的给养，以形成制空、反舰、反潜作战能力。

航母是一座浮动的海上城市。"浮动"是说航母能在覆盖地球 70% 的广袤海洋上自由驰骋而不存在动力不足的问题——因为现在的航母一般采用核动力，10 年、20 年甚至更长的时间才需要更换核燃料；"海上城市"是说航母几乎具有一座城市的所有服务功能。航母非常大，一般拥有数千个舱室，功能齐全，数千人在航母上工作，不仅有舰员、飞行员和和航空人员等业务军官，还有大量的行政管理人员、维修工程师、各类生活服务员等，他们为航母上的数千人提供吃、喝、休息、购物、娱乐等服务，甚至酒吧、超市、理发店、篮球场竟成为航母的标配。

航母是一座灵活机动的海上飞机场。庞大的航母犹如可移动的国土，可以根据主权国家的需要，随时驶向目标海洋。在远洋公海上，航母就是一座具有综合指挥能力的现代化飞机场，它的作战武器就是舰载机。航空母舰的远洋能力大大拓展了其舰载机的飞行半径，进而又大大提升了飞机的载重量和远程持续作战能力。航空母舰把陆地上的机场延伸到远洋，并根据需要随时调整航向目标，持续保持强大的海空威慑力和集群作战能力，大量运送人员、物资和装备。也就是说，一个国家可以在远离其国土的地方、不依靠本国机场的情况下，施加军事压力和进行作战。这就是航空母舰的主要功能。

随着科技的发展，舰艇的类型越来越多，比如驱逐舰、护卫舰、巡洋舰、战列舰等等，五花八门，不一而足。判断一艘舰艇是不是航空母舰，一般来说，只要看它是否具有以下几个标准。

一是它有没有飞行甲板，能不能起降飞机。飞行甲板也有几种类型：一种是斜角飞行甲板，安装有弹射器，由弹射器弹射几十吨重的战斗机，美国的大型航母全部都是这种甲板。另外一种是直通式飞行甲板，主要用来起降直升机或是滑跃式起降飞机，相对于安装了弹射器的斜角飞行甲板而言，限制了舰载机的战斗力。总之，飞行甲板是判断航空母舰的一个关键性因素。

二是它有没有机库和升降机。有些舰艇也是可以起降飞机的，但它不是航空母舰，一个很重要的原因，就是它没有大型的机库和升降机。为什么要有这两样东西呢？因为航母在海上航行时，海上的盐雾很重，飞机长时间停放在甲板上会受到盐雾的侵袭而锈蚀。如果飞机平时老放在甲板上，很快就会因锈蚀而坏掉。因此，在飞机不起飞的时候，必须放到机库里密闭恒温保存。飞机本身就很大，机库自然也就非常大，想想看，美国的航母要停放100架飞机，机库该有多大！把飞机放进机库、运出机库，都需要通过升降机上下运输。因此，有没有机库、机库有多大、有无配套的升降机，是衡量航空母舰非常重要的一个标志。

三是它有无航空指挥系统。航母不是单兵作战，而是一个战斗群。航母是这个战斗群的指挥中心。护卫舰艇的调度、空域的管理、飞机起飞和降落的指挥、飞行员的控制，等等，这一切都要有"领头雁"航母指挥中心发出。总之，拥有这样一个强大而高度集中的舰上航空控制指挥系统，是航空母舰的重要标志。

按照不同的标准，可以对航空母舰进行不同的分类。比如，按照航母担负的任务来分类，可以分为攻击型航母、护航航母、反潜航母、多用途航母、通用型航母等。伴随着信息技术、舰载机、动力和造船技术的发展，信息化战争强调综合集成，单一用途和功能的航母已不再适应时代要求，因此，现役航母一般都执行多重任务，并按照吨位划分为重型、中型和轻型3类。

重型航母是指满载排水量在6~10万吨、可携载60~100架飞机、飞机作战半径在800~1 000公里的航母。重型航母可以全球部署，执行预警、侦察、防空、反舰、反潜、对地攻击等多种任务。目前，美国现有的10艘航母，全部是尼米兹级重型航母。据公开资料，"尼米兹号"航母舰长330米以上，舰宽40多米，舰高76米，飞行甲板最宽超过76米，满载排水量9万多吨，俨然是一个海上庞然大物。新一代福特级重型航母已经下水，即将服役。美国打算在2058年之前建造10艘同级舰，取代尼米兹级成为美国海军舰队的新骨干。除美国外，当前世界上只有俄罗斯拥有1艘重型航母"库兹涅佐夫号"。

中型航母满载排水量3~5万吨，可携载30~50架飞机，飞机作战半径在400~600公里。中型航母采用的是滑跃式起降飞机或垂直起降直升机，主要部署在中远海域执行任务。目前，中型航母主要集中在俄罗斯、印度、巴西和法国，中国的"辽宁号"，也属于中型航母。

轻型航母是指满载排水量在3万吨以下的航母，可携载15~30架飞机，飞机作战半径在200~400公里。轻型航母主要部署在一国的中近海域，执行编队防空、反舰、反潜等作战任务。对那些奉行区域作战和近海防御战略的国家而言，轻型航母是比较理想的飞机平台，因而这类航母目前也比较多。英国、意大利、西班牙、泰国、日本等都拥有轻型航母。

舰载机、弹射器、阻拦锁与斜直甲板

驱逐舰、巡洋舰、战列舰这些舰艇本身是携带并发射武器参与战斗的，是要与人对攻的。在"二战"以前，这种"大舰巨炮"是西方列强海军的主流装备。有别于上述"大舰巨炮"，航空母舰上安装的武器是很有限的，换句话说，航母一般是不与人直接对攻的，它甚至连自身的安全都无法保证，而不得不依靠各种舰艇的护卫。航母要是直接接触对方的火力，那事情就严重了，它就有被吃掉的危险！

那么，被誉为海上最强大军事装备的航母，靠什么来打仗呢？它的武器是什么呢？答案就是飞机（一般称作舰载机）。航母作为一个海上浮动的飞机场，它能把几十架甚至上百架战斗机运送到远离国土的战略目标地，让这些携带各种极具杀伤力武器的飞机再飞行近千公里去攻击目标，这种威力极其巨大。就是在自家国土的中近海，一个航母群的监视范围可达近千公里，而且机动性非常强，航母可以随时掉头，飞机更是可以随叫随到，可谓看守门户的"好士兵"。

航母舰载机有一个更新换代的过程。最初的航母舰载机是陆基通用的轰炸机和战斗机。所谓陆基，就是指陆上基地的意思。比如，某种大型武器以陆上基地或平台为常规出发基地，我们就称其为陆基武器。最初的陆基通用飞机续航能力有限，只有几百公里，飞机重量也比较轻。后来，为满足航母发展需要，专门研制了航母舰载机，比如机翼可折叠的螺旋桨飞机等。到了"二战"后期，喷气式飞机开始上舰，舰载机的时速、重量及其负载能力都大大提升。

对于航母来说，难度最大、风险最大的就是舰载机的起飞和降落，一个航母群服役期间所出的事故，主要就集中在飞机的起降上。原因很容易理解，一般战斗机在陆地地面上起降需要 2 000~5 000 米的跑道，航母上的跑道只有两三百米，还不能都用于飞机的起飞或降落，真正供一架飞机起降的跑道不会超过 200 米，更何况航母随波逐流，受天气和海况影响比较大，上下左右的摇晃难以避免，始终不可能有一个类似陆地跑道那种非常平稳的状态，要想在这样一个短小而颠簸的平台上成功起降，难度可想而知。因此，如何让飞机从海上舰艇顺利起降，从一开始就是一个关键问题。

最初，飞机从航母上起飞以后就在陆地上降落，或是落在海面上，然后再用吊车把飞机吊上来。很明显，这样操作太麻烦，不利于作战使用。海军将领和工程师们绞尽脑汁，终于琢磨出一些门道。一是在飞机起飞时的助推上动脑筋，二是在甲板上做文章。

先说助推飞机起飞的问题。航母甲板短，飞机起飞时无法获得应有的起飞动力，这是明摆着的。但是，我们却可以在飞机起飞的瞬间给予它一个强大的外推力，这个外推力足以使飞机飞上天去。循着这个思路，人们研究和试验了各种助推舰载机起飞的方法，比如，用压缩空气推动，用甘油炸药瞬间爆发的推力推动，用飞轮助飞用液压式弹射器弹射，等等。特别是弹射起飞技术，被认为是最理想的方法，但液压弹射器力量有限，只能弹射小飞机。于是，英国人就循着这个思路，最早发明了弹射重型飞机的蒸汽弹射器。

蒸汽弹射器的原理其实和弹弓的原理一样，弹射器就像一个大弓箭，飞机就好像搭在弓弦上的一支箭，先拉满弓储备能量，然后突然释放，一下把飞机弹出去。蒸汽弹射器在结构上由蒸汽系统、发射系统、润滑剂控制系统等组成。工作时，由锅炉产生高压蒸汽并储存在蒸汽室里，飞机起飞前先把它调整到滑轨上并固定，同时将飞机与弹射器的牵引钢索连接起来。然后飞机启动发动机，当达到一定推力时，弹射器突然释放已储备的高压蒸汽，形成超过飞机重量三四倍的巨大推力，以极快的速度把飞机推出弹射器，飞机借此力飞上天。蒸汽弹射器的运用，大大提高了航母舰载机的起飞效率和安全性。像美国现役尼米兹级重型航母都装有4台弹射器，通常情况下，弹射一架舰载机只需要半分钟的时间，即使在晚上，弹射一架舰载机也不会超过两分钟。

弹射器是航母上最重要的核心装备，最初由英国人发明并注册了专利，然后被美国买去。直到当前，也只有美国人有这个技术，俄罗斯、法国都没有。当然，蒸汽弹射器也有缺点，因为蒸汽机的热效率很低，所以弹射器为了产生足够的蒸汽，需要消耗惊人的淡水。比如，弹射一架中型战斗机，大约要消耗1吨淡水，这不仅迫使航母不得不加大尺寸和吨位，而且运营成本极高，一般国家真的是玩不起。为了克服这个缺陷，美国研制了电磁弹射器，安装在美国新一代福特级航母上，电磁弹射器不仅节能，还可以让飞行员更加平稳地架机升空，避免了蒸汽弹射器因瞬时过载而导致的颠簸之苦。目前，中国的"辽宁号"还没有应用弹射器技术。不过，据媒体报道，中国军方已经突破电磁弹射器技术，中国正在建造的航母上有可能安装自主研发的电磁弹射器。

飞机的起降都是在甲板上进行的，因此甲板的设计也有讲究。最初的飞行甲板是首尾两段式的，前面的一段甲板向海面倾斜一个角度，以便给飞机一个初始速度，让它顺利起飞。舰尾则另设一个飞行甲板，用来降落飞机。后来考虑到安全因素，就把前后两段飞行甲板连通起来，形成直通式甲板，这种直通式甲板在"二战"期间非常流行。直通式甲板的缺陷是不能同时起降两架大型飞机，所以"二战"后期喷气式大飞机上舰后，直通式甲板就不能满足需求。到了20世纪50年代，美国人发明了斜直两段飞行甲板，也就是一段是直通式甲板、另一段是斜角飞行甲板。这样一来，如果在直通式飞行甲板上起飞，那么降落就可以在斜角甲板上同时进行，两架起飞和降落的飞机按照各自不同的轴线进行，两不耽误。

飞机不像导弹，从舰艇上发射出去就不用管了，舰载机还有一个怎样安全降落到母舰的问题。飞机在母舰上起飞的难题解决后，如何在航行中的母舰上降落又成为一大难题。

大型重载战斗机在陆地上降落，通常都需要拖降落伞降落，即便如此也要滑跑很长距离才能停稳。航母甲板总共才两三百米长，还不能都用来降落飞机，飞机要在这样短的距离上准确降落并快速停稳，难度可想而知。怎么办呢？最初，人们在飞机底部装一个浮筒式滑板装置，先在水面上降落，然后用吊车把飞机吊上舰艇。这种方法显然过于笨重。后来，人们在飞行甲板的两侧布设了许多装满沙子的麻袋，中间系上一些很粗的绳索，降落中的飞机放下尾钩钩住绳索就可以稳稳落在舰上。这个办法非常有效，一直沿用至今，只是阻拦索不再是绳索，而是换成比大拇指还粗的钢缆，但基本原理是相同的。现代航母一般设有4道阻拦索，距离舰面约为30~50厘米，降落的飞机的尾钩只要钩住一道阻拦索就行。钩住以后，阻拦索通过一系列复杂的齿轮传动系统吸收飞机降落时的动力，强迫飞机在百米内停下来。当然，也有不能钩住4道阻拦索中的任何一道而降落失败的情形出现，这种情况就必须复飞了。据统计，舰载机因钩不住阻拦索而复飞的情况约为15%。

航空母舰的兴盛与衰落

第一次世界大战结束之后，伴随着军舰制造技术和飞机制造技术的提升，航空母舰开始出现，但是囿于1922年的《限制海军军备条约》(《华盛顿海军条约》)的限制，英、美、日、意、法等大国虽认识到建造航母的重要性，但也不敢公然违反国际条约。1936年，《华盛顿海军条约》期满失效，海军列强围绕航母展开了新一轮的军备竞赛。

到1941年12月初，日军奇袭珍珠港前夕，在太平洋上的日本海军已经拥有10艘可用于作战的航空母舰！当时美国已有9艘航母，但在太平洋上的航空母舰只有

3艘。日本凭借其具有绝对优势的航母战斗群，成功偷袭珍珠港，首次向世界展示了航母在浩瀚海洋上的惊人威力——虽然这并不是航母首次作战。

1942年6月的中途岛之战，日本海军几乎投入倾国之兵，日本"联合舰队"共计185艘战舰和525架飞机，包括8艘航空母舰。美军兵力大约只有日军的三分之一，但是美军出人意料以弱胜强。这一战日本海空军元气大伤，两天内失去4艘重型航空母舰（"苍龙号""加贺号""赤城号""飞龙号"）。在太平洋上不可一世的日本"联合舰队"从此由盛转衰。

整个太平洋战争期间，美军共击沉日本19艘各种类型的航空母舰（包括轻型航空母舰）；美军损失了11艘航空母舰，其中10艘被日军击沉，1艘被德军击沉；英国海军损失8艘航空母舰，其中7艘被德军击沉，另一艘因事故起火爆炸沉没。纳粹德国和法西斯意大利没有航空母舰建造完工。

航空母舰是一个国家工业技术能力的集中体现，是以强大的综合国力来支撑的，所以美国的战争潜力一旦焕发出来，其结果难以想象：到1945年秋，太平洋上对日作战的美国海军拥有各种类型航空母舰达67艘（几乎用航空母舰包围了日本列岛）。当日本代表在美国海军"密苏里号"战列舰上签署投降文件时，战舰上空编队飞行着1 000架——我肯定没有搞错"0"的个数——炫耀武力的美军战机。神话般的海空力量，压倒性的数量优势，当然会对日军产生巨大的心理震慑。

在结束世界大战的那年秋天，全球海洋上航行着约150艘航空母舰，其中美国有97艘，另外还有几十艘正在建造中。那真是航空母舰的黄金时代。然而恰恰是在这个黄金时代的1945年秋天，美国空军战斗英雄杜立特（J. H. Doolittle）中将对美国国会说："航空母舰的作用已经发挥到极致，它将进入荒废阶段。"杜立特为什么这么说呢？答案就是原子弹的出现。

在广岛、长崎投下的原子弹让世人见证了原子弹的巨大威力。当时人们认为，一颗原子弹足以摧毁整个航空母舰编队（每艘航空母舰都需要若干其他各类战舰与之配合作战）。一架携带原子弹的飞机的攻击能力，相当于20 000架舰载飞机，或2 000架B-29轰炸机（当时美军的重型轰炸机）。况且用导弹携带原子弹实施攻击的前景已经出现——当时美国、英国和前苏联都用缴获的德军V-1和V-2导弹进行了多次试验（美国就试验了68次）。所以，1945年的秋天，既是航空母舰黄金时代的巅峰，同时也是它"最黑暗的时刻"。

此后几年，核导弹已被研制成功，洲际核导弹的成功也近在眼前。在这种情况下，美国海军和国会围绕航空母舰与原子弹前景的争论非常热烈。既然战略轰炸机能够在全球范围内投放核炸弹，既然洲际导弹能够在洲际范围投射核弹头，航母舰载机还有什么存在的必要呢？但是，原子弹真的能够摧毁航空母舰编队吗？美国人竟决定以真枪实弹来检验这种看法。

被选作试验的牺牲品，包括两艘在太平洋战争中久经战阵的航空母舰"萨拉托加号"（服役18年）和"独立号"（服役两年半），以及另外数十艘舰艇。试验的目的是要搞清楚下面这些问题：空中核爆炸和水下核爆炸分别会对舰艇产生怎样的打击效果？核辐射会在多大程度上危害舰上人员？一颗原子弹是否真的能够摧毁一个航空母舰编队？

这项奢侈的试验于1946年7月1日在马绍尔群岛的比基尼岛环礁实施。计划共投放3颗原子弹，一颗在空中爆炸，一颗在浅水爆炸，一颗在深水爆炸。使用的原子弹就是在广岛投放的那种钚弹。

第一颗20 000吨当量的原子弹在8 000米高的空中爆炸，航空母舰"独立号"与爆炸点垂直下方的距离为800米，爆炸摧毁了"独立号"的甲板、桅杆和烟囱，燃起的熊熊烈火烧了一天一夜，将"独立号"内部完全烧毁。但距离爆炸点垂直下方6.5公里处的"萨拉托加号"航空母舰仅受到表面损伤。第二颗原子弹在水下27米处爆炸，距离"萨拉托加号"150米。"萨拉托加号"甲板上的飞机和设备瞬间被一扫而空，航空母舰立即严重倾斜，7小时后在水中完全沉没。和它一同沉没的还有一艘缴获的日军战列舰"长门号"、一艘美军战列舰和3艘已经潜入水下的潜艇。由于这两颗原子弹的爆炸已经获得了丰富的数据，原定的第三次深水爆炸被取消。

关于航空母舰前景的悲观论调，伴随着战争结束带来的形势改变，导致美国海军舰队被急剧裁减。短短几年时间内，战舰总数从约1 500艘缩减到270艘。17艘航空母舰被报废，许多在建造中的航空母舰下马，还有大批航空母舰被封存起来，停泊在船坞中以待不时之需。美国政府这种极端的做法甚至惹怒了海军将领，不少三星、四星将军纷纷辞职，愤然离开领导岗位，酿成闻名于世的美国"海军将领大造反"事件。

认为核武器的出现会导致航空母舰失去作用的观点，在前苏联也有着长期影响。相传赫鲁晓夫曾有名言，认为在核武器时代，航空母舰已是"海上的浮动棺材"。在海洋上有着极为重大的国际性战略利害关系的前苏联和后来的俄罗斯，虽然前前后后也开工建造过多艘航空母舰，但大多难逃报废、拆除、转卖的命运，至今只有一艘尚在服役——"库兹涅佐夫海军上将号"，它正是当年与"辽宁号"一同设计建造的姊妹舰。

航空母舰的复兴

航空母舰的衰落，显然与核弹的发展直接相关；卫星技术的突破性发展，又让航母在大海上无处遁形，航母的命运似乎就要终结。令人意外的是，20世纪末，尤其是进入21世纪，航母不仅没有消失，反而世界各国制造航母的意愿越来越强烈，这是为什么呢？

必须承认，在一次有效的核攻击面前，航空母舰确实会成为"海上的浮动棺材"；但问题就在于，世人毕竟很少敢跨越"核战争"的门槛——迄今为止只有美国跨越过一次。正如美国海军中将布兰迪（W. H. P. Blandy）

所说的那样:"有人认为,在未来的冲突中,精确制导的导弹会飞越海洋和大陆,在城市上空引爆核弹头,因此将不再需要海军。这样的武器的确可能成为现实,……海战仍将继续。"确实,在常规战争中,航空母舰的作用仍然是显而易见的。

20世纪50年代以来,美国不断在全球确立自己的霸权,由美国发动或主导的局部战争从来就没有停止过。从朝鲜战争、越南战争到入侵巴拿马、科索沃,再到海湾战争,一系列的常规战争让美国认识到,在核战争不可以轻易打的情况下,保持10余艘航母在数量上的绝对优势,是自己推行强权政治、武力威慑、遏制战争、前沿部署、兵力投送和对地攻击作战的必然要求。而70多年前的历史已经证明,如果战争需要,美国很快就可以制造出更多的航空母舰。

在核力量保持制衡的情况下,一系列大大小小的局部战争,以及本国海空防御的战略需要,也让世界上多数国家认识到航母在和平年代与常规战争中的巨大作用。这也是航母在20世纪似乎忽然"热"起来的根本原因。人们清楚地看到,航母不仅没有过时,反而具有广阔的发展前景,具有不可替代的独特价值。除了这一根本原因外,航母在新时代的发展及其以下几个特点,也是其得到认可的重要原因。

第一,航母是平台与负载的结合体。与其他水面舰艇相比,航母具有明显的优势,吨位大、机动性强、续航能力强、装载量大,既是重型战斗机的成熟起降平台,又具有强大的运输能力，其远洋出征、近海防御能力，是任何其他舰艇所无法比拟和取代的。

第二，航母是平战结合、战略威慑力和战术打击力的融合体。百年的航母发展史已经证明，航母不仅是一种实战能力很强的武器装备，也是一种炫耀武力、遏制战争的有效武器装备。以航母为核心的战斗群声势浩大、海空一体，能够给人"威胁就在眼前，敌人就在身边"的切身感受。既能看又能战，平时和战时都能用，威慑与实战都好用，一举多得，这正是航母存在的特殊价值。

第三，核动力装置的采用为航母提供了近乎不竭的动力。航母是高能耗大型船舰，如果使用常规动力，不仅成本高昂，而且需要经常添加燃料，这就造成其续航能力有限。采用核燃料动力后，航母的续航能力趋于无限，而且在航母的服役期限内，几乎不用更换燃料（最多更换一次），航母持续航速也大大提高。可以说，核燃料的采用，让航母焕发了新的生机。

第四，信息化为航母注入了新的活力，让航母脱胎换骨。从一种战争形态转为另一种战争形态，通常需要漫长的过程。从机械化战争向信息化战争的转变，虽然从海湾战争就已经开始，但整个21世纪必然都在转型过程中。更重要的是，机械化与信息化是相互融合的，而不是相互排斥的。航空母舰能够较好地把机械化和信息化融合起来，因为航母具有充足的空间，能够容纳各种电子设备和武器装备，能够根据信息化建设的需要不断更新。强大的吐故纳新能力，信息化元素的注入，赋予航空母舰许多新的概念和内涵，使航母蜕变成一种综合集成度最高、融合机械化与信息化为一体的军事装备。这种高度集成的军事装备，正是信息化战争不可或缺的枢纽和指挥中心。

21世纪之初，美国、日本、英国、法国、俄罗斯、印度、中国等多个国家都宣称要建造航母。15年过去了，有的航母已经下水，有的航母已经交付使用，还有的在船坞中等待生成。总之，世界上的航母会渐渐多起来。虽然20世纪中叶以来几次唱衰航母的悲观论调余音还在，但世界主要国家积极建造航母的事实已经充分说明航母在当今时代的特殊价值所在。或许过不了多久，限制航空母舰的建造将会成为下一个全世界的热点话题。

中国人的航母梦

新中国成立以来，建设一支强大的海军一直是中国政府努力的目标。作为综合国力象征的航母，自然也在中国决策者的视野之内。然而，囿于经济、技术等多种原因，作为联合国五大常任理事国之一的中国，竟迟迟未能拥有属于自己的航空母舰，这不禁唤起国人对航母的强烈渴望。甚至一度曾有过号召全体中国人每人捐10块钱造出航空母舰的呼声，这从一个侧面反映出中国人的航母情结。2012年9月，"辽宁号"航母入列中国海军，再一次激发起中国人对于航母的热情。这一次不再是假想，而是基于拥有首艘航母后的美好憧憬。

在古代，中国其实是一个航海业发达、海军也非常强大的国家。据考证，古代中国的造船业甚至比地中海沿岸国家的造船业还要发达。大唐王朝时，造船业已比较发达，中西海上往来已相当频繁，海上丝绸之路由此发端兴盛。到了宋代，造船业进入鼎盛时期，已能造出远洋巨型海船，造船技术和航海技术都领先于西方。到了明朝郑和下西洋时，中国的造船技术已经相当成熟，郑和宝船是当时世界上最大、最先进的海船。郑和七下西洋，所率船队规模之大、航程之远、所到国家之多，在当时世界上绝无仅有。

令人遗憾的是，无与伦比的郑和下西洋没有给中国带来走向世界的壮丽诗篇，却给中国古代的远洋业、造船业画上了休止符。1522年以后，大明王朝不仅没有继承开放海洋和利用海洋的一贯政策，反而厉行"海禁"政策，"任何船舶不得下海，凡出洋下海者，一律问斩"。曾经领先世界航海业并且拥有强大海军的中国，从此进入"海禁"的封闭、保守状态，一直持续了300多年。

从1840年鸦片战争开始，中国进入长达100多年的任人宰割的近代史。中国近代史就是一部屈辱史，从这部中华民族的屈辱史中，中国人汲取了很多教训，其中很重要的一条，就是我们要重视海洋，要增强海洋意识，要维护海洋权益，要着力于海洋开发，归根到底，我们必须要建设强大的海军。否则，在海洋权益与国家利益面前，我们只能"望洋兴叹"。因此，中国人的航母情结，来自中国近代史的启示，是一种自我救赎的情感抒发。

中国人渴望航母,渴望驶向深蓝的海洋,还来自世界近现代史的启发,来自对大国崛起、兴衰历史规律的深刻认识。2006年,央视播出纪录片《大国崛起》,曾引起国人广泛热议,人们试图从西方大国的崛起中,寻找某些共性的东西,为当下中国的发展出谋划策。15世纪以来,从葡萄牙、西班牙的崛起,到英国、法国、荷兰在全世界的扩张,再到美国、日本等新兴国的崛起,他们的崛起与兴盛,无一不是通过控制海洋、夺取海权、利用海洋来实现的。"谁控制了海洋,谁就控制了世界",两千多年前古罗马哲学家西塞罗的这句名言,成为近代西方列强崛起之"法宝"。

那么,如何控制海洋进而控制世界呢?19世纪末美国著名学者暨政治家阿尔弗雷德·塞耶·马汉出版了《制海权对历史的影响》一书。在深入研究英国等欧洲小国迅速崛起并称霸世界的原因之后,马汉提出了"海洋霸权优于大陆霸权"的海权论观点。他指出,海上力量决定国家力量,谁能有效控制海洋,谁就能成为世界强国。那么,如何控制海洋呢?答案就是要有强大的海军和足够的海军基地,以确保对世界重要战略海道的控制。此外,海权是一个国家控制海洋和利用海洋的一种特权,需要综合运用政治、经济、外交、军事、科技和潜在资源等综合力量来实现,一个国家要是能抓住生产、航运、基地和武力这四大要素,就能掌握海权。

就在马汉的《制海权对历史的影响》出版那一年,

美国国会通过了《海军法案》，美国开始大规模发展海军。20世纪初，马汉甚至成为西奥多·罗斯福总统的海军顾问。到"一战"结束时，美国海军的战列舰、巡洋舰、航空母舰数量已跃居世界前列，成为世界海洋强国；到"二战"结束时，美国已经完全控制了太平洋，成为无可争议的海洋新霸主。

历史已经证明，世界上60%以上的人口和几乎所有的大城市都处于沿海地带，所有发达国家几乎都是海洋国家，所有重视海洋、在海洋上有所作为的国家都曾成为世界强国。反过来，这也启示我们，不重视海洋的国家永远不可能进入世界发达国家的行列！

因此可以说，中国重视发展航母，中国人钟情于航母，其实是中国人海洋意识觉醒的一种表现。我们要走向海洋，我们要利用海洋，我们就必须建设能够保护我们海洋权益的强大海上力量。在这一征程中，航母就成为我们的必然选择。

中国建造航母，有着最现实的急需。中国有超过1.8万公里的海岸线，居世界第四位，守卫这么长的海岸线，可不是闹着玩儿的。特别是南海，从海南岛到曾母暗沙，到中国最南端的海疆线要有2 000~2 500公里！如此长的海疆以及专属经济区，人民海军的守卫任务很重，没有大的舰艇特别是航母，实在是太难了。

中国建造航母，也是具备充足条件的。在政治和国际关系上，中国坚决反对任何形式的战争和霸权主义，坚决维护世界和平与发展，奉行和平共处五项基本原则，向全世界公开承诺中国永不称霸。因此，中国建造航母，发展海军，是维护世界和平的力量。伴随着中国经济的持续快速发展，中国已经"不差钱"，至少建造一艘航母所需要的几百亿元对今天的中国来说，已经不是什么问题。造船技术不是问题，航母电子信息系统也不是问题，唯独在技术上有些问题的，大概就是航母专用技术，比如本文已经论及的舰载机弹射技术和阻拦索技术。但据媒体报道，中国已经突破新一代电磁弹射技术，能不能将其应用于国产航母，我们拭目以待。

中国航母已经起航，驶向远方，驶向深蓝，驶向中华民族伟大复兴的明天！

中国为什么需要大飞机？

◎ 黄庆桥

毛泽东在上世纪50年代曾说过这样一句话："我国是一个大国，世界上有的东西，我们不能样样都有，但是重要的东西，如飞机和汽车，我们就一定要有。"这句话是深刻的，但遗憾的是，时至今日，我们国家在飞机和汽车的研制水平上都还不尽如人意。现在，制造一架一般性能的飞机，对于中国而言是没有问题的，但中国的大飞机制造尚未达到国际先进水平。

所谓"大飞机"，一般是指起飞总重量超过100吨的运输类飞机，包括军用大型运输机、民用大型运输机和干线客机。在我国，一般把150座以上客机称为"大型客机"。2007年3月，国务院正式宣布立项民用大飞机项目。随后，这一项目的重要载体中国商用飞机有限责任公司于2008年5月成立。2009年1月，中航商用航空发动机有限责任公司正式成立,专司航空发动机的研制。至此,中国的大飞机工程终于再一次踏上征程。

目前,首型国产大飞机已正式命名为"C919"。"C"是China的首字母,易与"A"(空客)和"B"(波音)相区别;"19"代表其最大载客量为190座。那为什么还要再加一个"9"呢?一方面是为了图吉利,更是因为飞机型号采用三位数是国际惯例。"C919"上马后,立即成为热点话题,不仅国人在讨论,西方航空业大国更为关心。大家都在分析,中国为什么要上马这样一个烧钱的大项目?中国能成功吗?中国要克服哪些困难和障碍?一时间众说纷纭,至今仍在持续。

搞大飞机主要不是为了赚钱

中国为什么明知山有虎,偏向虎山行,要在21世纪之初启动大飞机工程,要啃这块"硬骨头"?原因既简单又复杂。简单地说,搞大飞机的原因,就是两句话:一是有钱可赚,二是具有深远的战略意义。但是要把这两句话讲清楚,并不那么简单。

首先我们来看为什么搞大飞机有钱可赚。

自从20世纪中叶人类进入核威慑时代,尽管再次发生世界大战的可能仍然存在,但和平与发展已成为时代主流。当然,在主流之外,也有支流——局部战争和冲突不断。在这样的时代背景下,发展一定是绝大多数国家的不二选择,而各个国家发展的结果就是国内国际交流的密切与频繁。交流就离不开交通工具，选择无非就是汽车、火车、轮船、飞机4类。前3类且不去谈，为什么造飞机在将来可能会有钱可赚呢？

2009年，波音和空客分别发表了关于未来20年的全球民航市场展望报告，他们的展望和预测是可信的。在干线客机方面，两家航空寡头对于2009—2028年全球民用干线飞机（100座级以上）的市场需求预测是一致的，更有意思的是，他们都认为中国经济的平稳较快增长将对市场需求产生重要的推动作用。据他们估算，中国未来20年将需要新增大飞机3 689~3 800架，直接经济价值达到4 000亿美元左右。请注意4 000亿美元仅仅是中国市场，那么全世界呢？如果我们认同和平与发展是世界发展的主流这一判断，那么，无需经济学家的测算，我们也可以推断，全球大飞机市场的经济价值将是一个天文数字！

波音和空客是航空大佬，主要生产干线大飞机，对支线小飞机不屑一顾。2010年，两家生产支线飞机的主力军庞巴迪和巴西航空工业公司也都发表了未来20年支线航空市场展望报告，两者对于全球支线飞机的需求数量判断差异较大，但是他们对中国市场的预测却极为相似。未来20年，中国共需要100座级以下的飞机数量为950~969架。按平均每架1 400万美元（"新舟60"飞机的市场价）保守估计，大致经济价值在133~136亿美元。也就是说，即便是小飞机，未来的中国市场需求依然巨大。因此，全球航空市场小飞机的经济价值同样也是一个惊人的数字!

至此,关于大飞机的经济价值已无需多言。面对数千亿美元的国内市场,我们要拱手相让给波音和空客这两家寡头吗?面对全球难以估量的巨大市场,中国人难道要选择放弃吗?回答当然是否定的。

看到这里,有人要质疑了。他们的逻辑是,即便你造成了大飞机,国际市场也不一定买,也就是说,虽然有几千亿的国内市场,可是上面的论述中却没有计算搞出大飞机要花多少钱。保守估计,大飞机项目的前期直接投资将超过2 000亿人民币,要真正搞成,还不知道要砸进去多少钱。因此,即便搞成了,也不一定赚钱,说不定还赔钱呢。有这样疑问的人可能还不少,我们不妨来分析一下。

首先,搞大飞机不一定赚钱这个说法本身就是有问题的。确实,如果只把未来某一段时间我们造出的飞机的售价总和与投资总额进行比对,可能会得出不合算的结果。但是,这种做法有个极大的漏洞,就是没有考虑到大飞机产业的经济溢出效应。关于这一点,其实经济学界早有很专业的研究。大致说来,航空工业是知识密集、技术密集、资本密集产业,产业链很长,其发展不仅能够促进本国科技进步,而且能够带动大批相关产业的持续发展,其智力、技术和经济的溢出效应是难以估量的。仅以航空发动机的研制为例,据日本业界的一项研究,在单位重量创造的价值比这一数值上,船舶为1,轿车为9,计算机为300,支线飞机是800,而航空发动机高达 1 400，被称为世界工业产品"王冠上的明珠"。因此，搞大飞机赚不赚钱、合不合算，根本就不是一个问题。

其次，搞大飞机的战略意义更是深远，非经济价值所能衡量。

先讲两个小例子。话说 2008 年汶川特大地震，中国人民难以忘却。地震发生的最初几天，震区交通中断，地面人员难以接近受灾最严重的核心区。此时，最好的救灾方式就是空投救灾人员和物资，并通过空中力量运出受灾人员。必须肯定，我们的人民子弟兵尽了最大的努力，媒体上已有充分的报道。可是，大家能够看到多少空投的画面和空运伤员的镜头？的确有，但多吗？真的不多！究其原因，不是人民军队不想投入更多的空中力量，是咱们力量缺乏。另一个例子关于我们的南海。至少现在大家都承认，我们要更好地保护祖国南海的广袤海疆，不仅海军力量要强，空中力量也要强。相当长一段时间我们在南海处于被动局面，与海空力量薄弱有很大关系，这是人所尽知的。

那么，上面这两个例子与大飞机的研制有什么关系呢？

现代航空业从其诞生开始，就带有明显的国防工业色彩，早期的飞机最先用于军事用途。因此，现代航空工业被认为是典型的"军民结合"产业，世界上所有的航空工业企业（当然包括波音和空客两家大飞机制造商寡头）都同时生产军用飞机和民用飞机，美国军方就一直是波音公司的大客户。道理很简单，主要原因在于减低成本、增加利润，根本原因在于技术的通用性。对于一个国家而言，民机的水平上不去，军机的水平也好不到哪里去。这一点就特别适合解释中国的状况。因此，中国通过搞大飞机工程，提高飞机研制的水平和能力，不仅具有潜在的经济价值，其战略意义更是不能用经济价值来衡量的。也就是说，即使搞大飞机不赚钱，我们也必须搞。我们搞大飞机，主要并不是为了赚钱。这一战略意图，即便我们不说，人家也是懂的，2007年中国正式立项大飞机工程以来，西方媒体已经不知道多少次在这一点上做文章了。

飞机在现代社会的特殊功能与价值日益凸显。如果说核武器是战略威慑力量，那么飞机就是战略任务的执行力量。核武器是不能轻易用的，大量的战略任务是要靠飞机去执行完成的。在未来，飞机将在国家的重大紧急状态中发挥无可替代的重大作用，比如抢险救灾、大规模人员与物资的紧急调动等。并且，一旦国家进入紧急状态，95%的民用飞机都可以转为战机使用或是其他特殊用途。类似这种情况的电影镜头，在美国大片中已经司空见惯。因此，对于中国而言，大飞机的重要性不言而喻，我们把自己巨大的航空市场拱手让给波音和空客显然是不合适的，单纯研制军机更是极不经济的。这样看来，自己搞大飞机不是最好的选择吗？

至此，该不该搞大飞机已无需更多的讨论。接下来的问题是，这么重要的事情，怎么给人感觉是从2007年才开始受到重视呢?换句话说,中国人的航空工业梦想有着怎样的曲折历史呢?

先发展导弹还是先发展飞机?

中国人的航空工业梦想,可以追溯到20世纪初。1909年前后,冯如在中国大地上制造并试飞了中国人的第一架飞机。而世界上的第一架飞机,也不过是在早几年(1903年)被美国莱特兄弟发明出来。就此而言,中国人研制飞机的最初实践并不落后于世界太多。然而,处于列强瓜分下的中国,注定难成大事。20世纪前40年,西方世界飞机制造技术突飞猛进,飞机开始广泛应用、服务于军事需要,民用航空市场也逐渐成型。而这一时期的中国,军阀割据,外敌入侵,研制高精尖的飞机,根本无从谈起。

中国人开始认真考虑研制飞机这件大事,是在抗日战争时期。侵华日军凭借其强大的空中力量,不仅在攻城略地中肆无忌惮地用飞机轰炸中国军队,而且还大肆轰炸中国的城镇和无辜百姓,其目的在于试图摧毁中国人的抗战意志。历史证明,日本帝国主义错了。面对侵华日军的暴行,中国人没有被吓倒。有识之士开始思考克敌良方,"航空救国"思潮便在这种反思中萌发,并最终成为国民政府的战略决策。

一方面,国民政府大量买进美国军用飞机,在盟国的帮助下,组建中国人自己的空中武装力量,甚至还邀请美国空军直接来华参加对日作战,著名的"飞虎队"和"驼峰航线"就在中国抗日战争史上留下深刻的印迹。另一方面,国民政府也为制造飞机做准备,成立航空委员会和航空研究院,建造飞机制造及修理厂,大学里开设航空工程相关专业与课程以培养人才。比如,著名科学家钱学森就是在交通大学读书期间,受"航空救国"思想影响,毅然改变原本修读的机械工程学业方向,转而主攻航空工程并以此作为赴美深造的专业。不过,在国民党退居台湾之前,中国在飞机制造上并无建树。

1949年新中国的成立,开创了中国历史的新纪元。出于国防和军队建设的需要,制造飞机必然成为新中国领导人的战略选择。不过,那时领导人考虑的主要是制造战斗机以充实空军力量加强国防,民用飞机难以顾及。即便是制造战斗机,也主要是在苏联老大哥的帮助下进行,后来中国自己制造的比较有名的歼击机系列和歼教机系列,都有很深的苏制飞机烙印。更重要的是,即便是空军所需的战斗机,也主要是向前苏联购买,大规模的研制飞机并没有成为建国初期国防战略的重点,而原子弹、导弹才是中国战略武器发展的重点。

1956年2月17日,回国不到半年的钱学森向周恩来提交了《建立我国国防航空工业的意见书》。这个意见书要解决一个战略问题就是,中国到底是要优先搞导弹还是要优先搞飞机?3月14日,周恩来主持召开军委扩大会议,钱学森与新中国的将帅们展开讨论,中心议题就是为什么中国要优先选择发展导弹而不是战斗机？钱学森给出了令人信服的回答。

首先看发展战斗机的问题：一代战斗机的研制周期，发达国家是10年，形成武器列装到部队要15年。发达国家尚且如此，那么中国呢？我国工业薄弱，能设计却不能生产，有能力制造，但大量的仪器仪表、电子元器件和配套的雷达等，都难以保证。15年的周期肯定不够！即使解决了这些，以我国的经济实力，大批量生产也不现实。

再看导弹的比较优势：飞机有人驾驶并需要反复使用，各部件都必须过关才能保证安全。导弹就不同了，它是自动寻找目标，而且是一次性使用。即使我们工业落后，不能确保每个部件是最好的，但根据系统工程原理，把一般的部件组合起来，同样能达到很好的效果。

最后，通过上述两点的比较，可以得出优先发展导弹的高性价比：导弹的投入主要集中在科研、试验上，一旦研制成功，国家再穷，生产一部分应该不是问题。即使从战争角度看，导弹不仅对地面，也可以对空中、海上来犯之敌进行有效打击，在目前我国空军、海军还很弱的情况下，选择从导弹上突破，不失为一条捷径。

应当说当时的钱学森和决策层是务实的。仅凭中国当时的经济实力、工业水平和制造能力，短时间内大批量造出飞机并入列部队用于实战，的确很难做到。于是，新中国做出了研制"两弹"的战略决策。事实证明，这个决策是对的，"两弹"全面成功，壮我国威、军威，影响深远。但是，也不是说这一决策就没有负面影响。

由于飞机研制没有享受到"两弹一星"那样的战略地位和扶持——尽管飞机的研制没有停步,其发展水平无法在根本上提升,大大落后于世界。军用飞机的命运尚且如此,民用大飞机的研制就更加没有影子。

中国人的航空工业梦想

中国的飞机事业,尤其是大飞机事业的转折,发生在1970年。那年夏天,毛泽东在上海视察,指示上海工业基础好,要造飞机。毛泽东所说的"飞机",就是我们现在所说的大型运输机。在最高指示下,史上被称为"708"工程的研制大飞机专项任务很快上马,大型客机"运10"的研制任务在极其艰难的状况下,快马加鞭,获得成功。

必须深刻认识到,"运10"是一个奇迹。在不到10年的时间里,中国航空人用汗水和生命制造出一架真正意义上的"运10"大飞机!"运10"不仅试飞了,而且在中国大地上进行了长时间、大规模的试飞,几乎飞遍中国的东西南北,比如北京、合肥、哈尔滨、乌鲁木齐、广州、昆明、成都,甚至飞到世界屋脊西藏拉萨。按说有了这么好的基础,假以时日,中国大飞机的辉煌应该指日可待。然而,就是这样一架中国人自己独立自主研制出来的真正意义上的大飞机,却在80年代中期悄然下马。至今,除了少量航空史爱好者和老一辈航空业内人士,大部分国人并不知道中国曾经拥有过自己独立自主制造出来的大飞机!大部分中国人的意识里,似乎是中国没有能力研制出大飞机!这不能不说是一个大大的遗憾。

"运10"大飞机的下马,原因是多方面的,教训是惨痛的。有人从政治上解读,说它是"文革"的产物,这注定了它的命运;有人从技术上解读,说它是模仿抄袭"波音707"飞机,并无新意,而且已经落后,还存在大量技术问题;有人从时代背景上解读,说改革开放之后中国急需发展航空业,急需购买大型民用飞机,走市场换技术的道路;也有人从阴谋论的视角解读,说外国势力巧妙干预,麦道和波音公司为减少竞争对手,迎合中国政策意图,以合作生产、低价提供大飞机为诱饵,甚至贿赂高官,让中国航空业自废武功,从此一蹶不振。

"运10"大飞机下马的严重后果是,80年代以来,中国与麦道、波音(1996年麦道被波音兼并)的合作一次次令人沮丧地失败,让人谈大飞机而色变,在此后20年的时间里,国家竟然没有发展大飞机的战略规划,而近30年却是世界航空业深刻变革的30年。如前文所述,大飞机在现代社会的重要性日渐突出,且不说军事上的战略意义,单是庞大的世界民航市场的大飞机需求,就全部被美国的波音和欧洲的空客两家公司瓜分,中国每年要支付巨额资金高价购买波音和空客的大飞机。而空客的起步其实只比中国"运10"大飞机的起步早3年!历史不能假设,我们也不妨遐想一下,如果"运10"继续搞下去,世界航空市场会不会是美、欧、中三分天下呢？

　　故事还有另一半。虽说新中国成立之初，选择了优先发展导弹而不是飞机的国家安全战略，中国的飞机事业发展不如人意，但这并不意味着中国的军用飞机发展水平至今还处于非常低的水平。事实上，中国在军用大型运输机和轰炸机的研制上，也是有亮点的。2013年初试飞成功的"运20"就是大型军用运输机的代表，最新的"轰6K"则可视为未来真正意义上的战略轰炸机的某种中继型号。据说"轰6K"航程可达8 000公里，作战半径超过3 500公里，可以携带巡航导弹，其打击能力甚至可达美国夏威夷。

　　世人常说，中国的军机都有苏制飞机的影子，毕竟新中国航空工业的底子是在50年代中期前苏联对华援助期间打下的。但是，在"运20"大型军用运输机和"轰6K"上，人们已经可以看到某种脱胎换骨。究其原因，就在于改革开放后，尤其是90年代之后，中国不断加大对军用飞机研发的支持力度，充分发挥集中力量办大事的历史经验和优势，逐渐突破并掌握了相关核心技术，于是才有了今天值得军事迷们稍感快慰的"运20"和"轰6K"。

　　历史如一盏明灯，能照亮未来。我们回顾中国人的航空工业梦想，总结中国航空事业发展的曲折历史，不是要打棍子，而是要汲取历史教训和经验，让未来的路走得更好。历史的教训和经验给予我们最大的启示就是，在事关国计民生的重大核心科学技术上，绝不能指望别人，绝不能偷懒，必须依靠我们自己，老老实实走自力更生的道路。21世纪之初，中国政府重启大飞机工程，让我们看到中国人圆梦大飞机的胜利曙光。

"心脏病"与"王冠上的明珠"

在航空业界，有这么一个形象的说法：中国要研制成大飞机，必须攻克两大病症——"心脏病"和"神经病"。"心脏病"是说发动机是飞机的"心脏"，航空发动机制造技术，中国的研制水平还不过关；"神经病"是说航电系统是飞机的"神经"，中国的研制水平也不过关。另外，还有一个卡脖子的问题，就是取得大飞机的适航证。我们先来看看这"心脏病"有多重要、有多难治。

研制大飞机，航空发动机是关键。时至今日，航空发动机已经成为人类有史以来最复杂、最精密的工业产品，每台零件数量在万件以上，其研制工作被称作挑战工程科学技术的极限。正因为如此，航空发动机素有"工业王冠上的明珠"、"工业之花"之美誉，被认为是人类工业革命300年来最重要的技术成果。从这些美誉之词中，可以看出航空发动机地位之重要、技术难度之高。

航空发动机是一个进入门槛极高的行业，是"零容错"的行业，在一个国家的发展中具有极其重要的战略地位，世界航空强国都将其列为优先发展、高度垄断、绝对机密的高科技尖端技术。航空发动机也因此被看作大国地位的象征。当前，世界上只有美国、英国、法国、俄罗斯、中国等少数几个国家能够生产航空发动机。目前，以大飞机发动机为例，国际上主要发动机整机制造商，由美国 GE 及其合资公司（如 CFM 国际公司）、美国普惠、英国罗罗 3 家公司垄断，他们均形成了较为完善的发动机型号系列，发动机技术的发展都有较好的系统性、继承性和连贯性。也就是说，中国还不具备生产适用于大飞机的航空发动机。必须认识到，中国是后发工业化国家，不得不面对既有的先进工业化国家对高技术市场的垄断。这是特殊国情，也是特殊阶段。但中国不甘落后，中国要奋起直追。2009 年初，中国政府斥巨资在上海成立中航商用航空发动机有限责任公司，志在研制出大飞机的"中国心"。

那么，航空发动机主要难在哪里呢？

首先是发动机的耐高温问题。大飞机航空发动机采用的是燃气涡轮发动机，根据热力学原理，涡轮燃气温度越高，流过发动机单位体积或重量的空气产生的功就越多。也就是说，为了增大发动机的功率，最好是不断提高涡轮燃气的温度。然而，大多数金属的熔点是 1 500 摄氏度左右，也就是说，当发动机工作时，一旦温度达到熔点，发动机很多部件就会熔化掉！因此，如何让发动机部件耐得了高温，是一个极大的难题。

其次是大风扇的制造问题。当今大飞机普遍采用涡轮风扇发动机作为其动力来源。如果说涡轮的重点是要解决耐高温的问题，那么风扇的问题重点是要解决离心力和重量的问题。适用于大飞机的航空发动机，其风扇直径在 3 米左右，比如，美国 GE 为"波音 777"研制的 GE90 的风扇直径达到了 3.14 米，叶片高度达 1.22 米，如此巨大的风扇倘若采用质量重的金属材料，即使做成空心叶片，强大的离心力也可以瞬间撕裂风扇。因此，如何让大风扇叶片变轻并耐得了离心力，就成为一个必须攻克的难题。

最后是材料与制造工艺问题。不管是热端的涡轮、燃烧室也好，还是冷端的风扇大叶片也好，其特殊的材料与制造工艺的研制都必须过关。另外，航空发动机内部极为复杂精密，对制造装配的要求是"零差错"，如何提升制造装配工艺水平也是一项难度极高的挑战。正因为航空发动机极难制造，所以至今能够生产的国家屈指可数。也正是认识到航空发动机的高技术含量及其高附加值，航空发达国家历来将其作为高度垄断、严密封锁的高科技尖端技术，其核心技术严禁向国外转让，并且在西方国家之间也不例外。

正是看到研制大飞机航空发动机具有极高的难度，后发国家在短时间内难以攻克。因此，中国在启动大飞机项目之后，为了让我们自己的大飞机"C919"尽快顺利进入市场，先装配进口成熟发动机就成为最理性的选择。美国 GE 与法国斯奈克玛公司组成的合资公司——CFM 国际公司研发的下一代发动机 LEAP-X1C，最终得以获选成为"C919"的唯一动力。据媒体报道，2011 年 6 月，CFM 国际公司执行副总裁查罗公开表示，之所以向中国"C919"提供发动机，是因为"短期内中国自主研发的引擎不会对CFM构成威胁"。他还说："在中国，我们不是非常担心知识产权问题。我们知道如何在不转让技术的前提下与中方合作。"

我们已经谈到，几十年来中国在"市场换技术"的过程中学习到一个基本经验或者教训就是，如果自己没有自主研发能力，你能获得的技术永远都只能是低档货、别人淘汰或即将淘汰的东西，你永远只能跟着别人屁股后面跑。在飞机发动机的问题上中国人最终认识到，核心技术是市场"换"不来，但却能被中国巨大的市场"养"起来。当然，最开始"养"的是外国发动机——并且可能并不是最先进的，不过，中国的自主研发并不放松，假以时日，必须要"养"出来中国的发动机。

或许是深深汲取了历史的教训，航空工业业内人士称，航空发动机这颗"中国心"的研发战略，可以用"两步跟进"、"三步赶超"来描述："两步跟进"，就是C919大飞机先装上外国发动机，尽快走向市场；然后，再装中国自己研制的航空发动机，一先一后，彼此承接，不可分割。"三步赶超"，指的是中国航空发动机的自主研发进程可以比喻成3个境界，也就是从"填空补缺"到"望其项背"，最终确保和发达国家"并驾齐驱"。

"神经病"与适航证

航电系统是飞机的"神经"，中国的研制水平也还不过关，因此业界将之称为"神经病"。"适航证"并不是飞机上的装置,而是一种具备飞行能力的资格认证证书,和汽车的行驶证是一个道理。这两样东西也是制约中国大飞机上天的关键。

如果说发动机、机身、机翼等是飞机的硬件装置,那么航电系统就是飞机的软件装置。航电系统是飞机信息化装备的核心,是信息感知、显示和处理的中心。如果用人体器官来比喻的话,航电系统非常像我们的头部器官:它是飞机的眼睛、耳朵、嘴巴和大脑。航电系统的性能和技术水平直接决定和影响着飞机的整体性能,对飞机发挥效能、节能减排、降低运输成本等方面起着十分重要的作用。可以说,没有高性能、高水平的航电系统,就不可能有真正意义上的大飞机。

简单来说,航电系统就是指飞机上所有电子系统的总和,主要包括飞行控制系统、飞机管理系统、导航系统、通讯系统、显示系统、防撞系统、气象雷达等主要功能系统。时至今日,航电系统的发展经历了3代(分立式、联合式、综合模块化)、5个阶段(离散式、集中式、集中分布式、综合式、先进综合式)的演变。当前,欧美民用航空电子产业中,主要以美国的霍尼韦尔集团、柯林斯集团和法国的泰勒斯集团为主,它们作为系统供应商,为波音、空客的大飞机配套。欧美还有一些中小型企业也生产航电系统,主打改装或者中小型飞机市场。因此,我们不得不面对的现实是,先进的航电系统主要是欧美航空业发达国家的天下。

我国航电系统的研究主要集中在军用飞机领域,民用大飞机航电系统的研发工作起步比较晚,尚未形成有竞争优势的民机航电系统设计和综合能力。因此,国产大飞机"C919"不仅在发动机上要"借船出海",就是在航电系统上也未能实现完全的国产化。国产大飞机"C919"航电系统的主供应商是一家名叫"昂际航电"的中外合资公司。2012年3月,中航工业集团和美国GE公司以1:1的比例合资成立中航通用电气民用航电系统有限责任公司(也被叫做昂际航电),他们为国产大飞机"C919"项目以及其他下一代民机项目研发基于开放平台的综合航电系统,并力图成为全球知名的一级民用航电系统公司。目前,昂际航电的主要任务是为国产大飞机"C919"项目提供综合模块化航电系统(IMA),包括核心航电系统、飞机管理系统、综合显示系统、机载维护系统和飞行记录系统。

当前,电子信息技术、网络技术、软件技术和微电子技术等高新技术飞速发展,推动着航电系统向模块化、标准化、结构化、软件化和开放化快速演变,从而进一步推动航电系统向综合化、智能化、信息化、网络化、自动化和一体化方向深入发展,但愿中国能在这一进程中迎头赶上,并有所超越。

最后还有适航证的问题。

大飞机产业的特殊性在于,即便我们有能力制造出一架质量完全合格的大飞机,这架大飞机也未必就能飞上天。因为飞机和汽车一样,是要有合格证的。比如,路面上奔跑的每一辆汽车都是有行驶证的,这个行驶证是对汽车出场质量的认可，有了这个行驶证，这辆汽车才能取得牌照，上路才是合法的。飞机的情况也是一样的，飞机要想飞上蓝天，也必须取得合格证，这个合格证被称为"适航证"。而中国即将诞生的大飞机要想取得适航证，是非常困难的。

从专业上讲，所谓适航证，是指由适航当局根据民用航空器产品和零件合格审定的规定，对民用航空器颁发的证明该航空器处于安全可用状态的证件。适航是构成国家航空安全的重要组成部分，是民机进入市场的通行证。适航的目的是为了保证飞行安全、维护公众利益、促进行业发展。那么，谁有资格给大飞机颁发适航证呢？在我国，当然是中国国家民航管理总局主管此事，中国的大飞机取得中国民航局的适航证，这并没有问题。关键问题是中国的大飞机要飞出国门，单有中国政府认可的适航证是不行的，也就是说，我们必须取得世界其他国家的认可。

那么，世界上的情况是怎样的呢？目前，全世界多数国家都认可美国联邦航空管理局（FAA）和欧洲航空安全局（EASA）的审定能力及其所颁发的适航证。因此，中国的大飞机"C919"要想卖到全世界，就必须获得这两个机构的认可。按理说，咱们造好质量过硬的大飞机，直接去申请FAA或EASA的适航证不就可以了吗？而关键问题就在这里。

正因为FAA或EASA的适航证是一架大飞机得以进入国际市场的通行证，所以，适航证已经逐渐演变成航空大国保护本国民机市场的手段。如果 FAA 或 EASA 不配合我们的适航审定申请工作，结果就是大大拖延我国大飞机的研制进程，并且由此导致我们的大飞机不能及时投放市场，错失市场需求的高峰期，从而直接导致我国大飞机在国内外市场处于不利的竞争地位。因此，适航证被认为是我国研制大飞机的"软肋"，甚至被认为是决定我国民用飞机成败的重要因素。

欧美航空大国在适航证上的垄断地位和先天优势，我们是无法动摇的。再说，人家的适航审定要求本来就很严格，经过了长期的实践检验，得到国际认可也在情理之中。我国大飞机产业还没有走完一个真正意义上的先进民用飞机研制的全过程，如何取得国外航空当局尤其是 FAA 和 EASA 的认可，获取这些机构的适航证，不仅需要航空人的努力，恐怕更需要国家力量的介入与支持。

高铁：中国的亮丽名片

◎ 黄庆桥

如果说十多年前中国人对高铁还比较陌生的话，那么今天的中国高铁已经走进老百姓的日常生活。2004年1月，国务院常务会议讨论并原则上通过了历史上第一个《中长期铁路网规划》，以大气魄绘就超过1.2万公里的"四纵四横"快速客运专线网。此后，中国高铁一路高歌猛进，以惊人的速度在中国大地快速延伸，取得的成就令世人刮目相看。据铁路部门的数据，截至2014年底，中国高铁连接全国28个省份，运营里程达到1.6万公里，超过全世界高铁总运营里程的一半。目前，中国已经成为世界上高速铁路系统技术最全、集成能力最强、运营里程最长、运行速度最高、在建规模最大的国家。不仅如此，今天的中国高铁技术，还走出了国门，在激烈的国际市场竞争中初露锋芒，从亚、非、拉市场拓展到欧美市场,让德、日等这些曾经是中国"师傅"的国家如坐针毡。

就在10年前,中国高铁还仅仅处于技术进口的起步阶段,而10年后,高铁已然成为中国高端制造业的一张亮丽名片。这10年来,中国高铁到底走过怎样的发展历程?高铁给中国带来了什么?中国高铁如何做到如此华丽的转身?中国高铁的未来之路又在哪里?我们将尝试探讨这些问题。

中国高速铁路新纪元

1964年,世界上第一条真正意义上的高速铁路"东海新干线"于日本竣工,标志着世界高速铁路新纪元的到来。随后法国、意大利、德国纷纷修建高速铁路。到1990年,欧洲大部分发达国家都大规模参与修建本国及跨国高速铁路,形成了欧洲高速铁路网。紧接着,亚洲、北美洲与澳洲也都相继大规模建设高速铁路,掀起了世界范围的高速铁路建设热潮。

而中国人认识高铁,是从改革开放后走出国门开始的。1978年秋天,中国改革开放的总设计师邓小平在日本考察新干线时说:"像风一样快,我们现在很需要跑!"那时,国外高速铁路列车的时速已达300公里,而中国旅客列车的平均时速却还不到100公里。同时,中国是一个幅员辽阔、人口众多,且人口流动频繁的国家,尤其需要优先发展铁路。然而,改革开放前20年的中国,

今天让科学做什么

国家和民众都不富裕,高铁技术的门槛又太高,因此,高铁并未被纳入国家相关发展战略和规划。

2000年以后,中国改革开放到了一个新的时期。经过前几十年的积累,中国经济持续快速发展,并开始深入推进城市化、产业升级和经济结构转型,对便捷交通的要求越来越高;同时,富裕起来的广大民众对便利出行的要求也十分迫切。这些一方面给高铁的发展带来了经济条件,另一方面也使得在中国建设高铁的呼声逐渐由弱变强。最终,中国政府在21世纪之初以巨大的魄力和勇气决策开始大力发展高铁技术和产业,并且在2004年初出台《中长期铁路网规划》,进一步明确发展高铁的战略步骤和目标。强有力的国家支持和战略规划支撑,是中国高铁快速发展壮大的根本保证。此外,2008年世界金融危机以来,中国加大基础设施建设投资,中央财政在"铁、公、基"上的投入超过4万亿元。对于这次投资尽管众说纷纭,但这一决策的确在客观上促进了中国高铁的建设和发展。可以说,特殊的历史机遇成就了中国高铁。

现在看来,中国发展高铁的战略决策十分正确,而且成就之巨大,举世公认。然而,当初中国政府决策大力发展高铁的时候,质疑甚至反对的声音并不少,从最初对于发展高铁的必要性所提出的质疑,到2011年"7·23"温甬线特别重大事故发生后,转而对中国高铁的安全性产生的质疑,从未停歇。那么,当初中国政府为何要下定决心发展高铁呢?高铁又为何越来越受到国人的青睐呢？

正如前文所述，改革开放以来，中国经济的快速发展为高铁建设提供了经济支持，更重要的是，中国特殊的国情和发展阶段为中国高铁的快速发展提供了内在动力。正如交通运输专家谷中原所说的那样："中国是一个最需要优先发展铁路的国家，幅员辽阔、人口众多，民工流、学生流、探亲流、旅游流，人口流动频繁，对作为大众化交通工具的铁路需求巨大。当铁路成为运输'瓶颈'亟需发展时，高铁于是走上了前台。"高速铁路的发展，需要具备两个基础条件：一是要有足够的延伸空间，二是要有足够的乘坐人口，这两点都非常重要，否则高铁的效率优势将较难发挥。而中国恰恰具备这两个最重要的基础条件，一方面是国土面积大、幅员辽阔，另一方面是人口基数巨大，这两点使得高铁在中国有巨大的发展空间，也容易获得快速发展。像这样的先天条件，无论是日本还是欧洲诸国，都与中国不可同日而语。

除此之外，高铁相较于其他交通运输方式有较大的节能环保优势。

首先，高铁在与高速公路和民航的比较中，显示出明显的节能优势。研究发现，如果设定普通铁路每人每公里的能耗为1.0，则高铁为1.42，小汽车为8.5，飞机为7.44。根据另外一项研究，国产CRH3型"和谐号"动车组列车每小时人均耗电仅15千瓦，从北京南站到天津站人均耗电7.5度，是陆路运输方式中最节省能源的。京广高铁上CRH380A（L）型列车以时速300公里运行时，人均百公里能耗仅为 3.64 千瓦时，相当于客运飞机的 1/2、小轿车的 1/8、大型客车的 1/3。这表明高铁相对于其他运输方式的能耗替代效应非常明显。

其次，在大气污染日益成为社会热点话题的当下，高铁与高速公路和民航相比较，大气污染物排放量大为降低。高速动车组在行驶过程中无废气排出，并且基本上消除了粉尘、煤烟和其他废气污染，从而使得铁路的环保优势更为明显。关于京沪高铁的一项研究表明，京沪高速铁路采用电力机车牵引，与内燃机车牵引对比，全线每年可减少大气污染物排放：烟尘 588.7 吨／年；二氧化硫 124.2 吨／年；二氧化碳 74.3 吨／年；氮氧化物 734.9 吨／年。以 2014 年为例，国家铁路化学需氧量排放量 1 999 吨，比上年减排 108 吨、降低 5.1%；二氧化硫排放量 3.17 万吨，比上年减排 0.36 万吨、降低 10.1%。

再次，高铁的站台建设也充分遵循节能环保的理念。比如，已建成并投入使用的北京南站、天津站均设计了超大面积的玻璃穹顶，在各层地面还做了透光处理，充分利用自然光照明。北京南站采用了太阳能光伏发电技术、热电冷三联供和污水源热泵技术，以实现能源的梯级利用，还采用地源热泵提供中央空调冷热媒水，通过地埋管与土壤进行热量交换，夏季制冷，冬季供热，可以减少城市热岛效应。

总之，中国高铁在规划、设计、建造过程中，已经考虑到节能环保这一时代主题，这是高铁赢得人心并获得快速发展的一个非常重要的原因。

在发展高铁的 10 多年中，不仅是中国经济的崛起为中国高铁带来了发展契机，高铁的发展也加速了中国经济的进一步繁荣与发展。也就是说，高铁的发展与中国的崛起相互促进，相得益彰。

从引进到引领的神奇逆袭

中国高铁在起步阶段，主要还是依靠技术进口，从德国、日本、法国等国家引进先进高铁技术。"引进先进技术，联合设计生产"一开始就是我们的发展战略。比如，2004 年至 2005 年，中国南车青岛四方、中国北车长客股份和唐车公司先后从加拿大庞巴迪、日本川崎重工、法国阿尔斯通和德国西门子引进技术，联合设计生产高速动车组。对于后发国家来说，以市场换技术是实现高技术自主的必经阶段和必要环节。这并不是什么丢人的事情，反而是善于学习的典型。中国高铁能发展到今天，离不开国际技术交流，坚持引进国外先进技术，深入推进中外合作的发展路径是中国高铁迅速崛起的秘诀。

2004 年以来，根据国务院"引进先进技术、联合设计生产、打造中国品牌"的指导方针，中国高铁攻克了高速转向架等九大核心技术、受电弓等十大配套技术难题，成功研制了时速 350 公里和 250 公里两种速度等级的高速动车组，创造了时速 486 公里的运营列车试验的最高速度，成功掌握了集设计施工、装备制造、车辆控制、系统集成、运营管理于一体的成套技术。

尽管中国高铁一开始并未走在世界前列，但现在全世界都无法否认中国高铁技术先进，中国高铁在短短10年内实现了技术突破与领先，不断刷新世界高铁建造史。10年来，中国高铁实现了从引进高铁技术到引领高铁技术的华丽转身，让德、日等高铁技术发达国家大为惊诧。人们不禁要问，中国是怎样实现高铁技术突破的？中国何以能成功实现逆袭？

首先，坚持自主创新，根据中国实际需要研发关键核心技术和产品，是中国高铁实现技术突破的关键。建国以来，特别是改革开放以来，无数次的对外合作让中国人认识到，关键核心技术，我们是买不到的，只有自主创新，才能掌握自己的命运。作为高新技术与现代产业深度融合的高端产品——高铁，也是一样。发展高铁，中国人还得靠自己！正是这样的体会和认识，促进了高铁这一战略性产业公共创新平台的诞生，坚持原始创新、集成创新和引进消化吸收再创新相结合的创新模式，以打造中国高铁品牌为目标，不断推动中国高铁技术的自主研发走向深入。

21世纪初，我国自主研制了"中华之星""先锋"等动车组，为高速动车组的发展奠定了坚实的基础。紧接着，作为中国高铁两大制造商的中国北车和中国南车共同实现了高铁最核心部件——牵引电传动系统和网络控制系统的百分之百中国造。牵引电传动系统被誉为"高铁之心"，它是列车的动力之源；网络控制系统则被认为是"高铁之脑",它指挥着列车的一举一动。两大系统实现百分之百国产化,大大提升了中国高铁列车的核心创造能力。

其次,中国拥有完整的工业链、强大的制造能力和工程施工能力,也是中国高铁成功逆袭的关键。为实现高铁成功高效运营,仅仅制造出高标准的列车还不够。正常行驶的高铁涉及动车组总成、车体、转向架、牵引变压器、牵引变流器等关键技术与配套技术,共有5万多个零部件。各项技术、各个部件协同运行,才能保障列车跑出高速。作为庞大高新技术的集合体,线路建设、运营调度系统、通信和网络系统、机械、材料,都需要相互配合。因此,高铁的发展,非有完整的工业链、强大的制造能力和工程施工能力不可。没有完整的工业链,高铁研制就难以快速消化国外先进技术,更不可能独立研发;没有强大的制造能力,产品必然受制于人,发展一定受限;没有强大的工程施工能力,以中国这么辽阔的国土面积,高铁施工速度必然难以保证。幸运的是,中国恰恰具备这3种能力,于是中国仅用数年时间,就完成了对发达国家的追赶甚至超越。而高铁技术和高铁装备的高标准,又对提升传统工业基础工艺、基础材料研发、系统集成能力及制造水平,发挥着积极作用,实现了良性循环。

高铁改变了中国

近代以来,伴随着铁路在中国兴起与发展,中国的版图面貌已经因铁路而改变，曾经的郑州与石家庄就被称作"火车拉来的城市"。如今，随着高铁在中国的快速延伸，"四纵四横"高铁网的逐渐形成，中国版图的面貌同样也在发生深刻的改变。

2004年，广深铁路首次开行时速达160公里的国产快速旅客列车，广深铁路由此被誉为中国高铁的"试验田"。2007年4月18日，全国铁路实施第六次大提速和新的列车运行图。在繁忙干线提速区段可以达到时速200~250公里，"和谐号"动车组亮相，并从此驶入中国百姓生活。2008年8月1日，中国第一条具有完全自主知识产权、世界一流水平的高速铁路京津城际铁路通车运营，一时惊艳世界。2009年12月26日，世界上一次建成里程最长、工程类型最复杂的武广高速铁路开通运营，高铁经济迅速成为热议话题。2010年2月6日，世界首条修建在湿陷性黄土地区、时速350公里的郑西高铁开通运营。2010年7月1日，沪宁城际高铁开通运营，"同城生活"一时成为时尚。

"同城效应"便是高铁带来的一个重大改变。在现代陆、空交通工具中，火车、汽车与飞机都各有优势。汽车侧重于短途，火车与飞机都侧重于长途，其中，飞机出行尽管有速度快、时间短的优势，但其价格目前很难大量平民化，日常出行也不够便捷；火车由于具有价格亲民、乘坐便利等优点而容易受到普通老百姓的青睐，但其运行速度仍然无法满足人们日益增长的出行需求。而高铁的出现，改变了铁路运输在速度上的明显劣势，将人们传统概念中的城市距离从时间上大大拉近。2008年夏天，京津城际高铁开通运营，从北京到天津只需短短30分钟，在北京和天津这两座城市过同城生活，不再是一件"瞎折腾"的事情，京津一体化战略也不再只是纸上谈兵。2009年底，被认为是全世界一次建成里程最长、工程类型最复杂的武广高速铁路开通运营。"早餐热干面，午餐白切鸡"，"才饮珠江水，又食武昌鱼"的顺口溜应运而生，生动又贴切地说明了武广高铁给湖北、湖南、广东三省带来的巨大变化。2010年7月，沪宁城际高速铁路开通运营，上海到南京的最快时间已缩短至1小时，苏南的镇江、常州、无锡、苏州等城市已经完全融入上海的1小时都市生活圈。"南京人下班后去上海听一场音乐会，无锡人到南京秦淮河赏夜景"，这便是高铁给长三角地区民众的生活所带来的变化。2015年春，笔者曾到无锡江阴讲学，有意亲身体验了一次无锡与上海之间的同城生活，两地往来不仅快捷，又因途经两地的高铁车次非常多，不到半小时就有一趟，所以乘坐也非常便捷。这令笔者不禁感慨："不是高铁让江浙沪变小了，而是高铁让上海变大了！"

正因为大家都看到了高铁的优势和可能带来的巨大改变，所以高铁沿线地区都尽可能做足"高铁经济"。正所谓"高铁一响，黄金万两"，这是中国地方政府和民众对高铁的期待。据报道，武广高铁通车之后，昔日三省之间的长途游因高铁而变成"短线游"，迅速带动了粤湘鄂旅游业的持续升温。除了旅游经济，武广高铁的开通,还为广东向湖南、湖北进行"产业转移"提供了契机。这是由于广东经过改革开放30多年的发展,产业聚集,但也因发展而出现"地少价高"的问题。经济学者们甚至认为,在这条高铁的串联下,将会形成崭新的经济带——"武广经济带"。

再如沪宁、沪杭等高铁线路,已经让江浙沪三地更为紧密地联系在一起,长三角地区一体化进程也在加速推进。正如江苏省社科院张颢瀚所言:"今后,沪宁城际之间将形成一个都市群,这个都市群同时又是一个1小时交通圈。在这个交通圈里,任何一个城市都可能成为工作和生活的地点。"上海与江苏之间如此,上海与浙江之间的情况亦如此。事实上,现如今在江浙沪之间游走的"都市族"已经大大增加,江苏的昆山和浙江的嘉善,都居住着大量在上海工作的上班族。同时,随着上海至合肥、上海至南昌等地动车组的开通运营,长三角的范围也已经大大扩展,安徽、江西也将融入长三角经济圈。

高铁拉近了东西南北不同城市的人们的心理距离,让中国"变小",它改变了人们的生活方式,带来了经济发展的新动力。高铁带给中国的不只是一场经济地理上的革命,也是一场时空观念上的革命,它影响着中国社会生态,改变着人们的观念和生活方式。当中国大地被四通八达的高铁网连接起来时,中国人在经济、社会,乃至私人活动的空间、时间等各个方面,都将发生深刻变化。原来因距离阻隔而遥不可及的事情,现在由于高铁而成为可能，这将极大地刺激中国人的想象力。假以时日，这种想象力将会转变成伟大的创造力。

让中国高铁走向世界

现如今，中国高铁不仅在国内蓬勃发展、开疆拓土，而且已经走向世界，成为中国制造的亮丽名片。据媒体报道，2009年10月，俄罗斯联邦总理普京访华并参加上海合作组织成员国政府首脑理事会会议时，中俄两国签署中俄发展高速铁路备忘录，中国将帮助俄罗斯建设高铁。同年11月，美国通用电气和中国铁道部签署备忘录，双方承诺在寻求参与美国时速350公里以上的高速铁路项目方面加强合作。2010年7月12日到15日，阿根廷总统费尔南德斯到访中国期间，与中方签署金额高达100亿美元的多项铁道科技出口合约。2015年9月，在"一带一路"战略的推动下，泰国就中泰铁路建设与中国确定了合作意向，规划铁路全长867公里，将由中铁建东南亚公司承建，并在年内上马。

近年来中国高铁走出国门，参与世界诸多国家的基础设施建设，已成新常态。中国高铁能够走出去，需要两个前提条件：一是有市场需求，二是中国高铁技术在国际范围内有竞争优势。伴随而来的问题便是，第一，伴随着世界航空业的发展，铁路建设曾一度停滞，现在何以复兴？第二，中国高铁具有哪些优势，何以能够受到世界青睐？

要谈铁路何以复兴，高铁何以被大多数国家所重视，还得从世界铁路发展史谈起。

1825年，世界第一条仅有21公里长的铁路在英国斯托克顿至达林顿建成，尽管这条铁路比较简单，但是相对当时的马车运输，铁路运输的优越性迅速被人们认识，铁路作为人类社会发展的标志性产物，很快进入快速发展阶段。到19世纪末，世界铁路发展到65万公里；到20世纪20年代翻了一番，达到127万公里，成为世界陆路运输垄断性运输工具，为人类文明进步与经济发展做出巨大贡献。不过，到了20世纪50年代，随着公路、航空、管道等多种交通运输工具的出现、兴起与迅速发展，铁路的优势不再明显，一度陷入低潮，被称为"夕阳产业"。到了20世纪80年代，由于世界能源紧缺和环境危机，铁路运输的优越性被重新认识，特别是信息技术、自动化技术、制造技术和材料科学等高新技术在铁路行业得到广泛运用，大大提高了铁路的技术标准，铁路运输在高速、重载等技术方面突飞猛进，世界铁路开始由衰退走向复兴。也就是在这一进程中，高铁开始受到诸多国家的重视，并以其技术上的快速发展和性能上的巨大优势迅速在世界上开疆拓土。

高铁近年来的快速发展与其性价比，尤其是与航空、海运相比较显示出来的巨大优势密切相关。就高铁与航空相比较而言，高铁技术上的进步使得其运行速度正在向航空靠拢，而效率却要比航空运输更高——高铁的载人运输量与发车密集度相比飞机，其优势是不言而喻的。

与此同时,在高铁高速发展的同时,货运的重载铁路也正在高速发展。过去,货运列车的单列运输量约为两三千吨,而如今已高达两三万吨,运行速度也正大幅提高。现已建成的中国重载铁路山西中南部铁路通道的莱芜至日照段就是按时速200公里设计的。这意味着未来高速铁路和重载铁路完全可能结合起来,高铁惊人的运输能力将有可能重新改写人类交通运输史。就高铁与海运相比较而言,高铁如能连通不同国家,也比海运更有优势。铁路在国际贸易的货物运输上,不但具有比海运运量大、运费低的特点,还将比海运更有效率、更为安全。高铁的发展所带来的陆上运输重大变革,被认为是正在颠覆过去几百年来人类社会主要靠海运进行国际贸易运输的现实,而中国被认为将在这一进程中大有作为。

那么,中国高铁何以受到世界青睐呢?

一名中国铁道专家认为,中国的高铁技术相对于德国、日本等有3个优势:"一是从工务工程、通信信号、牵引供电到客车制造等方面,中国可以一揽子出口,而这在别的国家难以做到。二是中国高铁技术层次丰富,既可以进行250公里时速的既有线改造,也可以新建350公里时速的新线路。三是中国高铁的建造成本较低,比其他国家低20%左右。"

2014年7月10日,世界银行发布了中国高铁分析报告,对中国在短短六七年时间里建成1万公里高铁网(按时速250公里计算)的成就进行了解读。报告指出,中国的高铁建设成本大约为其他国家的三分之二。对

2013年末27条运行中的高铁建设成本进行详细分析可知，尽管各线路的单位成本差异很大（例如，设计时速350公里的线路单位成本为每公里9 400万至1.83亿元，设计时速250公里的客运专线（个别除外）的单位成本为每公里7 000万至1.69亿元），但加权平均单位成本（包括工程筹备、土地、土建工程、轨道工程、车站工程、四电工程、机车车辆、维修场站，以及建设期利息等成本）总计如下：时速350公里的项目为1.29亿元/公里，时速250公里的项目为0.87亿元/公里。相比之下，欧洲高铁（设计时速300公里及以上）的建设成本高达每公里1.5~2.4亿元人民币，加利福尼亚州高铁建设成本（不包括土地、机车车辆和建设期利息）甚至高达每公里5 200万美元，约合3.2亿元人民币。

该报告称，以中国引进德国的板式轨道制造工艺的线路为例，由于中国的劳动力成本较低且产量很大，因此中国制造该产品的成本比德国产品低三分之一左右。低成本使得中国高铁在世界上具有很大竞争力。但报告也指出，中国之所以具有较低的单位成本，原因不仅在于劳动力成本较低，而且还在于其他几个方面的因素。从规划层面来说，颁布可信的中期计划——中国将在6至7年内建造高铁里程达1万公里——激发了施工单位及设备供应团体的积极性：迅速提升产能和采用创新技术，以利用与高铁相关的大量施工资源。同时，由于相关施工单位在机械化施工及制造过程中开发了很多具有竞争优势的本地资源（土建工程、桥梁、隧道、动车组等），也大大降低了单位成本。此外，庞大的业务量以及可以采用摊销资金投入的方式购买可用于多个工程的高成本施工设备，也有助于降低单位成本。说到底，规模效应和集约化的强大施工能力是中国高铁降低成本的根本所在。在技术先进、质量安全的前提下，低成本无疑是中国高铁参与世界竞争的杀手锏。

高铁的延伸，正在和人类全球化、欧亚大陆经济整合的大趋势叠加在一起。这些有利因素的叠加，使得质优价廉的中国高铁事实上正在成为改变世界规则的有力工具。2013年9月，中国领导人高瞻远瞩提出建设"丝绸之路经济带"的伟大构想，随后中国政府又倡议成立亚洲基础设施投资银行（简称"亚投行"）。"一带一路"战略和倡议成立亚投行，被誉为中共十八大以来中国对外开放和对外交往中最具影响力的典范之作。2015年8月6日，央视新闻联播特意用长达3分44秒的时间播报"一带一路"建设的成绩："'一带一路'建设不是中国一家的独奏，而是沿线国家的合唱，目前'一带一路'倡议已经得到沿线60多个国家和国际组织的积极响应。2016年上半年，在全球需求放缓和全球外商直接投资下滑的大背景下，我国与'一带一路'沿线国家的投资贸易合作，均实现逆势增长，'一带一路'建设正在全方位加速推进。"

"一带一路"战略的实施要靠什么来连接呢？靠什么来加强各国的贸易和人员往来？重要的途径或载体之一就是要靠高铁。亚投行的成立，就是要配合"丝绸之路经济带",推进欧亚大陆之间的高铁等基础设施建设。高铁的发展使得陆上的整合变得更加容易和更加有经济价值。如今,欧亚大陆上正在构筑的国际铁路网包括泛亚铁路和第一、第二、第三条欧亚大陆桥,等等,当这些铁路干网逐渐形成合力,高速铁路和重载铁路覆盖欧亚大陆,那么,欧亚大陆上各国将更趋于合作而非敌对,大家都会迎来新的经济发展机遇。乐观的学者甚至认为,民族矛盾和冲突最集中的中东地区未来将会因为高铁、重载铁路支撑下的"丝绸之路经济带"战略而改变,民族和解与经济发展将会成为绝对主旋律,贫穷落后的非洲,也会因为欧亚大陆经济的加速整合而迎来巨大的发展机遇。

如果说远洋能力拓展的是一个国家的"海权",那么,高铁建设能力将拓展一个国家的"陆权"。未来将一个是"陆权"和"海权"并重的时代。我们期待中国能充分抓住时代的机遇,充分发挥自己的优势,大力发展以高铁为代表的高端制造业,做大做强集约化施工建设能力,为世界的和平与发展做出应有贡献,为实现中华民族伟大复兴的中国梦集聚力量。

中国要强"芯"

◎ 黄庆桥

在电子信息行业,关键技术、设备和产品受制于人,一直是中国政府和企业心中抹不去的痛。比如,中国因芯片技术不过关,每年的芯片进口额都超过石油!也就是说,芯片而不是石油,位列中国进口产品榜的首位。

中国企业为什么就生产不出来那小小的芯片呢?搞芯片难在哪里?中国芯片业还有无崛起的机会?我们将就此展开讨论。

斯诺登事件与美国芯片禁令

2013年6月的斯诺登事件注定要被写进历史,因为这一件事件让世人看到那个号称世界上最自由民主的国家蛮横的另一面,也让世界各国意识到国家安全正在遭受隐形威胁，各国纷纷审察本国的安全系统以修补漏洞。在直面这些潜在漏洞之时，我想各国都会明白这个被美国技术主导的互联网本身就被控制在美国手中，各国在享受互联网便捷时被监控只是美国得到的副产品。

先从事件的本身说起。斯诺登事件就是由美国中情局前职员爱德华·斯诺登向媒体揭露的美国政府实施的绝密电子监听计划。这项代号为"棱镜"（PRISM）的绝密监听计划于2007年启动，由美国国家安全局和联邦调查局组织实施。

根据斯诺登的披露，"棱镜"计划能够使美国情报机构直接进入美国网际网路公司的中心服务器挖掘数据、收集情报，对即时通信和既存资料进行深度的分析。监听监视对象包括任何在美国以外地区使用参与计划公司服务的客户，或是任何与国外人士通信的美国公民。

"棱镜"计划是如何深度挖掘情报并能监视全世界任何一个美国想要监视的特定任务或是组织呢？答案就是与美国网络巨头公司深度合作。

据斯诺登披露，包括微软、谷歌、苹果、Facebook、雅虎在内的9家网络巨头在美国政府的威逼利诱之下参与了"棱镜"计划，这使得美国国家安全局和联邦调查局能够直接进入上述巨头公司的中心服务器，实时跟踪用户的电邮、即时消息、视频、照片、存储数据、语音聊天、文件传输、视频会议、登录时间和社交网络资料细节等各类上网信息，全面监控特定目标及其联系人的一举一动。

斯诺登揭露的是一个惊天阴谋。尽管美国政府坚持拿保卫美国国家安全和反恐作为这一事件的挡箭牌，但包括美国盟友在内的全世界各国和国际组织都对美国的这一行径表示强烈的反对。为什么呢？

因为如果任由美国这么胡搞下去，结果就是全世界各个国家、各个社会组织、甚至全世界的每个人，都毫无隐私地完全暴露在美国政府面前，全世界的一举一动都完全在美国政府的掌控之下。如此一来，美国要想搞掉一个自己不喜欢的国家、组织或个人，简直不费吹灰之力！这太可怕了！所以，全世界都因这种发自内心深处的恐惧而强烈反对美国的这一行径。

那么，为什么美国能够做到监听、监视全世界呢？原因就在于美国的信息网络科技力量异常强大，全世界都高度依赖美国的信息网络技术。换句话说，从硬件到软件，从电子产品到虚拟网络世界，核心技术全是美国主导。当全世界到处都使用由美国信息网络公司生产或是控制的产品及服务时，美国就有了监听、监视全世界的可能和机会，换句话说，也正是因为美国引领或者主导21世纪的这次信息革命，它就有能力全面利用掌控信息来为其国家服务。

为什么这么说呢？答案就是其芯片技术的绝对领先。

表面上万千变化、多种多样的信息网络产品、设备及其利用，已经成为现代社会不可或缺的重要组成部分。不管现代社会多么繁华，追根溯源，一切的一切，都以数据信息的形式保存在那些小小的芯片上。可以说，今天人类社会的生产生活秩序，就建立在无数个体积娇小却信息容量惊人的芯片之上。芯片之重要，由此可得管窥。然而，世间无完美之物，芯片也不例外。

笔者请教上海交通大学信息安全学科的一名资深教授后得知，任何芯片在理论上都是有缺陷的，不可能是尽善尽美的，它不仅有寿命，也会"生病"，还会因天生的某种缺陷而被人攻击。更要命的是，任何芯片的缺陷或命门之所在，它的设计者都非常清楚，行内叫做设计者留有"后门"。换句话说，美国公司可以卖给你一块昂贵的高端芯片，但美国政府要真的想搞你，在理论上也是有办法的。

读到这里，大家也许已经明白，一个国家的信息大厦，是绝对不能建立在依靠外来芯片搭建的基础平台之上的，因为谁也不愿意日夜面对一个潜在的并且无法估量的安全威胁。这便是斯诺登事件给予我们的深刻启示。

如果说斯诺登事件说明实现芯片国产化对国家安全的极端重要性，那么问题还有另一面。那就是真正重要的高端的核心芯片和技术，人家根本就不卖给你！

2014年4月9日，美国商务部发布公告，决定拒绝英特尔公司向中国的国家超级计算广州中心出售"至强"（XEON）芯片用于"天河二号"系统升级的申请。此令一出，立即引起多方关注。都说美国崇尚自由贸易，其实在高端技术领域，美国对自己的商业公司的管控严着呢！

美国为什么要对中国实施芯片禁令呢？据美国媒体报道，美国商务部称，使用了两款英特尔微处理器芯片的"天河二号"系统和早先的"天河一号"A系统"据信被用于核爆炸模拟"，因此4家位于中国的机构（包括国家超级计算长沙、广州、天津中心和国防科技大学）因为从事实质上危害美国国家安全和外交利益的活动而被列入出口管制名单。

美国人给出的理由难以让人信服。正如业内专家指出的那样，无论是出于安全或是保密的角度来说，"天河二号"都不可能直接用于核爆炸模拟，所以"被用于核爆炸模拟"的理由是一种莫须有的借口，真正的原因则另有隐情。

在超级计算机领域，美国和日本一直处于领先位置。中国属于后来者、追赶者，当中国的发展速度太快，开始冒出苗头威胁到既有格局时，霸主的"有形的手"就开始指挥整个局面了。自2013年以来，在世界超级计算大会上，中国的"天河二号"已经连续多次夺得冠军，"或许是出于对'天河二号'升级后可能连续6次甚至8次夺冠的担忧，所以'天河二号'成为了芯片禁售的对象。"这才是真正的原因。

奥巴马总统在2015年8月初签署了一项行政命令，授权建立"国家战略计算项目"（NSCI），目的是创建美国高性能计算的研发地位，研制世界上第一台百亿亿次计算系统。英国广播公司报道，由于中国拥有世界上最快的计算机，美国很明显就是要在这一领域中挑战中国的霸主地位:"美国已经意识到了一个事实,即如果想继续留在竞赛中,就要有投资。"日本共同社报道的标题为"美国计划夺回超级电脑头名位置,奥巴马向中国发起挑战"。可见,美国是不容许他国挑战自己在高科技领域的霸主地位的,想让他卖给咱高科技,根本就不可能!

核心技术是买不到的。这是中国人经历无数次的教训得出的一个真理。芯片技术就是现代信息核心技术中的核心,其重要性已经导致以美国为首的西方国家通过一切手段来保证自己的主导地位。不掌握芯片就无法实现国家的安全,而掌握芯片的核心技术又正是那些利益既得者所最不愿意看到的,我们自身除了自主研发,实现中高端芯片的国产化,别无他途!

搞芯片难在哪里?

芯片(chip)一般指内含集成电路的硅片,体积很小,是电子设备的核心部件。在我国,"芯片"和"集成电路"两个词经常混用。比如,在大家平常讨论的话题中,集成电路设计和芯片设计说的是一个意思,芯片行业、集成电路行业、IC行业往往也是一个意思。实际上,这两个词有联系,也有区别。简单来说,集成电路更着重电路的设计和布局布线,芯片更强调电路的集成、生产和封装。

芯片也有高、中、低端之分。低端芯片多用在洗衣机、空调等家电上。中端芯片可以用在稍微智能的终端上，比如银行卡的芯片、普通手机和电脑设备上的非核心芯片，等等。高端的芯片，主要是应用在CPU、高端传感器、大型网络交换机芯片等重要设备上。

在信息社会，芯片即集成电路产业被誉为国民经济和社会发展的战略性、基础性、先导性产业，在计算机、消费类电子、网络通信、汽车电子等诸多重大领域起着关键作用。国际金融危机后，发达国家加紧经济结构战略性调整，集成电路产业的战略性、基础性、先导性地位进一步凸显，各国纷纷抢占战略制高点，在这一领域投入大量创新资源，竞争日趋激烈，美国更是将其视为未来20年从根本上改造制造业的四大技术领域之首。

目前，世界芯片产业的格局是美国一家独大，世界主要芯片设计、生产和供应企业主要集中在美国，比如大家熟知的英特尔、高通等。并且这些企业通过芯片的专利垄断使得别的国家无法在同领域直接竞争，这种专利垄断对后发国家的发展打击是致命的。

中国的芯片技术和生产工艺整体上目前与美国无法相比，但要说中国芯片生产能力非常差，那也是妄自菲薄。事实上，中国在低端芯片的生产上是可以自足的，也是中国制造的有力支撑。问题主要集中在整个中高端产品的产业和技术上。

中国中高端芯片需求，基本上依靠进口。根据国务院发展研究中心发布的《二十国集团国家创新竞争力黄皮书》，中国关键核心技术对外依赖度高，80%的芯片都靠进口。工业与信息化部的数据显示，2013年我国集成电路进口额高达2 313亿美元，同比增长20.5%，而海关总署数据显示，同期我国原油进口总额约2 196亿美元。事实上，多年以来中国集成电路进口额一直超过石油，长期居各类进口产品之首。

另一方面，中国拥有全球最大、增长最快的集成电路市场。2014年产业规模已经达到14万亿元，生产了16.3亿部手机、3.5亿台计算机、1.4亿台彩电，占全球产量的比重均超过50%，但主要以整机制造为主。由于以集成电路和软件为核心的价值链核心环节缺失，嵌在这些电子产品中的芯片专利费用却让中国企业沦为国际厂商的打工者。电子信息制造业平均利润率仅为4.9%，低于工业平均水平1个百分点。

中国芯片产业的落后状态，还可以从整个中国芯片产业与两家美国公司的比较中得到印证。从产值上来看，中国500多家集成电路设计企业的年收入仅约为美国高通一家公司的60%~70%。差距之大，令人瞠目。在创新投入方面，中国集成电路企业与国际大公司更是相去甚远，国内全行业的研发投入都不及英特尔的六分之一。总体上，中国中高端芯片企业量产技术落后国际主流两代，关键装备、材料基本依赖进口，行业规模小，企业小而散，"芯片－软件－整机－系统－信息服务"产业链协同格局尚未形成。

那么，芯片产业的发展难在哪里呢？换句话说，既然芯片这么重要，应用这么广泛，为何至今我们的发展仍不如人意呢？要回答这个问题，还要从芯片技术及其产业本身的特点说起。

芯片行业，是一个典型的高智力、高投入、高风险行业。

先来看高智力。芯片行业是典型的技术密集型行业，巴掌大的小小的芯片，从用户需求到产品，经历设计、制造、测试、封装等多道程序，每一步都是技术高度密集，中国在总体上所掌握的关键核心技术，都与先进国家有巨大差距。从历史角度来看，中国芯片产业起步较晚，核心技术受制于人，集成电路产业在核心技术、设计、制造工艺、产业规模、龙头企业等方面，与世界先进水平相比都有较大差距。大体而言，对于目前我国的芯片产业，芯片设计水平与国际基本相当，封装技术水平有4至5年的差距，制造工艺差距在3年半左右。这种差距在短时间内很难改变，正如很多专家认为，中国芯片产业的发展不可能一蹴而就，要有"打持久战"的充分准备。

其次是高投入与高风险的并存。芯片行业本身具有高投入、长期发展、回报周期长的特征，普通芯片制造企业的投资都要达到数百亿级之巨，而且5年之内难以盈利。因此，一般的企业难以承受。有人说了，咱们中国现在不差钱，只要国家肯投资，别说几百亿，就是上千亿也不成问题。此话的确不假，放在其他行业也许是有效的，但这种思维模式在芯片行业是不灵的，因为芯片行业的发展遵循着一个叫做摩尔定律的法则。

摩尔定律是由英特尔创始人之一戈登·摩尔提出来的。其核心思想是，当价格不变时，集成电路上可容纳的元器件数目，大约每隔 18~24 个月便会增加一倍，性能也将提升一倍。摩尔定律揭示了信息技术进步的神速。

摩尔定律在推动着芯片技术不断更新的同时，也逼着你不断追加投资，芯片制造业由此踏上了一条所谓的"不归路"——不停地更新产品、更新工艺、更新设备；而每一次更新，都是一次巨大的投资。因此，一位微电子专业的教授向笔者戏言，芯片这个行当，既是"印钞机"，也是"吞金兽"，可以让你一夜发财，也可以让你一夜破产。这一形象的比喻非常恰当。

投入资金大、回报周期相对较长的行业特点，使得芯片产业成为高风险产业，一般社会资本都不愿进入，谁愿意让自己的巨额资金在 5 年内不获利而且有打水漂的危险呢？这种高风险，又使得芯片行业产生"大者恒大""快鱼吃慢鱼"的行业特征，很容易形成自然垄断，后来者发展难度极大。

因此，理性地来看，不能强求单单通过国家投入来迅速扭转我国芯片行业受制于人的现状。中国要"强芯"，就要做好打持久战的准备，要尊重产业规律，科学规划，不能盲目求快。换句话说，只要战略、政策、措施得当，在这个充满变数已经发展迅速的领域，任何卓有成效的创新仍具有在小领域实现"弯道超车"的机会，坚持自主创新的发展之路，中国强"芯"之梦，并非遥不可及。

中国"芯"的国家战略

鉴于芯片在国防和国民经济建设中具有不可替代的重要作用，自新中国成立以来，国家就一直高度重视这一产业的发展。在发展的初期，人们习惯于将其叫做半导体而不是芯片或集成电路。20世纪50年代初，在前苏联的帮助下，新中国成立了半导体研究所，引进苏联半导体技术，培养专业人才，新中国的半导体事业就此起步，以王守武为代表的第一代半导体人为此做出了奠基性的贡献。

中国芯片产业的发展，肇始于改革开放初期的80年代。在改革开放和以经济建设为中心的背景下，各行各业的发展带来了对各种芯片的强烈需求，而当时几乎完全依靠进口的状况，让国家意识到发展芯片产业的重要性。1984年，国务院成立了以万里副总理为组长的"计算机和大规模集成电路领导小组"，全力推进电子工业发展，这一时期的标志性事件就是在邓小平的亲自关心下，国家于1990年确定了建立中国集成电路产业发展计划，也就是后世所称的"908"计划。遗憾的是，由于论证审批周期（5年）太长，当初定下的0.8~1微米、6英寸技术尚未投产就已经落后，原因就在于之前论及的摩尔定律。"908"计划就这样无疾而终。

因为有了"908"计划夭折的教训，在1995年底国务院以最快的速度批准并推进电子工业部上报的《关于

"九五"期间加快集成电路发展的报告》。该报告建议国家实施"909"工程:包括建设一条8英寸0.5微米生产线,一条8英寸硅单晶生产线和3~4个CAD产品设计开发中心。这一工程开花结果,沉淀下来的就是现在的中国芯片产业骨干企业上海华虹。关于"909"工程,其亲历者、时任电子工业部部长胡启立先生在《"芯"路历程》一书中有着详细的叙述。"909"工程可谓波澜壮阔,从江泽民总书记的亲自关心和指示,到李鹏动用总理基金给予特殊支持,再到上海华虹建设的曲折过程,每一步都惊心动魄,从中也可窥见创建一番新事业的艰难。

一个"909"工程,一个上海华虹,显然无法满足高速增长的中国经济发展的需要。在发展市场经济的新形势下,中国芯片业的发展,也要有新的思路和政策。

2000年6月,国务院出台《鼓励软件产业和集成电路产业发展的若干政策》(又称"国发18号"文件),2001年,针对专家和业界意见,又对"国发18号"文件进一步作了补充,下发了《关于进一步完善软件产业和集成电路产业发展政策有关问题的复函》。整个"国发18号"文件被誉为促进中国软件和集成电路产业发展黄金10年的关键性文件,是改革开放以来国家首次从宏观上对中国集成电路产业发展做出的系统性的规划,从投融资政策、税收政策、产业政策、出口政策、收入分配政策、人才政策等多个方面,给予了大量的政策支持。"国发18号"文件无疑十分成功,在之后的10年里,中国集成电路产业迅猛发展,在低端芯片制造和个别领域中高端芯片的研制上，取得了令人欣慰的成绩。工业与信息化部还在2011年专门出版《中国软件产业黄金十年：纪念国发〈2000〉18号文件颁布十周年》一书，来铭记这一文件。

10年沧桑巨变。"国发18号"文件已经不能满足10年后中国经济社会发展对芯片产业发展提出的要求。在这一背景下，2011年初，国务院印发《国务院关于印发进一步鼓励软件产业和集成电路产业发展若干政策的通知》（国发〔2011〕4号文件），进一步完善激励措施，明确政策导向，集成电路产业发展环境得到持续优化。其实，在国发〔2011〕4号文件印发之前的2008年，国家还设立了电子信息板块国家科技重大专项（01和02专项），支持集成电路领域的科技研发。政策的持续发力，极大地促进了中国芯片产业的发展，一大批芯片企业迅速成长起来，为中国芯片业的突围奠定了基础。

用日新月异来形容今日的中国发展和世界变化一点也不过分。2008年金融危机以来，世界主要发达国家认识到实体制造业，尤其是先进制造业的极端重要性，芯片因其基础性、战略性、先导性的地位和作用，被世界先进国家列为优先发展的重点产业。

在上述宏观背景下，全球集成电路产业也进入重大调整变革期。一方面，全球市场格局加快调整，投资规模迅速攀升，市场份额加速向优势企业集中。另一方面，移动智能终端及芯片呈爆发式增长，云计算、物联网、大数据等新业态快速发展，集成电路技术演进出现新趋

今天让科学做什么

势。特别是我国已成为全球规模最大的集成电路市场，市场需求将继续保持快速增长。我国集成电路产业发展既面临巨大的挑战，也迎来难得的机遇。

在此关键时刻，2014年6月，国务院出台了《国家集成电路产业发展推进纲要》（以下简称《推进纲要》）；9月，又成立了国家集成电路产业投资基金。根据官方的说法，《推进纲要》明确了"需求牵引、创新驱动、软硬结合、重点突破、开放发展"五项基本原则；进一步突出了企业的主体地位，以需求为导向，以技术创新、模式创新和体制机制创新为动力，破解产业发展瓶颈，着力发展集成电路设计业，加速发展集成电路制造业，提升先进封装测试业发展水平，突破集成电路关键装备和材料，推动产业重点突破和整体提升，实现跨越发展。

2015年5月，国务院印发《中国制造2025》制造业强国战略第一个10年行动纲领，引起全球瞩目。在这一纲领里，集成电路又被放在发展新一代信息技术产业的首位。到此，我们可以明白，作为一个大国，对于芯片产业，中国政府志在必得。

回顾新中国集成电路（或芯片、半导体）的发展历程，我们可以发现，这一产业一直都是国家的战略性产业，尤其是改革开放以来，中国政府为发展集成电路产业，也是绞尽脑汁、想尽办法。现在人们往往爱说中国芯片产业与发达国家相比还有很大差距，中高端芯片主要依赖进口，但也不能不讲我们基础薄弱的国情，不能无视中国芯片产业30年来的发展，尤其是在国家战略的持续支持下，我们已经有近千家有规模的芯片企业，中国芯片产业已经具有不错的基础。对此，我们不能忽视，否则就是只见树木、不见森林。

4G 时代的"芯"崛起

芯片的种类非常多，如果从其复杂程度和实际用途的角度，大致可以分为两类。

一类是用量有限却技术含量高的专业芯片，比如，用在天河超级计算机上的芯片，用于大型交换机的存储器、CPU，或是军用高性能芯片等等。要想制造这类芯片，前期投资显然极其巨大，而且因其使用范围有限，无法通过市场回收研发成本。对于这类芯片及其技术，就我们这样的后发国家而言，必须依靠国家的直接投入、依靠国家战略支持来搞，因为如果单纯靠市场肯定无人问津。要发展中高端芯片，一定离不开国家战略的直接投资与持续支持，以此解决依靠市场方式无法解决的问题。

另一类则是有巨大市场需求的民用芯片，比如，用在以手机为代表的各类日常电子产品上的芯片，既可能是低端芯片，也可能是中高端芯片，视产品的性能而定。对于这类芯片，市场显然有很强烈的投资冲动，因为有可能赚钱。作为市场主体的企业，对这类芯片都有自己对市场的判断，有自己的发展战略，市场竞争规律会指挥企业施展拳脚，无需国家直接插手，但需要国家为奋力打拼的企业提供良好的政策支持和服务。

那么，对于芯片产业，我国有没有发展起来并与发达国家比肩的机会呢？笔者的回答是肯定的。这种肯定回答来自前文谈到的多年来国家战略的持续支持及其产生的成果和技术积累，伴随中国崛起而发展起来的巨大市场需求和时代机遇。

一方面，中国芯片产业实力显著增强，芯片技术和产品已逐级取得突破。比如，在光通信、国际通用无线通信标准（LTE）、视频监控等领域，已达到全球领先水平；在数字电视和高清机顶盒、移动存储、安全认证和移动支付等领域，进口替代率已经非常高；就是在传统意义上竞争门槛较高的领域，亦取得局部突破，如智能机与平板、触屏控制等，尤其是在动态随机存储器（DRAM）与闪存芯片等领域，中国均已取得重大突破。

另一方面，伴随着技术力量的增强，近年来中国已经涌现出一批具备国际竞争力的骨干企业。比如，根据国际芯片行业的一份统计，2014年，我国芯片设计企业在全球前50设计企业中占了9个席位，华为海思已进入全球设计企业前十名的门槛，中芯国际成为全球第五大芯片制造企业，长电科技位列全球第六大封装测试企业，它在完成对星科金朋的并购后，有望进入全球前三名。

如果说这些发展状况还比较基础，还比较薄弱，还不足以使中国芯片业实现跨越式发展，那么，世界芯片产业的新形势和中国市场的特殊性，使中国芯片业面临着千载难逢的发展机遇。

当前，伴随着网络信息技术的新一轮变革发展，全球集成电路产业已进入重大调整变革期，智能手机爆发式增长，云计算、物联网、大数据等新业态方兴未艾，长期主导产业发展的"WINTEL（微软＋英特尔）体系"正在被打破，以新一代集成电路和软件为基础的产业规则、发展路径和国际格局正在博弈之中。这为中国芯片参与新一轮国际竞争和国际标准制定，进而在国际市场上占有一席之地，提供了重要的契机。

对于企业本身的发展，华为海思的崛起可以为我们提供一个生动的案例。

华为是改革开放后成长起来的一个民族品牌，其网络信息技术设备已是国际市场上的重要力量，这是值得我们称赞的。为避免泛泛而谈，我们只谈芯片。10年前，华为就拟定战略，斥巨资成立海思，专心研制新一代具有自主知识产权的智能手机芯片。10年来，华为领导层顶住压力，对海思要钱给钱、要人给人，不余遗力给予支持，接市场地气的"儿子"海思也争气，还真就给搞出了自主知识产权的芯片。华为推出基于海思麒麟920，在中高端机型全面采用自研芯片，终于在2014年实现突破，取得良好的市场反响，成为智能手机市场的一大亮点。芯片，也由此正成为华为手机及网络设备的核心竞争力之一。

可能华为的芯片并不足以抗衡国外同领域的芯片，但华为的异军突起表明，中国芯片企业利用本土市场，掌握自己的核心技术，可以实现产业突破，单单靠引进国外成熟技术的做法已经过时。在摩尔定律的支配下，引进就意味着落后，落后就意味着被市场淘汰，这是芯片产业的无情规律。另外一点，就是要有一定基数的销量做基础，华为几乎所有中高端机型都采用同样的芯片，有销量保证才能最大限度分摊芯片的开发成本，否则即使拥有自己的芯片设计技术，可能还不如从第三方采购的成本更低，因而不可能与手机产品形成良性互动。也就是说，在市场规律的支配下，芯片产业是个销量为王的产业，没有销量，就没有生存，更谈不上发展。

必须强调的是，企业的发展和国家的战略投入是一个互补互动的过程。国家通过大量投入支持新的4G标准研发，所获得的一系列国际技术专利确保了国家在4G领域上有专利保驾护航，不被国外企业的垄断所局限。随着信息消费市场持续升级，4G网络等信息基础设施加快建设，超过13亿人口的中国已经成为全球最大、增长最快的集成电路市场，并持续保持旺盛活力，这为中国4G芯片企业提供了充足的市场需求，只要能够抓住本土这个全球最大的集成电路市场，中国芯片产业在这个领域就有实现"弯道超车"的机会。这就是中国市场的特殊性，巨大的需求给了中国企业一个实现突破的机会，但要利用好这个机会必须依靠多方面的协同。

国家战略投入首先推动了自主标准的确立，标准是技术应用的最高体现。掌握了标准，就掌握了市场的主动权。也正是在TD-LTE（4G）标准的刺激下，中国芯片业已经不是某个企业单打独斗、孤军奋战，显然已是群雄逐鹿全球市场。海思、展讯、创毅视讯、联芯科技、联发科、中兴通讯等一大批中国企业在为全世界生产、供应TD-LTE（4G）手机芯片。

据工业与信息化部的数据，我国企业已占据全球TD-LTE网络设备70%的市场份额。这是一个了不起的数据。TD-LTE是中国主导的无线通信标准，得到广泛国际支持，并成为国际标准。TD-LTE上网速度快，使无处不在的高速上网成为可能，代表着当今世界移动通信产业的最先进水平，因此得到国际认可。

当前，全球4G进入高速稳步发展阶段。在4G时代，我们与世界发达国家面临着同样的挑战与机遇，并有着特殊的国内市场空间。我国4G网络规模和用户市场已跃居世界第一，如果中国的芯片企业，都能像华为海思一样自立门户，中国芯片业不就脱胎换骨了吗？

这是一个好兆头。"重点突破"本来就是中国科技战略的法宝之一。5G时代马上到来，一次新的考验即将来临，中国如何利用自身的技术积累和本土市场优势再次实现重大突破，我们拭目以待。

反卫星武器

——圣人不得已而用之

◎ 李月白

　　反卫星武器是用来干扰或打击、破坏敌方卫星的武器，它是空间武器的一种。从原始社会的刀剑棍棒，到20世纪的坚船利炮，人类的脚步不断延伸，武器也如影随形般扩张。几十年来，较先拓展到空间层面的就是反卫星武器。

　　从各国发展来看，美国是世界上最早研发反卫星武器的国家，现拥有最先进的反卫星技术。然而，美国却极力反对其他国家拥有反卫星能力，经常借反卫星武器大肆渲染"中国威胁论"。

　　那么，反卫星武器究竟具有什么魔力？我们又是否应该发展反卫星武器呢？这就要先从卫星的军事作用说起。

卫星的军事作用

人造卫星虽然高悬天上,可它却无时无刻不在发挥作用。汽车、飞机安装的导航系统需要通过卫星定位,远距离或特殊区域的通讯也需要卫星来中转,电视频道被称为"某某卫视",意味着该电视信号是由卫星传送的。人造卫星,按功能可分为通讯卫星、气象卫星、导航卫星、侦查卫星、测地卫星、地球资源卫星等。目前地球上空在轨运行的卫星有1 000多颗,美国几乎占有其中的一半,中国的卫星只占10%左右。在1 000多颗卫星中,真正号称"军用"的卫星只占很少的一部分。但事实上,70%的卫星都可以用于军事目的,因为大部分民用卫星同样支持军事用途。

在现代战争中,卫星发挥的作用主要有如下4点:

第一,侦察卫星提供实时情报和信息。卫星在太空中不受国界限制,探测范围广,能够有效侦察武器装备、军事部署,全天候监视对方动态。比如,侦察卫星能精确测定敌方军用雷达的位置,截收战场通信和武器遥感发出的电磁信号,为电子干扰和破获军事情报提供便利条件。

第二,通讯卫星为作战提供通信保障。通讯卫星有大量信息传输、强抗干扰、快速传输等本领,能够满足战场瞬息万变的情势需要,并且不易被拦截,可以为战场和指挥部建立起几乎实时的通讯联系。

第三,导航卫星指导部队行动和实施精确打击。卫

今天让科学做什么

星定位导航能够让每一个作战单元随时了解自己的位置和路线，实现行动效率质的提升。另一方面，导航卫星也被广泛应用于精确制导武器，可以对地面目标实施精准打击。

第四，预警卫星能提早探测到对方的袭击。预警卫星在高轨道上，能够克服地面雷达受到地球曲率影响而存在盲区的缺陷，及早发现并跟踪敌方武器，还可以对其路线和落点进行预测。

美国的几次战争为我们提供了生动的例证。美国的卫星系统初显威力，是在1990—1991年的海湾战争中。美国动用了70多颗卫星，在海湾上空交织构成集太空侦察监视、太空通信保障、太空气象保障和太空导航定位等功能于一体的卫星系统。各系统的配合确保及时的通信联络，GPS定位导航帮助美军在毫无地标的情形下胜利穿越茫茫沙漠，侦查卫星获取的情报使得美军对伊军行动了如指掌。大到萨达姆与前线作战指挥官的通话，小如战场分队之间的通话均被美军所窃听。

在1999年3月的科索沃战争中，北约动用了50多颗卫星，在巴尔干上空参与情报和空袭行动。侦察卫星、通讯卫星和导航卫星组成联合系统，将发现目标——联络指挥——打击目标的作战环节，迅速转化成为实体的作战链，使得此次空袭行动成为"历史上最有成效的空中行动"。

通过以上几个实例我们可以看出，人造卫星是影响战争胜负的关键因素。卫星就像是高悬在头顶的摄像头：对于敌方而言，卫星是实时的监控器；对于己方而言，卫星相当于"千里眼"和"顺风耳"。对于有、无先进卫星系统的国家来说，战斗的差距是巨大的。现代战争不仅是海、陆、空军的较量，更是太空力量的博弈。拥有充分的卫星资源，意味着战场几乎是透明的，正如美国的空军教授多曼所说："谁控制了近地轨道，谁就控制了近地空间；谁控制了近地空间，谁就支配了特拉（Terra，大地女神）；谁支配了特拉，谁就决定了人类命运。"

然而，卫星的一个天然劣势就是机动性差，很难主动躲闪，在计算出其运行轨道后可以用武器进行攻击。此外，卫星的探测传感器、通信设施和太阳能电池板等部件都比较脆弱，很容易遭到破坏而失效。这就为反卫星武器的研制提供了可能。

谁拥有了反卫星武器，谁就可以击毁敌方的卫星而保留自身的卫星优势，这无疑将大大提高战争的胜算。

反卫星武器前后

对于反卫星武器的定义，国际上有两种：一种强调目的性，即专门用来摧毁卫星的武器都是反卫星武器；另一种界定强调功能性，认为凡具有反卫星能力的武器都属于反卫星武器。

以上两种定义在实际情况讨论中都会遇到问题。第一种定义的问题是，想要精准界定一种武器的意图是十分困难的，因为它的意图很可能并不像其设计者所宣称的那样，在实际使用中也可灵活多变。第二种定义的问题是，过于宽泛的界定容易引起不必要的紧张和争端，不利于国际协约的达成和正常国家权利的行使。按照第二种定义，某些洲际导弹、反弹道导弹和空天飞机也属于反卫星武器。

如果从杀伤机理来看，反卫星武器主要分为3种类型：爆炸反卫星武器、动能反卫星武器和定向能反卫星武器。

爆炸能反卫星武器又分为核弹和常规炸药两种，它们都有许多弊端。核弹武器是最早被研发和应用的反卫星武器，即利用核弹头爆炸产生的核辐射和电磁脉冲破坏卫星。这一武器的准确度低，杀伤范围大，很容易误伤己方及非敌对国的卫星，目前已被主要国家所放弃。常规炸药的反卫星武器一般是在接近目标卫星后接受地面指令而引爆，同样难以控制毁伤范围。另外，凡使用爆炸能的反卫星武器一定会产生大量的太空碎片。

动能反卫星武器是依靠高速直接碰撞的方式来摧毁卫星的武器系统，主要是指反卫星导弹。导弹由地面或空中发射，弹头的探测器可以探测到目标卫星发出的红外辐射，自动跟踪并导向，最终以高速度与目标卫星相撞。除反卫星导弹外，卫星同样可以用冲撞的方式击毁他国卫星，因此卫星本身也可以变成动能武器。这种"反卫星卫星"具有很高的隐蔽性，可以用通过快速上升的方式接近、跟踪、击毁目标，难于防范。动能反卫星武器的优势在于提高了攻击的准确性，其缺点在于依然会产生碎片。

定向能反卫星武器是通过发射高能激光束、离子束、微波束照射目标来损坏卫星的武器系统。以激光反卫星武器为例，激光束可以由地面、空中或太空平台发射，产生的热量能够使卫星的电子元件受损而失效。以激光武器为代表的定向能反卫星武器，具有速度快、精度高、攻击力集中、不受外界电磁干扰等优势，且不直接产生太空碎片。

虽然反卫星武器能够有效击毁对方卫星，令使用国在战争中获取一定的优势地位，但反卫星武器的副作用是巨大的，国际上并不提倡使用反卫星武器。

首先，卫星作为国家的太空资产，造价昂贵，每一颗卫星的发射成本大概在几亿至几十亿美元之间。反卫星武器以卫星为直接攻击目标，动辄造成上亿美元的损失，只有破坏意义而没有建设意义。

其次，除军事活动外，人们的社会生活也高度依赖卫星，尤其是在新闻、网络、金融、通信等方面。重要的军事卫星和民用卫星一旦损坏，人们的日常生活将受到很大影响。1998年5月，美国仅仅一颗民用通讯卫星失灵，就令4 000万寻呼机用户无法收到信息，部分电视信号中断，成千上万组织机构无法联络沟通。反卫星武器虽然不直接伤害民众，却可能使民众生活和社会秩序陷入混乱。

最后也是最重要的，反卫星武器打击卫星往往产生大量太空碎片。这些太空碎片本身就是太空武器，将为太空环境带来更深远的危害。美国早在1963年就做过一个实验，在1979英里高的太空施放了4.8亿个铜丝，模拟一个长5英里、宽24英里的碎片带，在实验中通过该碎片带后通讯卫星失效了。反卫星武器一旦得到大规模使用，地球轨道上必将增加许多碎片，碎片与卫星、碎片与碎片的每一次碰撞，都将产生更多的碎片。大量的碎片将让卫星无法在轨道上正常运转，使得任何国家都无法再发射新的卫星到该轨道上，甚至令宇航器和太空行走宇航员的安全受到威胁，影响人类的太空探索进程。在战争中，一旦发生卫星被击毁的现象，将会引起一系列的连锁反应，没有国家能成为真正的胜利者。当日的冲冠一怒，会让子孙后代加倍偿还。

总之，大国间进行反卫星空间战的后果绝不是我们愿意看到的。在发展反卫星武器的问题上，各国都不发展反卫星武器自然是最佳的选择。但是从一些国家的昭昭野心和反卫星技术已经相当发达的现状来看，要实现这一要求显然是不可能的。

美国的太空控制战略

今天的美国极力反对其他国家研制反卫星武器，可是美国却是研发反卫星武器最积极的国家。

美国对反卫星武器的研发开始于冷战时期。前苏联发射了人类历史上第一颗人造卫星后，美国为遏制苏联的太空力量，揭开了太空军事竞赛的帷幕。

美国最早的反卫星武器是核弹反卫星系统。由于反卫星和反导的技术相似，这一系统实质上是经过改造的、载有核弹头的反导系统。从1962年到1966年间，美国一共进行了7次核能反卫星武器实验。但由于"核能反卫"已经跨过核门槛，且对太空环境以及非敌对国的卫星伤害巨大，从70年代后期美国便逐渐放弃核能，转向其他反卫星方式的研究。

1975年以后，美国提出以动能和激光作为反卫星武器新的发展方向，随后发起了包括发展反弹道导弹系统和反卫星武器系统在内的"星球大战计划"。在此期间，美国首次使用激光器进行照射模拟卫星试验，成功使得模拟卫星受到破坏，还进行了动能反卫星试验，成功摧毁了一颗报废的气象卫星。

1991年海湾战争后，美国再次加强了反卫星武器的发展规划，并确定了打击的首要目标是侦查卫星和有成像功能的民用卫星。1997年，美国陆军在新墨西哥州的白沙导弹试验场，首次使用激光器进行了摧毁在轨卫星的试验，成功令一颗气象卫星丧失工作能力。2006年，美国推出了"X-37B空天飞机发展计划"，该空天飞机具备太空侦察、小卫星发射和反卫星等多种功能。在反卫星方面，可以跟踪、干扰甚至俘获敌方卫星。而后在2008年，美国海军在夏威夷以西太平洋海域发射了一枚导弹，3分钟后成功击中了一枚失控的侦察卫星，向全世界显示出高超的反卫星技能。

可以说通过近60年的积累和发展，美国的反卫星技术已经远超世界上任何国家。美国的高级科学家曾毫不客气地指出，美国现在的反卫星火力，足可以对付俄罗斯和中国的全部低轨卫星。

美国本来就是太空卫星力量最强的国家，现在又大力发展反卫星技术、部署反卫星武器，其牟取太空霸权的野心昭然若揭。按照其见解，随着人类对太空的日益开发，太空战是不可能避免的。从历史来看，人类走到哪里，哪里就出现资源与权利的争夺，借鉴"制海权"在战争中发挥的重要作用，抢夺和独享太空的"制天权"也是非常必要的。未来决定战争胜负的关键战役很可能不是发生在海上，也不是发生在天上，而是发生在太空。故而美国希望以绝对领先的太空军事力量，实现对其他国家的全方面压倒性优势，以达到其遏制世界多极化发展趋势、建立美国单极统治21世纪的总体计划。在这一目标的要求下，美国制定了一系列以霸权主义为基本特征的太空战略。

首先是20世纪80年代由美国国家安全顾问丹尼尔·格雷厄姆提出的"高边疆"太空战略。"高边疆"战略的核心观点是：一个国家的边疆不仅包括其独享的地理边疆，还包括各个国家共享的战略边疆，即太空。国家的安全系数同其控制的战略边疆成正比，对战略边疆的控制是保卫地理边疆的前提。在历史上具有不断开拓国家边疆传统的美国，今后应该将开拓的重点转移到地球外层空间，把太空作为美国新的战略边疆和控制范围。

"高边疆"战略的实旨就是太空控制。在该战略的指导下，美国里根总统发表了"战略防御倡议"的著名演说，也就是后来俗称的"星球大战计划"。该计划由"洲际弹道导弹防御计划"和"反卫星计划"两部分组成，其预算高达1万多亿美元。主要内容是用侦查卫星、预警卫星、反导导弹、激光武器、动能武器等部署在太空，构筑起一道坚固的防御墙，确保对来袭的核导弹达到99%的摧毁率，确保美国的绝对安全和在太空方面的绝对优势。尽管后来美国政府宣布结束并取消"星球大战计划",但其国家战略依然保存和继承了"高边疆"的精髓,继续谋取太空霸权地位。在1997年美国公布了《2020构想》,再次强调其"太空控制"的概念。所谓"太空控制",就是要确保美国及其盟友不间断地进出太空,同时阻止其假想敌人利用太空,要在2020年实现五大目标:确保进入太空;有效监视太空;保卫美国的太空资产;防止敌方利用美国及其盟友的太空系统;必要时扰乱、破坏、欺骗敌方的太空系统。

布什政府上台后,美国的"太空控制"政策更突出了"先发制人"的打击手段和太空威慑的能力。2004年,美国空军《反太空行动》文件提出,除采取防御措施外,美军可以先发制人地打击敌方的卫星和地面系统,为此应进行太空武器部署,确保90分钟内打击到全球的任何一个地方。奥巴马政府在2010年颁布的《国家太空政策》和2011年颁布的《国家安全太空战略》两个文件中,也都强调了美国的太空威慑能力。据美国媒体报道,美军在2012年已开始研制一种名为"上帝之杖"的太空武器。该武器由低轨道的两颗卫星组成,一颗负责通讯和导航,另一颗搭载重达100公斤的钨、钛或铀金属棒,并在这些金属棒安装小型助推火箭。一旦发动,可以依靠卫星制导,采取像陨石撞击地球一样的攻击方式,在几分钟之内打击目标。美军称这种武器反应速度快、打击精度高,可以令对方防不胜防,而且它还不依靠弹药,更没有核辐射。

从美国的太空战略中，我们完全可以感受到，美国已然将公共的、开放的、自由的太空区域完全视为私有的领域，一意孤行地遏制发展中国家进入太空、利用太空的合理权利。"美国应避免接受把美国航天活动的全面管辖权，交给任何旨在全面管制外层空间利用的全球性组织"，美国航天委员会向政府提出的建议，正是美国霸权面孔的真实写照。事实上，太空控制与太空威慑本质上都离不开反卫星武器的作用，反卫星能力正是美国太空战略中最受重视的能力之一，非战时用以威慑美国的潜在敌人不敢轻举妄动，战时又将用以打击和破坏敌方的军事卫星，独享卫星系统侦查、通讯等多重优势。

在这种情况下，中国又该如何应对呢？

中国的选择

在美国的太空控制和太空威慑的战略下，中国发展反卫星武器无疑是迫不得已的选择。如果将来没有反卫星武器，将无法获取和平利用太空的合理权利，在战争中也只能面对被动挨打的命运。

2007年1月11日，中国在西昌发射中心发射了一枚携带动能弹头的火箭，成功击毁了本国报废的卫星，表明中国具备反卫星的能力。

然而，中国的举动却遭到西方国家的强烈攻讦。美国再次祭起"中国威胁论"的大旗，频繁炒作中国的反卫星能力，甚至夸张地宣称中国已经进行多次反卫星武器试验，中国的反卫星技术将使美国的卫星系统陷入瘫痪，等等，声称中国的举动严重威胁了美国及其他国家的太空资产安全，揭露中国具有"称霸太空"的野心。

事实上，这种"只许州官放火，不许百姓点灯"的双重标准毫无信服力，其"贼喊捉贼"的言论也是可笑的。中国一直主张和平发展空天，在国际上致力于达成防止军备竞赛和外太空武器化的条约。反而是美国明确表示，美国不会签署任何限制其太空自由行动的协议和规范。

中国反卫星武器的起步远远落后于美国，无论是拦截技术，还是实战能力，都有很大差距。中国发展反卫星武器绝无称霸太空和挑衅他国的目的，只是为了应对美国的太空战略，伸张自己的合理权利。

新中国建立之初，中国通过独立研发出原子弹，摆脱了美国的核威慑，也获得了国际社会的尊重相待。今天的反卫星武器具有与之相似的重大意义。强敌环伺，良机易失。如果不在关键领域有所突破，将来很难有立锥之地。"朋友来了有好酒，若是那豺狼来了，迎接它的有猎枪。"反卫星的猎枪我们可以拥有。

从古知兵非好战。我国唐代诗人李白在《战城南》中写道：

"……烽火燃不息，征战无已时。野战格斗死，败马号鸣向天悲。乌鸢啄人肠，衔飞上挂枯树枝。士卒涂草莽，将军空尔为。乃知兵者是凶器，圣人不得已而用之。"

中国和西方都在努力解决的

◆ 太阳能技术：尚未展现光明前景
◆ 以邻为壑：垃圾处理的困境

太阳能技术:尚未展现光明前景

◎ 李月白

一个世纪前的太阳能梦想

我们将太阳能、风能、海洋能、核聚变能等称为新能源,事实上,作为新能源的太阳能并不"新",早在1913年,美国的弗兰克·舒曼就在埃及开罗附近建造了世界上第一座大规模太阳能发电站,并畅想为全世界提供能源。如果没有第一次世界大战,如果不是大量的廉价石油不断被勘探和开采,或许我们现在就已经进入太阳能时代。

弗兰克·舒曼创办太阳能发电公司并非异想天开,而是未雨绸缪。舒曼在1914年一本科学杂志的文章中写道:"我确信的一件事就是人类最终必须使用直接的太阳能或回到原始时代,因为最终所有的煤和石油都会耗尽。我建议所有有远见的工程师都朝着这个方向工作，来创造自己的利益，并造福人类的未来。"

舒曼之所以选择埃及，很大可能是受到他的先驱瑞典籍美国工程师约翰·埃里克森的启发。埃里克森一生先后制造了7台由蒸汽驱动的太阳能发动机，在距去世的两年前，也就是1887年，他写道："欧洲因煤炭而不得不关停工厂的时代即将到来，到了那个时候，拥有取之不尽的太阳能的埃及南部地区将会诱使欧洲的制造商把他们的机器和工厂搬迁并安装在尼罗河沿岸的平原上，那里可提供的能源足以驱动超过100个曼彻斯特城所拥有的机器装备。"

埃里克森和舒曼与同时期的很多人一样，都相信世界上矿物燃料是有限的，并可能在10年内耗尽，这是19和20世纪之交比较流行的一种见解。舒曼不仅是个理想主义者，也是一个商人，他开发太阳能的动机之一还在于埃及当地的煤炭价格较高，但阳光充足，他计算使用太阳能发动机的成本比煤炭更低，用太阳能推动的机器抽取尼罗河水灌溉农田有更大的利润空间。对于将要获得的成功，舒曼信心满满："几年前任何一个商人都会认为提议购买飞机股票的人可能不太理智，然而，当最终证明这一行业可以赚大钱时，航空业可以毫无困难地募集到所需的资金……我们也将在太阳能领域内重复这一历程，并且我坚信我们也会同样取得成功。"

天有不测风云，尽管舒曼的发电站成功建造，却只运行一年就受到第一次世界大战的影响而搁置。舒曼并没有气馁，他相信战争总会结束，同时他也在构筑一个野心勃勃的新计划。舒曼计算，如果在撒哈拉沙漠建造5.2万平方公里的镜面太阳能收集器，就可以产生约1.98亿千瓦的电力，这些设备运行一年，相当于1909年地球上生产出的所有煤和石油产生的能量。这也是埃里克森晚年所梦想的，用太阳能为欧洲甚至整个世界提供能源。历史却并没有给这位英雄大施拳脚的机会，"一战"结束后，轮船携带着大量廉价的石油从海上而来，舒曼和他的太阳能发电站在价格竞争中彻底失败，没有任何投资者愿意再继续开发太阳能，连带失败的还有舒曼用太阳能为全世界供应能量的梦想。

查阅太阳能的发展史，可以发现一个有趣的现象，每当太阳能险些成为当时的重要能源时，就会因大量廉价化石能源的出现而被抛弃。19世纪20年代美国加利福尼亚州的太阳能热水器产业就是另一个生动的例子。

19世纪末，美国人对仪容和个人卫生越来越重视，洗澡与洗衣频率的增加使得美国家庭对热水的需求大增。对于加州的小镇和乡村的居民来说，加热水是一件费时且奢侈的事情。彼时加州的煤炭价格高，煤气和电价更贵。在这种情况下，1891年美国的克拉伦斯·肯姆普发明并制造了世界第一台商业太阳能热水器，这种热水器立刻在加州大卖。加州拥有充足的阳光，几乎全年都可以获得免费的热水，安装一个太阳能热水器的花费成本使用三到四年即可收回。从1895年直到1920年，肯姆普的热水器以及其他改进型号的太阳能热水器先后占据加州市场。好景不长,1920年至1930年在洛杉矶盆地发现了大量天然气,新的管道将天然气输送到加州城乡各个地区,刚刚兴起的太阳能热水器产业因竞争不过廉价稳定的天然气而衰落。

早在100多年前人类就有了广泛应用太阳能技术的可能,却都因为低价化石燃料的诱惑而错失发展机遇。固然利益为上的资本主义工业应当为此感到歉疚,但事实上,除了价格过高之外,太阳能的应用也有其他的局限和技术难点。现实并不总像梦想一样简单,如果舒曼的抱负那么容易实现,人类也就不必要建造那么多"虎咒出于柙"的核电站了。

太阳能的优点与难点

太阳光普照万物,虽然由于地理纬度和气候条件的差异而造成分布不均,但相对于风能、海洋能以及化石能源来说,太阳辐射具有相当高的普遍性,基本上惠及全球所有国家和地区。

20世纪曾爆发过多次能源危机,强国之间更是为争夺石油资源不惜兵戎相见。太阳能的普遍利用为能源匮乏的国家解决能源问题提供了美好前景,也为全球能源安全的实现提供了可能。

太阳能不仅公平、安全,而且足够我们使用。按照地球轨道上170瓦每平方米的平均太阳辐射量计算,太阳能在整个地球表面的输出功率可达90万亿千瓦,这相当于是当今全球能源需求量的 6 000 倍。太阳还有 40 亿年的漫长寿命，无论是以人类文明的时间尺度还是能耗量来衡量，太阳能都绝对当之无愧"取之不尽，用之不竭"这 8 个字。

然而，仅仅凭借以上优势便认定太阳能是人类社会的理想能源未免太过武断。太阳能的优点固然极尽美好，但作为一种能源来说，它的品质还不够完善，就像孔子所说，"尽美矣，未尽善矣"。

评价一种能源的技术指标主要有以下 5 个方面：

（1）能流密度，即单位面积内从能源获得的功率。太阳能的能流密度较小，全年日夜平均只有 170 瓦每平方米。而化石燃料的能流密度可以达到 1 000~10 000 瓦每平方米，核能的能流密度则更大。举个例子来说，现代社会普通住宅房屋的终端功率密度约为 100 瓦每平方米，而高层建筑则高达 3 000 瓦每平方米，这意味着房屋顶部接收到的太阳能可以满足一所普通住宅，却远远无法满足都市摩天大楼的需求。

（2）花费的投资。与化石燃料使用本身即消耗不同，太阳能的投资几乎是一次性的，在使用过程中不需要任何能源费用。问题是依照目前的技术水平，太阳能发电设备的一次性投资仍然较贵，是燃烧煤和石油装置以及水电设备的几倍到几百倍。

（3）运输费用和损耗。一般来说，能源需要从产地运输到使用地，运输的过程也会带来损耗。天然气和石油通过管道输送，煤是固体，运输成本相对大一些，太阳能、风能和地热能则不能运输。所幸阳光处处都有，能源本身不需要运输，但太阳能最丰沛的地区一般是人烟稀少的沙漠、高原等地，在这些地方建立的太阳能发电站要重点解决远距离输电，以及输电带来的损耗问题。

（4）能源供应的连续性和存储的可能性。到达地面的太阳能受昼夜交替、四季晴雨等因素影响，既间断又不稳定，能源供应的连续性差。太阳能若想成为主流能源，必须解决好蓄能问题，但目前蓄能也是太阳能利用中比较薄弱的环节之一。

（5）对环境的友好程度。核电站的运行不间断地产生放射性污染和核废料，燃煤发电污染空气，会引发酸雨、雾霾以及温室效应，水电站的建设破坏生态，影响水生动物生存，并可能致使地质脆弱。相比之下，除了占用大量土地面积外，太阳能的利用似乎对环境没有什么直接影响。然而，太阳能是真的清洁无污染吗？这个问题我们将留在最后讨论。

综合以上诸指标可以看出，能流密度低和稳定性差是太阳能的固有缺陷，储能以及远距离输电是要解决的现实问题。就技术层面来说，目前太阳能的利用装置效率偏低、成本较高，是其经济性不能与常规能源相竞争的最主要原因。

提起太阳能利用，我们最为熟悉的就是太阳能热水器了，有些人也对"光伏发电"比较关注。很少有人了解当前世界上太阳能的利用主要有3种方式：①太阳能的热利用，②太阳能的热发电，③太阳能的光伏发电。这3种方式齐头并进，各有千秋，太阳能热水器只是太阳能热利用中的一部分而已。

太阳能的热利用

太阳能的热利用，顾名思义，就是将太阳辐射能收集起来，通过与物质的相互作用转换成热能加以利用。人类很早就知道一些太阳能热利用的方法：我国古人发明"阳燧"，这是一种铜制的凹面镜，能聚集日光而生火，古罗马人在浴室修建面南的太阳房，尽情享受日光浴。此外值得一提的还有法国大革命期间被杀头的著名化学家拉瓦锡，他制造了第一具太阳能炉，其温度达到当时令人惊叹的铂金熔点温度，约1 800摄氏度。

现代太阳能热利用技术主要包括太阳能热水器、太阳能干燥器、太阳房、太阳能温室、太阳能空调制冷系统、太阳灶、高温太阳炉等。太阳能热水器是目前太阳能热利用产品中技术最为成熟的一个，转换效率可以达到50%以上，商业化应用完全没有问题。在以色列，85%以上的家庭都装配有太阳能热水器，欧洲的奥地利、希腊和德国也是装机率较高的国家。

我国的太阳能热水器产业多年来发展良好，地方政府也给予大力支持，昆明等一些城市的市政府要求新建的高于12层楼的建筑物都必须安装太阳能热水系统。2012—2014年，我国太阳能热水器销售量却持续下滑，这也暴露出一些问题。对于消费者来说，热水器绿色、节能固然好，但更本质的需求是好用。太阳能热水器产业若想长期良性发展，不能依赖政策，最重要的是要提高产品质量，以及安装和售后的服务水平。

太阳能的热发电

太阳能热发电是比热利用更进一步的太阳能利用方式，又被称为聚光式光热发电技术（CSP）。其基本工作原理与火力发电相同，区别在于火力发电以煤炭、石油等燃料为热源，而太阳能热发电则以太阳能为热源。先将太阳能集热器吸收的光能转换成蒸汽的热能，再利用蒸汽驱动汽轮机带动发电机进行发电。本文开篇讲到的舒曼在埃及建立的发电站就属于太阳能热发电站。

与光伏发电进行比较，太阳能热发电在两方面更具优势。首先是效率，光热发电系统的效率普遍高于光伏发电。其次是储能技术，太阳能热发电系统可以与熔融盐等蓄热装置连用，即使在夜晚也可以利用储存的能量发电，还可以与传统的火力发电机组结合，大部分情况都能够保障发电的稳定性。这两点优势使得光热发电更具备大规模应用的潜质。

当前世界上运行和在建的太阳能热发电站主要有4种系统，分别是抛物面槽式系统、线性菲涅尔式系统、塔式系统和碟式系统。主要发展光热发电的国家有欧洲的西班牙、法国、意大利、葡萄牙、希腊、德国，中东的以色列、约旦、伊朗，非洲的埃及、摩洛哥、南非、阿尔及利亚，以及美国、中国、澳大利亚、印度和土耳其等国家。已经运行的光热发电站大部分集中在美国和西班牙，中国正在内蒙古、甘肃和青海等地建设大型槽式和塔式太阳能热发电站。

大规模太阳能热发电系统被看作有可能解决未来能源危机的方案之一，操作上的困难主要集中在两个方面：

第一是用水的困难。建设太阳能热发电站需要充足的日光和广袤的土地，因此适合戈壁、沙漠、盐碱地、草原等地区，这些地区往往干旱缺水，而太阳能热发电设备的冷却和清洗又需要大量的用水。

第二是输电的困难。一般来讲，太阳能热发电的电力可以直接并入电网，但问题是有些荒漠地区根本没有电网，要想把过多的电力输送到人口密集的地方，首先需要建设"超级电网"。

这两点困难为太阳能热发电系统的大规模应用提出挑战，也进一步增加了投入成本。

太阳能光伏发电

太阳能光伏发电是与热发电不同的发电方式，其基本原理是利用半导体 pn 结的光生伏打效应，将太阳的光能直接转换为电能。所谓光生伏打效应，就是当物体受到光照时，物体内的电荷分布状态发生变化而产生电动势和电流的一种效应。光伏发电中的转换器是太阳能电池。

太阳能电池最早应用于卫星、航天器等空间领域，单体的太阳能电池由于电压和电流值过于弱小，不能直接作为电源使用，实际使用时需要按照要求将几十、几百个单体太阳能电池串联、并联组成太阳能组件，或排列成具有一定输出功率的太阳能电池方阵。截止到2013年底，世界光伏发电系统的总装机容量已经达到1.4亿千瓦，装机量相当于6个三峡水电站。

围绕太阳能光伏发电最重要的讨论是"性价比"，转换率低而成本高昂是目前光伏产业最根本的问题。90%的太阳能电池是晶体硅基产品，性能最好的单晶硅电池在实验室的转换效率达到25%左右，但在商业化应用中一般不超过20%。另一方面，硅晶片的制备加工过程十分复杂，从原料冶炼到切片加工都需要消耗大量的能源和材料，这些高昂的成本使得太阳能光伏发电只能小规模地"自给自足"，不具备大规模使用的经济效益。降低成本与提高效率是太阳能光伏产业亟待解决的两个难题。事实上，效率一直在提高，成本始终在降低，只是还没有达到令我们满意的程度。

薄膜电池是除硅系之外最有前景的太阳能电池，它的应用范围广泛而生产成本较低，只是转换效率还不可以与硅系相抗衡。2014年，德国一家公司已经研发出实验室转换率达到21.7%的铜铟镓硒（CIGS）薄膜太阳能电池，未来10年，薄膜太阳能电池可能会有更大的发展空间。

与太阳能热发电的光－热－电的能量转换模式不同，

太阳能光伏发电是光能与电能的直接转换，也就是说，半导体受到光照就产生电流，缺少中间的蓄热环节。这也导致光伏发电与太阳能本身一样，存在着间歇性和随机性，夜晚以及阴雨天气都不能稳定发电。还应注意的是，太阳能电池的发电量会随着使用时间的增长而缓慢降低，使用 20～30 年就会完全失效，而人的用电量是不会逐年减少的，这也是太阳能光伏发电稳定性差的一种表现。

太阳能光伏发电系统的离网与并网

地面太阳能光伏发电系统的运行方式，根据其与电网的关系，可以分为离网与并网两类。未与公共电网相连接的称为离网型太阳能光伏发电系统，与公共电网相连的称为并网型太阳能光伏发电系统。

因为太阳能光伏发电不连续、不稳定，所以离网型光伏发电系统一定要配备储能设备，最便捷的就是储能蓄电池。我国离网光伏系统配套使用的主要是铅酸蓄电池，虽然铅酸蓄电池有体积笨重、污染环境等缺陷，但综合考虑成本与性能，已是目前的最优选择。

除却太阳能电池方阵与铅酸蓄电池，离网型光伏发电系统的重要组成部分还有离网型逆变器与控制器。逆变器的作用通常是将太阳能电池方阵发出的直流电转换成负载所需要的交流电，控制器则主要控制蓄电池的充、放电，保护设备的正常运行。

离网型光伏发电系统通常适用于未被公共电网覆盖的偏远地区，譬如，为偏僻的气象站台和海岛的边防哨所提供基本的工作电源，或为无电地区的农牧民提供照明、看电视等基本的生活用电。它的整体投入并不低，铅酸蓄电池的装配以及定期维护和更换都加大了投入成本。

与公用电网相连接的并网型太阳能光伏发电系统是世界太阳能发电技术发展的主流趋势。并网系统不需要配备蓄电池，既降低了成本，又节省了蓄电池充、放电所损耗的能量。并网型逆变器与离网型不同，它不仅可以将太阳能电池方阵发出的直流电转换成交流电，还可以对转换的交流电的频率、电流、电压、相位、电能品质等方面进行控制，是整个并网型光伏发电系统的核心部件。

根据电网调节的方式，光伏并网又分为不可逆流与可逆流两种系统。在不可逆流系统中，光伏发电设备与电网并联，共同向负载供电。当光伏设备发电不足时，由电网向用电器提供电力；当光伏系统产生过剩电能时，过剩的电能只能浪费，而不能输入到公共电网中。2008年北京奥运会在"鸟巢"建立的100千瓦并网太阳能光伏发电系统就属于不可逆流系统，"鸟巢"的用电由整个光伏系统和电网共同提供。为保证电网的安全可靠，并网点设计了逆功率保护措施，要求光伏系统发出的电能必须就地使用，而不能向上一级电网输入。当光伏发电过剩时，逆变器会及时发出指令，使光伏系统与电网分离。不可逆流系统的优势在于可以更好地保护电网的安全。

可逆流系统是为发电能力大于用电或发电时间与主要用电时间不匹配的光伏系统设计的。可逆流是指光伏系统可以将去除目前用电外产生的多余电能输送到公共电网中，当夜晚光伏设备不发电时，再向电网取用电能。大部分家庭用户的用电高峰都与光伏发电的高峰相差 6~10 小时，因此可逆流系统更具有发展优势。

光伏发电系统可逆流并网成功的重要标志，是上网的电能质量符合国家标准要求，对电网未造成不良影响。前面分析过，太阳能光伏发电具有间歇性、随机性、波动性等特点，光伏发电直接输入电网，可能会对电网造成冲击，影响电网的稳定和安全。对于火力发电公司而言，配合光伏发电而频繁地启动或调整发电机组运行也是非常不经济的，这也就导致"并网难"的问题和"弃电"现象的发生。2015 年上半年，我国累计光伏发电量 190 亿千瓦时，弃电量约 18 亿千瓦时。

客观上讲，大规模将光伏电输送给电网是世界性的普遍难题，但并非不可解决。解决的关键主要包括 3 个方面：一是提高光伏系统配件的性能，尤其是逆变器的性能，保证高质量的、不污染电网的交流输出，并配备以完善的监测显示手段；二是要提高电网的系统安全性，必要时要改建、扩建电网，增强对新能源的接纳能力；三是需要电力公司的配合以及国家适当补贴政策的支持。

目前可逆流并网技术发展比较好的国家主要有德国、美国和日本。德国政府很早就出台政策，用超过现行电费的价格补贴购买光伏发电并入电网的电力，这就鼓励很多家庭主动在屋顶上安装小型太阳能光伏发电系统。德国光伏并网的另一个经验是重视预测，通过准确地预测每季度、每日甚至每时的光伏发电能力，调整不同能源结构组成的电网安全、高效地运行。

清洁能源神话的破灭

与火力发电、核能发电相比，太阳能发电既没有可见的碳排放，又没有不可见的核辐射，因而被视为"绝对清洁"的理想能源。然而近几年来，随着我国光伏企业的增多与产业规模的扩大，太阳能"清洁能源"的神话渐渐破灭，越来越多的人提出疑问："清洁能源"真的清洁吗？

事实上，作为"清洁能源"的太阳能在使用过程中的确不排放污染，可这并不意味着在生产设备的过程中不产生污染。

一块太阳能硅电池的生产加工过程极为复杂：首先要将硅砂原料（SiO_2）高温冶炼为纯度达99%的冶金级硅，再与盐酸（HCl）反应，并蒸馏得到高纯度的三氯硅烷（$SiHCl_3$），纯化后的三氯硅烷通过西门子工艺被氢气还原为太阳能级多晶硅。接着，要通过切割、蚀刻和清洗等工序将多晶硅加工成硅晶片，最后才能把硅晶片加工为太阳能电池片和太阳能电池组件。

太阳能在使用过程中虽然不消耗一次能源，但是可想而知，生产过程中所消耗的化石能源最终都会折合为太阳能电池的成本，这也是造成光伏发电成本居高不下的重要原因。除却能耗外，多晶硅制造的过程中还会产生危险的副产物，如四氯化硅（$SiCl_4$）。四氯化硅是一种有腐蚀性的危险品，对上呼吸道和眼睛有强烈的刺激性，人体接触后会引起皮肤组织坏死，一旦倾倒和掩埋会严重污染水源和土壤。2008年3月，美国《华盛顿邮报》发表了一篇题为"太阳能公司把垃圾留给中国"的文章，开篇报道了河南洛阳的一家多晶硅企业在邻近的土地上倾倒四氯化硅，致使土壤寸草不生的情景。

从技术角度来说，作为多晶硅副产物的四氯化硅是完全可以回收利用并在生产线内部完成循环消化的，问题是由于该种物质回收再利用的成本昂贵，我国多数的多晶硅生产线均未装设或完全安装相关的回收设备。

制造光伏电池可能产生的污染远非只有四氯化硅一种，在多晶硅加工成硅晶片的过程中也需要用到多种危险的化学品，譬如，清洗和蚀刻等工序需要使用氢氟酸（HF）、硫酸以及氢氧化钠等强酸强碱溶液。氢氟酸俗称"化骨水"，是一种具有强腐蚀性的酸，一旦接触皮肤会不断地渗透，造成表皮、真皮、皮下组织乃至骨头的损伤和坏死。这些废液如果处置不当，会严重威胁生态安全和周边居民的身体健康。

太阳能光伏的另一隐患在回收环节。铅酸蓄电池是离网型太阳能发电系统的重要配件，废旧的铅酸蓄电池如果不及时回收处理，重金属酸性溶液会从损坏的组件中释放出来，污染土壤。铅还是一种具有神经毒性的重金属，很容易通过饮水等途径进入人体，损伤人的神经系统和消化功能。薄膜型太阳能电池含有重金属镉的化合物，同样需要审慎地回收和处置。重金属镉不仅污染环境，还会通过生物链在人体中聚集，引起慢性镉中毒。遗憾的是，我国太阳能光伏组件的回收机制还没有建立起来，很多人甚至没有意识到光伏设备需要回收。

光伏行业是否一定带来高污染？发达国家告诉我们的是，只要有先进的生产技术和废物处理技术，污染是可以被控制在可接受的范围之内的。目前我国的情况是，我们没有先进的生产技术，美、德等拥有先进生产技术的国家对我们技术封锁，而先进的废物处理技术，是需要经济成本的，也就是需要用钱来换的！污染不仅仅是技术问题，更是利益问题，而光伏产业本来就是"性价比"不高的行业，再进一步投入的话，还能否做到不亏损？

我国是世界上太阳能电池的第一生产国，全球60%以上的太阳能电池是中国制造的，这就意味着我们担当了大部分的能耗与污染，却将清洁能源出口给全世界。这种行为类似于年年压金线，为他人做嫁衣裳，欧美等国向我们购买太阳能电池，直接享受着无污染、无碳排放的清洁能源，而我们——这个全世界"清洁能源"的最大产地却饱受环境破坏之苦。

另一方面也应该看到的是，太阳能光伏产业是我国少数能和发达国家并驾齐驱的高科技产业之一。近年来我国不断调整产业结构,在生产的同时兼顾开发利用,在2014年,中国新增的光伏装机容量排名世界第一,累计装机量仅次于德国,位居世界第二。

现在我们知道,"清洁能源"之"清洁"并不是绝对的概念,"清洁"的核电源源不断地产生核废料,"清洁"的水电致使多种水生动物灭绝,"清洁"的太阳能在生产过程中耗能并排放污染,而"清洁"的风电,与太阳能类似,发电机叶片——玻璃纤维的生产也会带来难以处理的污染问题。

也许应该考虑,我们以前对清洁能源的定义和认知是否有失偏颇?既然"清洁能源"不清洁,我们还能使用什么?

能源和环境一直是世界性的难题,不是一朝一夕可以解决的。如果不能不发展,那就只能发展。庆幸的是,就太阳能来说,我们还能看到希望:太阳能电池的转化率还在提高,多晶硅的生产技术正在进步,污染也并非不能控制,而且别忘了,还有太阳能热发电技术。它的效率高于光伏,而污染小于光伏,也许是未来能源危机行之有效的解决方案。也许有一天,舒曼的理想真的会实现!利用沙漠收集的太阳光热为全世界提供能源,有什么不可能呢?毕竟,太阳底下原本就无新事。

以邻为壑:垃圾处理的困境

◎ 李月白

垃圾危机的产生和原因

在现代社会,我们生活的每一天都会生产出许多垃圾,"垃圾危机"已经成为一个并不陌生的词汇。

我国是世界上城市垃圾产量最大的国家。据 2013 年《中国青年报》报道,我国有三分之一以上的城市被垃圾包围,全国城市垃圾堆累计侵占土地达 75 万亩。上海目前日产垃圾 1.9 万吨,累计 16 天的垃圾量就可以堆出一座金茂大厦。同样,北京和广州日产垃圾均为 1.8 万吨,如此庞大的垃圾数量足以使任何垃圾填埋场很快成为垃圾山。

2015 年 9 月,济南市的垃圾处理厂因故封堵,垃圾以每天 3 400 吨的速度增长了整整 6 天。小区、学校、路上到处都是堆积如山的垃圾,整个济南市被 2 万多吨的垃圾团团包围，处处散发恶臭。

"垃圾危机"不止发生在中国，同样困扰着世界其他国家和地区。美国的城市垃圾产量居世界第二，走在纽约最繁华的街头，一袋袋得不到及时处理的垃圾袋赫然堆放在马路中间，在阳光的炙烤下散发着异味。

2000年，菲律宾的帕亚塔斯遭遇暴雨袭击，高达20米高的垃圾山轰然倒塌，大量的垃圾倾泻在周边居民的房屋顶上，导致200多人被活埋，500多户人家无家可归。2007年，意大利那不勒斯市在圣诞节期间垃圾无人清运，街头垃圾堆积成山，老鼠横行，人们愤而走上街头，焚烧垃圾，示威游行。2011年，英国贝德福德郡的垃圾收集工作停滞了约1个月，而爱丁堡的一些垃圾箱也已有5个星期没有得到清理，英国专家发出警告，如果再不进行处理，当地居民健康将面临很大威胁。

"垃圾危机"产生的原因是什么？

以2015年9月济南发生的垃圾围城事件为例，济南市的垃圾得不到清运，是因为居住在垃圾处理厂周边的村民抗议并围堵了垃圾处理厂。居民称周边的土地和空气都受到垃圾处理厂的污染，却一直以来得不到合理的补偿。其他地区也曾发生类似的事情。例如，2014年5月，杭州余杭区居民因反对垃圾焚烧厂的项目选址，聚集并封堵了高速公路，与执法人员发生冲突，导致警车被掀翻，多人受重伤。2015年7月，由于环保人士和当地居民的强烈抗议，黎巴嫩国内最大的垃圾填埋场被迫关闭，大量无处安置的垃圾暂时堆放在城市街头，而这种情景又遭遇国民新的抗议。

在垃圾处理的问题上,"避邻效应"已经成为困扰各地政府的一个难题,人人都希望享受现代化生活的便利,却不愿意承担垃圾处理的责任和垃圾污染的风险,这就使得新的垃圾填埋场和垃圾焚烧厂往往不能顺利建立,旧的处理厂超时服役,大量垃圾无法得到及时和有效的处理。

另一个造成垃圾困境的更本质、更深层的原因是技术上的局限,即:我们制造垃圾的速度远远超过处理垃圾的速度,现有的科技手段不足以消化所有垃圾。这与许多人心中的认知是相悖的。在许多人心目中,"垃圾处理"意味着将垃圾处理干净了。可是事实真的是这样吗?

垃圾处理的技术手段和局限

目前,全世界的垃圾处理手段主要包括4种,即填埋、焚烧、堆肥和回收。这四种方式仅仅能够在一定程度上减小垃圾的体积,却并不能从根本上解决垃圾问题。也就是说,面对无时无刻不在增长的数量巨大的垃圾,人类当前的科技手段是无能为力的。

(1)垃圾填埋。填埋可以说是最古老的垃圾处理方式,简单地说,就是挖个坑把废物埋了,等待其自然降解。然而,这种类似于"无为"的手段却是当前应用最为广泛的处理方式。根据我国2010年发布的《第一次全国污染源普查报告》显示,2007年全年,填埋垃圾占我国垃圾处理量的90.5%。在美国、英国、加拿大等发达国家，垃圾填埋也占到总处理量的 50% 以上。

垃圾填埋分为简单填埋和卫生填埋两种。简单填埋相当于露天存放，最多在外边加一层土壤，日久天长，垃圾的污液将渗透到土壤中，对地下水源造成污染，再加上垃圾分解液和雨水冲刷，简单的垃圾填埋场随着时间的流逝将成为新的污染源。简单填埋的另一个问题是温室气体的产生。填埋一段时间后，垃圾堆内的氧气被耗尽，厌氧微生物开始不断地产生温室气体——甲烷和二氧化碳，甲烷大量积聚，还会有爆炸的危险。

卫生填埋（又称无害化填埋）的概念最早起源于 20 世纪上半叶的美国，在近 50 年内迅速发展。针对简单填埋的种种弊端，卫生填埋做了相应的改变。完整的卫生填埋系统包括填埋场底防渗、渗滤液导排、填埋气体收集和终场覆盖等子系统。填埋之前，于底部事先施工好层层底料和防渗膜以防渗漏，并在顶部加覆盖层以防止地表水冲刷，安装渗滤液导排系统以便收集渗滤液做进一步处理。针对垃圾填埋产生的气体，一方面可以通过加强通风，减少甲烷的产生，另一方面可以安装气体收集系统，收集填埋气体用作发电等。如果严格按照标准操作，卫生填埋是可以解决一定问题的。然而实际情况是垃圾堆内状况复杂，各个系统无法保证永久运行，所以必须对填埋堆实时监控，一旦发生异常，立即处理，才能免除污染。

据新华网 2014 年报道，南方某市一垃圾填埋场，尽管有垃圾渗滤液处理装置，却根本没有产生什么效果，只要大雨来临，雨水就混合着污水冲向下游的村庄。据周边居民说，这些年深受污染所害，曾经的鱼米之乡如今耕地绝收，稻米的米粒是黄色的，种出来的香蕉是黑心的，耕牛喝了河水以后纷纷死去，村里得呼吸道、肠胃疾病的比例明显增加，村民根本不敢让孩子们到河边嬉戏。

填埋方式处理垃圾的优点是造价低、处理量大，缺点是势必将占用大量的土地，并极可能对地下水和周边环境造成污染。

（2）垃圾焚烧。垃圾焚烧是将垃圾作为固体燃料放入焚烧炉内，在 800~1 000 摄氏度的高温下进行燃烧，焚烧中会释放大量的热能，排出一些烟尘废气，最后剩余少量固体残渣。

垃圾的焚烧处理对垃圾的热值有要求，这就在一定程度上影响了焚烧处理的大规模应用。普通垃圾成分复杂，含水量高，要加入助燃剂来加速燃烧。若想提高燃烧效率，就必须要执行好垃圾分类。

近 30 年来，垃圾焚烧技术发展迅速，焚烧炉已经不是过去的简易锅炉，而是包含有复杂内部结构的庞然大物。一般的焚烧炉包括进料系统、焚烧系统、助燃系统、烟气净化系统、灰渣处理系统、废水处理系统、余热利用系统和自动控制系统，这是在充分考虑了垃圾的燃烧特性、对环境的影响之后不断完善而成的。焚烧后垃圾的减容量和减重量都能达到 75% 左右，可以节约土地资源。而且经过处理，垃圾中的有害物质，如病原体、恶臭气体和一些对人体有害的有机物，大部分会得到分解，而燃烧产生的热量还可以用来并网发电或者供热。

垃圾焚烧的一个致命问题是焚烧过程中会产生剧毒的二噁英。二噁英是一类化合物的总称，它不是天然产物，是含氯的碳氢化物经过复杂反应产生的，它是国际公认的一级致癌物，可以在生物体内积累，不易随代谢排出。二噁英类中毒性最强的一种，其毒性相当于人们熟知的剧毒物质氰化钾的 1 000 倍，是迄今已知的毒性最强的污染物。欧盟规定，二噁英的最大排放限度为 1×10^{-10} 克每立方米，可见其危害性之大。现代技术改良过的垃圾焚烧炉，号称可以将二噁英排放量控制在合理范围以内，但反对人士依然担心实际应用中出现工艺与监管的疏漏。

世界上不同国家对待垃圾焚烧的态度有很大不同。有的国家焚烧处理占比较低，如美国、加拿大、英国等，而有的国家则大力发展垃圾焚烧技术，如丹麦、日本、新加坡等，但对排放有较严格的规定。一般来说，对于土地资源缺乏的国家，垃圾焚烧特别流行。以日本为例，从上世纪 70 年代开始，日本大力推广垃圾焚烧技术，焚烧厂数目一度占全球的 70%。焚烧所产生的废气、废渣、飞灰等污染问题也日益严重，故日本采取强化居民垃圾分类、关停不达标焚烧厂的举措。到 2008 年，尽管焚烧厂数量剧减，垃圾焚烧率依然高达 78%。日本的经验表明，在强化分类的基础上提高垃圾焚烧处理的比例相对可行。

还要强调的是，焚烧处理只能在一定程度上使垃圾减容，最终剩余的灰渣等依然需要进行填埋处置。

（3）垃圾堆肥。垃圾堆肥一般是生物处理的代称，是指利用微生物将垃圾降解。它针对的是垃圾中来源于自然界、有机物成分比较高的种类，如厨余垃圾、残枝败叶和人畜粪便等。具体过程是利用自然界中分布广泛的真菌、放线菌、细菌等微生物，在一定控制条件下，把可降解的有机物变成稳定的腐殖质。

垃圾经过堆肥处理后，一来可以减容减量，二来可以作为肥料加以利用。堆肥之后的产物中含有有机质和氮、磷等无机成分，可以改善土壤性能，增加土壤养分和微生物种群。然而，堆肥处理还存在着较多弊端，比如占地面积大、投入周期长、产物营养价值低等，但最主要的限制还在于，可以用来堆肥处理的垃圾只占垃圾种类和垃圾总量中极小的一部分，应用前景不算广阔。

（4）垃圾回收。垃圾回收是指将垃圾中的一些有用物质进行回收，如废纸、塑料、玻璃、金属和布料等，经过简单的处理后将其变成有用的商品再度利用。垃圾的回收一方面有助于减少垃圾的数量，另一方面还可以节约和利用资源，与其他处理方式相比，优势非常明显。

谈到垃圾回收，自然会谈到垃圾分类，只有严格执行垃圾分类，才能有效地进行垃圾回收。从世界范围来看，发展中国家和欠发达国家一般不采取垃圾分类，或仅采取粗糙的垃圾分类，规则比较模糊。而发达国家的垃圾分类执行普遍较好，比较有代表性的当属瑞士、日本、德国等几个国家，整体特征是分类精细、处罚严格、回收完备。

我国的垃圾分类目前还比较粗疏，街头常见的垃圾箱一般不分类，或只分为"可回收"与"不可回收"两类，相比之下，瑞士的经验是值得我们学习的。在有"世界公园"之称的瑞士，法律规定公民有义务将垃圾分类，为此专门设立了垃圾警察，监督垃圾分类，并有严格的处罚措施。瑞士对垃圾处理实行一定的收费政策，处理费用最高的是没有分类的混合垃圾，因而一般家庭都会对生活垃圾进行尽可能仔细的分类。大部分人在家中也养成垃圾分类的习惯，许多家庭都会设置几个不同的垃圾桶，分别放置厨余垃圾、废纸、塑料制品与玻璃瓶等。

垃圾的分类和回收，可以有效地减少垃圾的数量，减轻环境的负担，缓解资源的紧张，是人类可持续发展和缓冲世界垃圾危机的一个重要努力方向。然而，垃圾回收也有一定的局限性，譬如，废纸属于可回收的垃圾，可是污染严重的纸张以及卫生纸、厕纸等却不在回收之列，也就是说，回收只能处理一些简单的、污损不严重的垃圾。

总的来说，在现有的垃圾处理技术中，回收和堆肥有较强的局限性，只能处理简单或少数的垃圾，而填埋与焚烧无非是将垃圾倾倒在自然中——填埋是直接将垃圾放置于土地中，焚烧是将垃圾的一部分变成废气排放到大气中，而剩下的灰渣也要埋入土壤中。

当前垃圾处理的种种手段，只不过是通过各种措施防范垃圾积聚产生副作用，最终让时间来掩盖一切。现代工业文明产生的垃圾要经过数百年甚至上千、上万年才能完全消解，我们制造垃圾的速度远远大于大自然降解垃圾的速度。所以，随着时间的推移，垃圾危机将变得更为严峻。

以邻为壑——发达国家的垃圾转移

我们会产生这样一种感觉,垃圾堆积和污染一般都发生在发展中国家,发达国家却环境优美、生态和谐。这是不是意味着发达国家的垃圾都处理干净了呢?那些难以处理的垃圾,他们是怎么做的呢?

孟子曰:"禹之治水,水之道也。是故禹以四海为壑,今吾子以邻国为壑。"事实上,当今世界主要的发达国家都在走"以邻为壑"的垃圾处理路线。

众所周知,随着经济全球化的加深,不同国家和地区之间会发生产业转移,比如,污染环境的重工业会由发达国家和地区逐渐转移到欠发达的国家和地区。垃圾的转移与产业的转移相似,而且更加直接和迅速。发达国家处理垃圾需要高昂的成本,一些难于处理的危险品垃圾更会污染本国环境,与之相比,直接出口的成本将大大降低,甚至不需要进行垃圾分类。同时,发展中国家由于监管不健全,往往乐于购入垃圾以赚取低廉的填埋费用,或是经过简单处理获取回收利润。而所有的这些都是以环境为代价,从长远来看得不偿失。

2013年英国媒体报道,英国每年约有1 200万吨的垃圾被运送到非洲、印度和中国等发展中国家。同样是2013年,我国可查进口垃圾达5 485万吨,较2000年进口量增加了4倍,连续几年已累计进口数亿吨洋垃圾。

1989年3月,联合国环境规划署在瑞士巴塞尔召开环境保护会议,100多个国家和组织通过了《控制危险废物越境转移以及处置巴塞尔公约》(简称《巴塞尔公约》),旨在控制和管理危险废物越境和转移,加强国际合作,特别遏制发达国家向发展中国家转移危险废料。事实上,2000年之后,《巴塞尔公约》的约束力越来越小,发达国家的垃圾转移越来越严重。2008年至2010年间,巴塞尔行动网络对若干北美输出的电子废物集装箱进行追踪,发现其中96%的电子废物抵达亚洲。报告显示,2011年,中国从美国进口废品交易额为115.4亿美元,占中美进口贸易总额的11.1%。2012年6月,宁波海关查获一批来自日本的1000余吨废金属,经测定,辐射值超过国家规定200%,为国家明令禁止入境的危险废物。

发达国家对非洲的垃圾倾倒更加猖狂。2006年,发生了臭名昭著的科特迪瓦毒垃圾事件。该年8月,一艘从荷兰驶出的超级货轮抵达"象牙海岸"线上的国家科特迪瓦,船上有从欧洲各地收集来的数百吨有毒垃圾,在经历了塞内加尔、尼日利亚等国碰壁后,最终将垃圾倾倒在科特迪瓦最大的城市阿比让周围。不到一个月,整个城市弥漫着毒气和恶臭,最终造成10人死亡,超过10万人次到医院就诊,50万居民的生活受到影响。总理班尼领导的过渡政府因此而集体辞职。

这是一场典型的发达国家垃圾转移事件,有毒垃圾在本国内没有经过任何处理,直接倾倒到不发达国家。事后监测表明,垃圾中含有的大量硫化氢,是造成危害的罪魁祸首。尽管这些毒垃圾后来被运回欧洲处理,可造成的居民伤亡和环境破坏,则非简简单单处理垃圾就能补救的。

子曰:"己所不欲,勿施于人。"发达国家向发展中国家转移垃圾、废物的行径应当予以强烈谴责。即使不从道德的角度来考虑,我们也应该知道,人类只有一个地球,在这一基础上,没有真正的"以邻为壑"。将垃圾倾倒到其他国家,虽然可以避免暂时的麻烦,可从长远来看必将使整个地球都非人居之地。

来自古代中国的启示

1911年,恰逢中国辛亥革命之岁,一本名为 Farmers of Forty Centuries — Or Permanent Agriculture in China, Korea and Japan(译为《四千年农夫——中国、朝鲜和日本的永续农业》)的书在美国出版。作者富兰克林·金是美国农业部土壤所所长、威斯康星大学土壤学专家。在1909年春,金教授携家人一起游历地处东亚的中国、朝鲜和日本,考察当地的农业和农民状况。他在中国的太湖流域、珠江流域长时间逗留,也曾在济南、青岛、天津以及长春等地详细参访。

金教授在序言中说:"我一直盼望着和中国、日本的农民见面,一起走过他们的田地。通过观察,学习他们的耕作方法,了解他们的农耕器具……这套农耕体系经过长达4 000年的演化,在这块土地上依然能够产出充足的食物,养活众多的人口,我们渴望了解这是如何做到的。"以土壤学专家的视角观察,金教授察觉到,东亚尤其是中国传统农业，走的是完全不同于美国农业的道路。美国的农业是依靠工业化肥投入来获取高产量，但同时也诞生了严重的环境污染问题。而中国的传统农业从一开始就是"环境友好、资源节约"的循环农业。

他震惊于传统农业的高效："每一种可以食用的东西都被认为是人类或者畜禽的食物。而不能吃或者不能穿的东西则被用来做燃料。生物体的排泄、燃料燃烧之后的灰烬以及破损的布料都回到土里。"他见到古代农村几乎没有废弃物，常见的人粪和家畜禽粪尿、蚕屎、蚯蚓粪、草木灰、落叶、蒿秸、蜗牛壳等，还有大量的河泥、塘泥，都被利用起来，最终变成肥料施到地里。

用现代的眼光来看，等于说中国古代农村是没有垃圾的，所有的废弃物都可以被人和家畜利用，或归还于土地中。据石声汉先生在《中国农学遗产要略》中描述，在日常生活中，庄稼的副产品糠麸、秸秆或作为燃料，或作为动物饲料，或用来编制各种用具。食用蔬菜剔除的副产品可以用来发酵或者腌菜，动物屠宰之后剩余的革、羽、毛、角、骨、筋和血，被加工成食品或用具。饲料经过家禽家畜利用，小部分转化成为蛋、乳、肉等食物，大部分则变成"厩肥"（圈粪）与灶灰，最后还给土壤。

我国古代之所以没有垃圾问题，一方面是因为农村产生的废物比较简单，容易被自然接纳，另一方面是因为我国古代农民自觉养成了勤俭朴实的生活习惯。正如石声汉所说，"农村人深知稼穑艰难，一点一滴珍惜惯了，也就自然想出种种办法来充分利用，使它们发挥最高效益，从充分利用中，对各种有机物质的性能，累积了丰富的技术经验与理解。"

最令金教授惊讶赞叹的是中国土地的土壤肥力问题。美国的现代农业，百年间已经导致明显的土壤肥力下降，而东亚的土地养活人类4000年却没有被破坏。在中国，古人就已经察觉到其原因。

南宋的陈旉在《农书·粪田之宜篇》中说："或谓土敝则草木不长，气衰则生物不遂，凡田土种三五年，其力已乏。斯语殆不然也，是未深思也。若能时加新沃之土壤，以粪治之，则益精熟肥美，其力常新壮矣，抑何敝何衰之有。"这段话的意思是，一般来说土地久耕三五年就会使地力衰疲、产量下降，然而这是可以改变的。只要不断往土壤里投入新鲜的肥料和土层，就能使地力不疲、常耕常新。

在我国古代的农业生产中，"弃余"不仅不是困扰，反而在生产中扮演着非常重要的角色。陈旉在《农书》中说："凡农居之侧，必置粪屋……凡扫除之土，烧燃之灰，簸扬之糠秕，断稿落叶，积而焚之，沃以粪汁，积之既久，不觉其多。凡欲播种，筛去瓦石，取其细者，和匀种子，疏把撮之。待其苗长，又撒以壅之。何患收成不倍厚也哉。"古人用来堆肥的原料包括人畜粪溺、杂草、炕土、墙土、秸秆、糠秕、败叶、动物躯体，等等，基本上囊括了农村能够产生的所有弃余。将弃余堆肥发酵后施还给土地，这一循环过程，正是我国农业得以持续发展、地力4000年不被破坏的关键秘密。

弃余对人来说是废物，可对于其他生物来说却是必不可少的养料，这就如同狮子吃猎物，而残羹则留给猎狗和秃鹫。在我国古代的生态系统中，农民充分利用了自身产生的垃圾，将其归还给土壤，和自然界的其他生命一起，和谐地完成了一次次的物质能量循环，而只有这种模式才是可持续的。我们今天重读《四千年农夫》，仿佛是带着金教授当年的疑问，跟随着他的脚步，漫步于一个陌生的国度，惊叹于该国人民的伟大智慧。

自从工业革命、科技进步以后，人类大大改变了整个物质世界，制造出的许多物质都是自然界中不存在的，如塑料、合成橡胶。这些东西不能被土壤以及其他生命直接利用，已经干扰了正常的物质和能量循环。

更重要的是，人类利用先进的技术改变了自然界中既有的物质的浓度分布。譬如，铅是自然界中已有的元素，可人类将铅积聚起来，制成铅酸电池等工业产品。而将用过的铅酸废电池归还大地，必然会改变局部土壤中的元素分布，从而危害生物的生存环境。

所以，垃圾问题的本质，可以认为是科学技术对物质和能量的再分配，导致了局部生态环境的改变，而现有的垃圾处理技术并不足以逆转这一改变。当垃圾对环境的改变超过人这种生物的承受限度时，人类将在垃圾上灭亡。

到现在为止，科技仍然没有给垃圾问题一个让人满意的答复。

"关山难越，谁悲失路之人？"浸润了现代工业文明的我们还能找到回家的路吗？

充满争议但目前不得不做的

◆ 机器人新时代：你准备好了吗？
◆ 核电的核废料：世界性难题

机器人新时代：你准备好了吗？

◎ 黄庆桥

2014年6月9日，习近平总书记在中国科学院第十七次院士大会、中国工程院第十二次院士大会上的讲话中指出："'机器人革命'有望成为'第三次工业革命'的一个切入点和重要增长点，将影响全球制造业格局……我国将成为机器人的最大市场，但我们的技术和制造能力能不能应对这场竞争？我们不仅要把我国机器人水平提高上去，而且要尽可能多地占领市场。"

在后金融危机时代，伴随着发达国家纷纷强调制造业的回归，"机器人"这一"旧事"被赋予了新的时代内涵和使命，一场机器人革命浪潮正在全球兴起。在中国，伴随着经济结构的调整和劳动力成本的持续上升，机器人革命也引起各方高度关注。2013年中国成为全球最大的机器人消费国，2014年亦如此，并且可以预见，在相当长的一个时期内,这种局面仍将持续。从数据上看,对于中国人而言,机器人时代已不再遥远,有关机器人的新闻或故事每时每刻发生在我们身边。

"深蓝""沃森"与机器人革命

简单来说,机器人(robot)就是自动执行工作的一种机器装置。它既可以接受人类指挥,又可以运行预先编排的程序,还可以根据以人工智能技术制定的原则纲领自主行动(当然也是更为高级的),以协助或取代人类的某些工作。

机器人并不是近年来才横空出世的新鲜事物,其实早在上世纪前叶,机器人已经出现。"机器人"这个词最早是捷克作家雷尔·恰佩克于20世纪初在科幻小说中创造出来的。之后,美国纽约世博会上展出了西屋电气公司制造的机器人"Elektro",它由电缆控制,可以行走,会说77个字,甚至可以抽烟。此后,各式各样不同功能的机器人被制造出来,并逐渐用于人类的生产生活之中。到1978年,以美国尤尼梅申(Unimation)公司推出可编程通用装配操作手(即PUMA机器人,工业机器人的始祖)为标志,工业机器人技术不断趋于成熟。

在机器人的发展史上,有两个具有标志性的事件(有趣的是,它们都是红极一时的娱乐活动)是在我们谈论机器人时绕不过去的,一个是1997年机器人"深蓝"与前苏联国际象棋世界冠军卡斯帕洛夫之间的"人机大战",最终"深蓝"取胜;另一个是2011年机器人"沃森"在智力竞猜节目中击败人类。"深蓝"和"沃森"都是美国IBM公司制造出来的,他们一前一后,是机器人发展水平不断提高的重要标志性事件。

"深蓝"是一台超级国际象棋电脑,重1 270公斤,有32个大脑(微处理器),每秒钟可以计算2亿步。"深蓝"是不折不扣的超级计算机,但在当时并不是最厉害的,要知道"深蓝"在1997年6月的世界超级计算机中仅排名第259位。即便如此,"深蓝"在被输入了100多年来全世界优秀棋手的200多万局对局数据之后,就变得异常强大。1997年5月11日清晨4时50分,国际象棋世界冠军卡斯帕罗夫在与"深蓝"经过6局规则比赛的对抗后,最终拱手称臣。这位号称人类最聪明的人,在前5局2.5对2.5打平的情况下,在第六局的决胜局中仅仅走了19步,就败给了"深蓝"。

事后IBM的工程师坎贝尔向记者爆料说,"深蓝"其实在最后一局出现程序错误,走了毫无意义的一招,但在卡斯帕罗夫看来,这步前无古人的怪招背后可能隐藏着深不可测的算计,顿时阵脚大乱。因此有人说,"深蓝"是歪打正着赢了世界棋王。即便如此,"深蓝"能在前5局中打平世界棋王,已经非常了不起,至少显示出其像人类一样具有强大的计算能力。而这一点,正是机器运用人工智能的结果。接下来的"沃森",再次显示出人工智能与机器相结合的巨大威力。

"沃森"是为了纪念IBM的创始人托马斯·约翰·沃

森（Thomas J. Watson）而命名的，由 IBM 公司和美国德克萨斯大学历时 4 年联合打造而成。"沃森"由 90 台 IBM 服务器、360 个计算机芯片驱动组成，是一个体型有 10 台普通冰箱那么大的计算机系统。它拥有 15 TB 内存、2 880 个处理器、每秒可进行 80 万亿次运算。有了强大的硬件支持，"沃森"存储了海量的数据，而且拥有一套逻辑推理程序，可以推理出它认为最正确的答案。IBM 开发"沃森"旨在完成一项艰巨挑战：建造一个能与人类回答问题能力匹敌的计算系统。这要求其具有足够的反应速度和精确度，并且能使用人类的自然语言回答问题。2011 年 2 月 15 日，"沃森"带着这样的使命，参加了美国最受欢迎的智力竞猜电视节目《危险边缘》，与该节目历史上两位最成功的选手肯·詹宁斯和布拉德·鲁特展开对决。17 日，人机大战最终成绩出炉：电脑"沃森"狂胜人类，成为《危险边缘》节目新的王者。

"深蓝"也好，"沃森"也好，都是人工智能超级电脑，更是智能机器人的典型代表，只是"沃森"在人工智能的运用上比"深蓝"走得更远。2016 年 3 月，阿尔法狗（AlphaGo）与韩国职业围棋选手李世石之间的"人机大战"，再次聚焦全世界的目光。在这里，就涉及与机器人革命密切相关的另外一个名词人工智能。

人工智能（Artificial Intelligence）的英文缩写为"AI"。它是研究、开发用于模拟、延伸和扩展人的智能的理论、方法、技术及应用系统的一门技术科学。人工智能的概念是 20 世纪 50 年代几位美国科学家提出的，旨在探讨如何让机器模拟人脑，从而让机器具有像人一样的智能。在60年代人工智能的技术研发停滞不前数年后，科学家们发现，如果以模拟人脑来定义人工智能，那将走入一条死胡同。"通过机器的学习、大规模数据库、复杂的传感器和巧妙的算法，来完成分散的任务"成为人工智能新的发展方向，人工智能技术也得到迅猛发展。目前，人工智能的应用已经非常广泛，科学家们设想，未来人工智能带来的科技产品，都将会是人类智慧的"容器"。

正如宇宙学存在一个让所有物理定律都失效的"奇点"一样，科学家们预测，信息技术也正朝着"超人类智能"的奇点迈进。比如，当代著名科学家雷蒙德·库兹韦尔就认为，这个信息奇点即将到来——他甚至非常具体地预测这个奇点将发生在2045年。那时，人工智能将超越人脑，人类的意义彻底改变，人将"不人"，与机器融合为"超级人类"，并借助科技的发展而获得永生。比尔·盖茨也曾预言，机器人即将重复个人电脑崛起的道路，这场革命必将与个人电脑一样，彻底改变人类的生产生活方式。

尽管这有点像科幻小说中的故事主旨或场景，但伴随着大数据、云计算、移动互联网等新一代信息技术同机器人技术相互融合步伐的加快，3D打印、人工智能技术的迅猛发展，制造机器人软硬件技术的日趋成熟，智能机器人时代已经开启，那个被预测的时代也开始降临，而我们所讲的机器人革命的新时代，正是在这个意义上而言的。

机器人的世界格局

一般来说，机器人可分为工业机器人和服务机器人两大类。

顾名思义，工业机器人主要是在工业生产中替代人类的重体力劳动和复杂劳动，应用最广泛的是汽车制造业，如今已扩展到更为广泛的领域。人们利用工业机器人主要做如下3类工作。一是让机器人做人类不愿意做的事，比如工厂里高强度的重体力劳动、简单而又枯燥的重复性劳动，等等。应当说让机器人来做这类工作，是对人类体力劳动的极大解放。二是让机器人去做人类干不了的事，比如，日本福岛核电站事故发生后，现场事故处理就使用了大量的机器人。类似核辐射、灾难现场救援等人类无法到达、情况不明或高危作业区域，让"机械英雄"去处理，对人类而言可谓绝处逢生。三是让机器人帮助人类提高工作效率。比如重大型装备、汽车、造船、核电、化工压力容器领域的焊接切割工作，产品往往不规则，很难实现自动化生产作业，但又对精度要求非常高，人工焊接切割根本无法做到，而这对于机器人来说却是一项非常简单的工作，既能提高焊接切割精度，还不会腰酸背痛，可谓名副其实的"钢铁裁缝"。

服务机器人则着眼于为人类生活服务，广泛应用于医疗健康、家政服务等社会生活领域，有望成为机器人领域最具潜力的增长点之一。服务机器人的应用极其广泛，难以具数，在理论上，一切服务类工作都可以由机器人完成（当然这在现实中是不可能的），比如，就有机器人专家乐观地估计，在不久的将来，类似家庭卫生清洁、老人护理保健这样的工作可能全部由机器人取代。

上述关于机器人的分类，主要还是基于机器人的不同功能而言的。伴随着人工智能技术的深入发展及其与机器人技术的深度结合，人们可以根据机器人是否具有智能而将其分为传统机器人和智能机器人两类。传统机器人是指这类机器人只具有执行既有程序能力和操作功能的能力，只能在规定的环境中重复执行相对简单的规定动作。上文谈及的当然也是目前国际上已经大规模应用的工业机器人及大多数服务机器人都属于此类。

传统机器人的使用是有局限性的。首先，工业机器人受制于材料和技术的限制，成本普遍比较高，这对于一般中小企业而言，使用的代价并不比使用人力低多少，更何况机器人的管理、维护成本也比较高，因此，就是在发达国家，工业机器人也主要是应用在有规模的较大型企业，中小企业使用机器人的情况并不普遍。不仅工业机器人如此，服务机器人也因为成本问题很难走入普通家庭。这就导致传统机器人的使用成本居高不下。其次，传统机器人的功能单一，因为传统机器人一般都是批量生产与销售，这样便于降低成本，但社会对机器人的需求却越来越个性化，面对小批量、多品种和客户定制等新的社会需求和生产模式，传统机器人已经难以胜任。再次，传统机器人的使用范围有限，只具有执行已有程序命令的能力,并不"聪明",难以适应变化了的环境和情况,而使用者的要求总是在不断变化的。

因此,传统机器人虽然具有"力大无穷""吃苦耐劳"等优秀品质,却难以满足人类"多变"的本性。为了满足人类的需要,让机器人具有"智能",便成为互联网时代新的发展趋势。

所谓智能机器人,一言以蔽之,就是对外界具有感知能力,具有学习能力,能根据获得的信息进行思考和规划,从而对外界做出适应性反应的智慧型机器人。智能机器人的"智慧"主要体现在4个方面:一是语义理解,即机器人能理解人类语言,能与用户建立起直接的关系,进而能通过人机交互来理解用户指令和需求;二是环境建模,即机器人能够观察、识别外在环境,并对环境进行分析判断;三是自动规划,即机器人根据对外界环境的分析判断,通过自主规划来确定行动步骤;四是学习能力,即机器人通过多种学习手段获取新知识和新技能,从而不断提高其性能。

当然,智能机器人并不是完全独立于传统机器人之外的另类,相反,伴随着人工智能的发展和深入应用,传统机器人与智能机器人两者之间的界限,开始越来越模糊。这是因为用人工智能改造传统机器人,让"吃苦耐劳"的机器人变得更加"聪明",正是科学家和工程师们在努力的方向。

机器人的智能化发展所引发的"机器人革命",被认为是以数字化、智能化、网络化为特征的新一轮工业革命的重要组成部分。机器人将成为互联网的新型终端和智能制造的核心元素，从而带来产业技术的突破和革命。智能工厂将实现"人机协作"，即工人和机器人同时在车间里搭配工作，人从"生产者"转变为机器人的"管理者"，人在机器人的辅助下做更有创造性的工作，而机器人则从事精确度高、重复性强的工作，大幅度提高生产效率与产品品质。

正因为机器人已经在实践中显示出其强大的功能，并正在显示更加旺盛的生命力，所以机器人越来越受到世界各国的高度关注，世界主要经济体纷纷将发展机器人产业上升为国家战略，并以此作为保持和重获制造业竞争优势的重要手段。

机器人产业发展最好的国家是日本。自20世纪80年代开始，日本一直将机器人作为优先发展方向，其所积累的技术优势和发展经验，为该产业的长远发展打下了坚实基础。在公认的世界四大机器人企业巨头中，日本独占两席，发那克和安川电机在世界机器人市场上的地位难以撼动。

美国是世界第一台工业机器人的制造国，但其机器人发展水平却不及日本。金融危机后，美国认识到发展机器人产业的重要性，并凭借自己强大的工业基础和科技底蕴，在机器人产业领域持续发力。美国在2011年6月推出了"先进制造伙伴计划"，明确提出要通过发展机器人重振制造业。2013年3月，美国又发布了机器人发展路线图，其副标题就是"从互联网到机器人"（From

Internet to Robotics），明确将机器人与 20 世纪的互联网定位于同等重要地位，并被列为美国实现制造业变革、促进经济发展的核心技术。

欧洲是老牌工业经济体，工业技术基础雄厚，德国库卡、瑞士 ABB 在世界机器人四大企业中各占一席。为巩固领先地位，欧盟于 2014 年 6 月启动了全球最大的民用机器人研发计划"SPARC"。根据该计划，到 2020 年欧委会投资 7 亿欧元、欧洲机器人协会投资 21 亿欧元共同推动机器人研发，研发内容包括机器人在制造业、农业、健康、交通、安全和家庭等各领域的应用。英国、德国、法国等老牌发达国家也纷纷出台支持机器人发展的国家战略。

在亚洲，除日本具有强大的机器人产业之外，韩国机器人产业近年来也发展迅速。韩国在 2009 年发布了第一个机器人产业发展五年规划，2012 年 10 月发布了"机器人未来战略展望 2022"，2014 年又发布了第二个智能机器人开发五年规划，决心发展壮大本国的机器人产业。

总之，机器人产业的前景被普遍看好。著名的麦肯锡公司就曾预测，到 2025 年全球约有 5%~15% 的制造业将被工业机器人取代。2013 年，英国牛津大学一项针对 700 多种职业的分析研究则表明，很多现在热门的职业将在今后的 10~20 年间将因机器人的介入而消失。

在世界各国纷纷抢占机器人产业制高点的当下，中国怎么办呢？

机器人时代的中国抉择

在后金融危机时代，伴随着发达国家纷纷强调制造业的回归，"机器人"这一"旧事"被赋予了新的时代内涵和使命，一场机器人革命浪潮正在全球兴起。在中国，伴随着经济结构的调整和劳动力成本的持续上升，机器人革命也引起各方的高度关注。2013年中国就已经成为全球最大的机器人消费国，并且可以预见，在相当长的一个时期内，这种局面仍将持续。从数据上看，对于中国人而言，机器人时代已经到来，有关机器人的新闻或故事每时每刻发生在我们身边。

整个世界已经跨进机器人时代的门槛，作为一个有追求的大国，中国当然也要在机器人时代有所作为。现在的问题是，中国市场对机器人的需求怎样？中国机器人产业的发展水平又如何呢？

值得关注的是，中国已经成为世界第一大机器人消费国。根据国际机器人联合会（IFR）的统计报告，在2013年，全球工业机器人销售量约17.9万台，需求达到历史最高点，同比增长12%；其中，在中国销售量约3.7万台，占到全球总销量的约五分之一。这一数字也使中国超越日本成为世界上最大的机器人消费国。在2014年，中国市场销售的机器人达到5.7万台，占全球销量四分之一，销量仍居世界首位。根据中国机器人产业联盟在2015年秋的统计数据，中国市场机器人销量在2015年继续高居世界首位并无悬念。

那么，在世界第一大机器人消费市场的中国，卖的都是谁家生产的机器人呢？换句话说，中国企业的表现如何呢？统计数据让人非常失望。还以2013年为例，在中国销售的3.7万台机器人中，外资企业在华销售的总量超过2.7万台。根据2015年4月召开的第二届中国机器人峰会暨609机器人节启动会上发布的消息，国产机器人占国内机器人市场份额仅约13%，也就是说，在中国市场上销售的机器人绝大部分都是外资企业生产提供的。

更重要的是，我国自主品牌工业机器人以三轴、四轴的坐标机器人和平面多关节机器人为主，应用以搬运和上下料机器人为主，处于行业的低端领域；自主品牌的六轴多关节型机器人占全国工业机器人销量的比重不足6%。外资机器人普遍以六轴或以上高端工业机器人为主，几乎垄断了中国的汽车制造、焊接等高端行业领域。有报道说，发那科、爱普森、安川电机、川崎重工、那智不二越、欧地希机电等六大日本机器人公司占据中国工业机器人采购量的一半，而中国本土主要大机器人设备制造商加在一起仅占中国市场份额的5%。差距之大，令人震惊。

综合以上数据来说，中国已经成为并将持续成为世界上最大的机器人市场，这也反映出中国经济转型升级的需要和庞大市场，但产品却以销售外资品牌机器人为主，自主品牌薄弱、市场份额过低、核心零部件依赖进口、高端产品缺乏、低端产能过剩等系列问题,也暴露了中国整体上还没有形成研制、生产、制造、销售、集成、服务等有序、细化的产业链,这就是当前中国机器人发展的基本状况。那么,是什么原因造成庞大市场和落后产能的巨大差异呢?

可以说中国在近几年迅速跃升为机器人第一大销量国,有着深刻的国际国内背景,也可以说,中国正在发生的大规模的"机器换人"行动,是迫不得已而为之的。

先看国际大环境。2008年金融危机后,美国、欧洲都高调宣布重整制造业山河。美欧是老牌发达经济体,工业制造业在100年前就是他们的强项,他们要回归制造业,可谓轻车熟路。但他们也不能走老路,不能再依赖已有的技术基础,因为他们的人力成本高昂,他们要走老路就会因成本高而在世界市场失去竞争力。对于这一点,美欧精英层看得很清楚。从美国的《重整美国制造业框架》《构筑英国的未来》《面向光辉日本的新成长战略》,到更加著名的德国工业4.0计划,发达国家重整制造业,走的是大幅提高科技含量、提高产品附加值的道路。大规模使用机器人代替人力就是他们所走的新路径之一。

本来,美欧基于自身特点大规模使用机器人替代人力这一行为与中国无关。可是在WTO规则下,要讲贸易自由。美欧采用机器人等高科技重整制造业,他们的生产效率显然更高,生产出来的产品品质自然也更好,成本也会更低。在这种情况下,如果中国企业仍然死守既有的生产方式，生产出来的产品的竞争力可想而知。这几年中国人赴国外"海淘"、爆买已不是什么新闻。其实，中国制造业深受高能耗、高污染、低技术含量、低产品附加值的束缚已经不是一年两年的事了，就已有的研究数据来看，中国人均劳动生产率仅为美国的六分之一，单位GDP能耗却是世界平均水平的2倍多。在这种情况下，提高劳动生产率、降低单位产值能耗，不仅是企业面对未来生存竞争的被迫选择，而且也成为国家发展的必然战略。于是，让机器人走向前台，走进一线，代替人力，提高效率，已从先前国家战略的"备选"项成为"必选"项之一，这在《中国制造2025》战略里表现得非常明显。

中国企业现在热衷于"机器换人"，还有一个重要原因，那就是劳动力成本的持续上升。大量的廉价劳动力曾经是中国对外开放吸引外资的法宝之一，是推动中国经济持续快速发展的重要原因。然而，随着中国经济历经30多年的持续增长，人口红利逐渐消失，招工难、用工荒已不再是个别现象、局部问题、季节性问题，而逐步发展成为常年困扰全国各行各业的大难题。尤其是近年来，80后、90后劳动人口成为劳动力市场的主体，他们不再愿意像父辈那样，大量从事单调重复、环境差的工作，家庭经济条件的改善也使他们增加了与企业主讨价还价的底气，而社会的发展进步、物价的上涨和城市生活成本的上升，客观上也必然增加劳动力的成本。因此，在多重因素的共同作用下，中国劳动力成本在近几年快速上涨,像以前那样廉价使用劳动力的时代,已经一去不复返。

因此,劳动力短缺的日益逼近、用工成本的大幅上涨,正在倒逼我国制造业转型升级,各行业对机器人的需求已呈井喷之势,因为使用机器比使用人工的效率更高、成本更低。事实上,虽然在中国机器人销量全球第一,但与国际主要经济体相比,我国机器人的使用密度远远低于国际平均水平。据国际机器人联合会统计,每万名制造业工人的机器人保有量,韩国396个、日本332个、德国273个,世界平均水平为58个,而中国只有23个,还不到国际平均水平的一半。因此,中国机器人产业的发展前景依然非常广阔。

那么,打破国内这种机器人产能落后与市场巨大矛盾的产业振兴,它的关键问题是什么呢?

前面已经论及,中国机器人产业并非整体不行,低端机器人的生产甚至过剩,我们差就差在核心部件和关键技术上,核心部件与关键技术不过关,导致我国难以生产出高端机器人产品,就是生产出来,也因为关键部件是进口的,价格明显偏高,难以与国际知名品牌的同类产品进行竞争。

机器人有四大核心关键部件:高精密减速器、伺服电机、伺服驱动和控制器。这四大核心关键部件占到机器人总成本的一半以上。掌握了这"四大件",就掌握了机器人的"定价权"。现实情况是我国机器人安装的这些核心部件,目前主要从日本、美国和欧洲进口,售价在我国大多为原产地售价的两倍以上！由于关键零部件依赖进口，导致我国生产的很多机器人产品价格比国外产品高出一大截。以165公斤六轴关节机器人为例，目前国外产品的总成本大约在16.9万元，国产机器人成本则高达29.9万元。其中，仅减速器一项，国内企业的采购价就是国外企业价格的近5倍，仅价差就高达7万多元。如果高性能核心关键部件依赖进口的问题不能尽早解决，我国机器人产业将长期受制于人。

卖给中国关键部件贵也就罢了，谁让咱不能自主生产呢！更要命的问题是，很多高性能等级关键部件人家根本就不卖给中国，人家通过立法的形式对中国禁售！这样一来，不仅国际机器人企业巨头会长期垄断中国高端市场，而且中国想在高端机器人领域取得突破也更难。

讲到这里，事情已经很明确，中国机器人要实现突破，最关键的是要突破四大核心关键部件，没有"四大件"的突破和量产，中国机器人产业就难以突出重围，在高端市场占据一席之地。这表明急功近利、一哄而上搞机器人是难以奏效的。据说，目前国内机器人企业遍地开花，跟机器人相关的企业超过400家，平均每周就有一个机器人概念的企业出现，而国外的机器人企业不过十几家。如此看来，对中国而言，需要的不是更多的机器人企业和各种花哨的概念，需要的是产、学、研、用几方面的力量结合，潜心研发，攻克核心技术，制造出关键核心部件。除此之外，再多的花样翻新都只能是浮躁的表现。

机器人：是福音还是潘多拉的盒子

当机器人技术狂飙突进、世界各国都热情拥抱机器人的时候，当阿尔法狗大胜李世石并成为人们津津乐道的谈资的时候，另一种声音犹如清醒剂，让热情歌颂机器人的人们逐渐冷静下来。机器人会不会失去控制？机器人会不会伤害人类？机器人会不会抢走人类的饭碗？机器人犯法了怎么办？诸如此类的问题，不断被"多虑"的人们提出。必须承认，对这些"多虑"的问题的解答，其重要性可能并不亚于机器人技术本身的发展进步。如果不从伦理、法律等角度对机器人技术进行反思与调控的话，许多科幻电影中机器人与人类发生激烈冲突的场景极可能会变成灾难的现实。因此，要让机器人成为人类的福音，而不是成为打开了的潘多拉的盒子，我们就必须未雨绸缪，全方位探讨人类与机器人的相处之道。

当前，机器人对人类最现实的威胁就是它可能"抢夺"很多人的饭碗。2013年剑桥大学发起了名为"未来的雇佣关系，就业将如何受电子化影响"的调查研究项目。调查研究结果显示，德国现有的3 000万个工作岗位中至少有1 800万个都可能被机器人所取代。不同工作岗位的失业风险程度取决于专业化分工、职位等级和工作性质。比如，最基层的操作工种有86%的工作岗位可以被机器替代，办公室文秘工作者、仓储管理、快递行业、零售业、家政及保洁岗位等被机器人取代的可能性最大。根据这项研究，机器人已威胁到德国59%的工作岗位，这引起德国就业者的高度关注。德国的情况如此，那些雄心勃勃要实现"机器换人"的国家，同样面临着类似的问题，很多人对此忧心忡忡。

不过，对于机器人抢人类饭碗这个问题，也有乐观派。不少人就认为，就像马车制造商最终会让位于汽车工厂一样，技术在毁掉一些工作的同时，也会创造出许多新的工作，只是我们现在还不知道具体情况罢了。"机器换人"和200年前已经发生的故事一样，今天我们许多人的工作在那时并不存在。今后100年间，同样的故事仍会上演。还有人认为，有一些人类才有的技能，机器可能永远无法复制，比如直觉、适应性和创造性等。因此，即便未来的工作具有更高的自动化程度，仍然需要人类的参与。剑桥大学的调查研究项目在指出机器人对人类就业威胁的同时，就揭示了这样一个道理：工作岗位所需的专业化程度越高，将来被机器人取代的风险就越小；而工作岗位的专业化程度越低，将来被机器人取代的风险也就越大。看来在机器人时代，我们每个人都要提高自己的专业化水平，不然机器人就可能让我们没活儿干。

另一个引起高度关注的问题是机器人所引发的诸多伦理问题和法律困境。自机器人被发明以来，对它的伦理考量就已经开始。早在20世纪50年代初，美国著名科幻作家艾萨克·阿西莫夫就前瞻性地意识到机器人将给人类社会带来重大伦理问题，并在其《我，机器人》

系列短篇小说集中开创性地提出所谓的"机器人三定律"。阿西莫夫提出,第一,机器人不得伤害人类,或看到人类受到伤害而袖手旁观;第二,机器人必须服从人类的命令,除非这些命令与第一条相矛盾;第三,在不违背第一、第二条定律的前提下,机器人必须保护自己不受伤害。

伴随着机器人技术和产业的蓬勃发展,关于机器人伦理的研究也方兴未艾,人们从机器人制造者、机器人使用者、机器人本身等多个角度,讨论机器人的权利和义务、机器人制造者和使用者应该遵守的道德规范和行为准则等诸多伦理问题,以致机器人伦理学已经成为人文社会科学的一门显学。不仅如此,机器人伦理问题还引起诸多政策层面的广泛关注。比如,美国国家科学基金会和美国航天局都设立了专项经费对机器人伦理学进行资助研究,以期就机器人相关伦理规则达成某种共识。韩国工商能源部颁布了《机器人伦理宪章》,作为机器人制造者和使用者以及机器人本身的道德标准和行为准则,并以此指导机器人产业的发展。欧洲机器人研究网络(EURON)发布了《机器人伦理学路线图》,制定了机器人伦理守则。

与伦理挑战相伴而生的问题还有法律的不健全。当前,围绕机器人制造和使用的法制建设,显然远远跟不上机器人技术发展的步伐。其实,对机器人立法归根结底是对人类的立法,规范人类对机器人的制造和使用。

在此只举一个最骇人听闻的例子。目前,美国、英国、以色列、韩国和日本都在积极研发各种类型的智能或半智能"杀人机器人"。所谓"杀人机器人",就是一种可不受人类操纵而对目标发动攻击的全自动武器系统。据报道,韩国已经使用一批哨兵机器人日夜盯梢在三八线附近,并向可疑目标发射非致命的橡皮子弹进行警告。美国海军战舰上则使用"密集阵"武器系统,可以自主搜索并摧毁对方发射的炮弹。也就是说,军用机器人已经逐渐具有自主进行生杀予夺的能力。如果不加以限制、任其发展,这些杀人不眨眼的冷血机器人真会让人不寒而栗,给人类社会带来无法估量的伤害。联合国人权机构特别报告员克里斯托夫·海因斯就此向联合国提出报告,希望由联合国出面冻结相关研发。伴随着机器人产品走向社会生活领域,类似无人驾驶汽车、遥控飞行机器人、无人驾驶飞机等涉及的法律问题也层出不穷。

科技应该为人类服务,而不应该成为人类发展的威胁,这已是共识。但只有规范技术开发者和使用者的行为,才能使科技更好地为人类服务。就像当初科学家发明计算机的时候,难以预见各种各样的电脑病毒一样,今人同样很难预见机器人将会给我们带来什么麻烦。但可以肯定的是,机器人的应用会越来越普及,机器人与人类的关系会越来越紧密,机器人将很快走进我们每一个人的生活。展望未来,如果没有道德规范和法律的约束,机器人技术就很有可能被别有用心的人所利用,机器人产品就很有可能在现实生活中给我们制造意想不到的麻烦,人类也就真的可能会面临所谓的机器人灾难。

所以，趁机器人尤其是智能机器人还没有真正广泛普及，规范人类对机器人的制造和使用，谁说不是未雨绸缪的明智之举呢？

当前，中国机器人产业正蓬勃发展，但与机器人相关的伦理、法制建设却比较滞后。在这方面，应是主管部门、行业协会和学术界大有可为之处，未雨绸缪，提前立规，提前立法，让机器人真正成为我们社会的福音而不是打开了的"潘多拉魔盒"。

核电的核废料：世界性难题

◎ 李月白

核废料为什么比核燃料更危险？

核废料，主要指反应堆使用过后卸出的核燃料，因无法继续维持核反应，所以又叫核废料。核废料具有很高的放射性，且其放射性可以持续数十万乃至百万年之久，如何妥善处置核废料，是全世界至今未能解决的难题。

很多人已经听闻核废料很难处置，心中却存有疑问："核燃料不就是从自然中来的吗？使用过后又放回到自然中，有什么不可以吗？"

事实上，核废料与原始核燃料的危害性完全不可同日而语。反应堆的核燃料是由铀矿石加工而成，在自然状态下，铀的放射性并不算高，短时间的接触几乎不会对人体造成放射性损伤，而使用过后核废料则具有高强度的放射性，几分钟的接触就可以导致死亡。

这是为什么？

天然的铀矿石具有放射性是因为铀原子能够自发地放射出粒子，经过漫长的时间转变成另一种元素，这一过程叫衰变，而全世界的商用反应堆都是通过核裂变发电的。核裂变则是在中子的高速撞击下，强行将一个重核分裂成两个较轻的原子核的过程。与天然的衰变相比，核裂变的反应更剧烈，释放出的能量更大、更多、更集中。

核裂变反应是链式反应，当用一个中子撞击铀原子核时，一个铀核将吸收中子而分裂成两个轻原子核，同时释放出 2~3 个新中子，这些新中子很可能打在 2~3 个新原子核上引起裂变，再释放出 4~9 个新中子，这些中子又会打在新的原子核上，从而使反应不断地进行下去。

从本质上讲，核电站的基本工作原理与原子弹是相同的，其主要区别有两点：一是原子弹要用富集度达到 90% 以上的铀 235 作为核材料，而核电站一般采用 3% 左右的铀 235。二是原子弹的链式反应是不可控的，而核电站则可以通过控制棒等手段实现可控的链式裂变反应，使得每次产生的中子平均只有一个引起新的核裂变。

爱因斯坦的质能转换理论告诉我们，核裂变所释放的巨大能量来自原子核的质量亏损，原子核的质量发生了改变，意味着元素发生了改变。

事实上，核裂变的链式反应是非常复杂的，反应堆核燃料的主要成分是铀的氧化物，其中的铀由铀 238 和铀 235 两种同位素构成，而反应过后的核废料则变成具有一系列高放射性元素的复杂产物，其中包括：

（1）少量未用完的铀 235 以及大量铀 238。

（2）质量数为 66~172 的 100 多种初级裂变产物。这些产物几乎都具有放射性，平均经过 3~4 次的放射性衰变才能转变成稳定的核素。

（3）新生成的裂变材料钚 239。钚 239 在自然界中几乎是不存在的，它的半衰期达到 2.4 万年。经过处理的钚 239 也可以作为反应堆新的核燃料，同时也是制造核武器的重要原料。

（4）镎、镅、锔等次要锕系元素。这类元素原本并不存在于自然环境中，是铀 238 在核反应中连续俘获中子生成的，具有放射性强、毒性大、寿命长的特点，某些核素的半衰期甚至可以达到数十万年。

现在我们可以理解为什么核废料比核燃料更危险了。常见的铀元素经过核裂变的链式反应，不仅产生出上百种放射性物质，甚至还会变出自然界中不存在的高放射性元素。如果将核燃料比喻成被封印的恶魔，那核电站的裂变过程就相当于解开了恶魔的封印，出世后的恶魔逐渐露出嗜血的面目，人类想尽办法，只希望能将它再度关回笼中。

世界难题

核废料难以处置，主要是因为它具有 3 个特点：

第一是高放射性。核废料放出的射线对人体有致命伤害，任何运输和操作过程都具有危险性。

第二是复杂性。核废料中的物质成分非常复杂，有些国家会将核废料中的一些有用物质,如钚239回收利用,但操作起来难度很大,成本很高。

第三是放热性。核废料因为元素衰变而不断放出热能,这一点增加了管理难度。核废料被放置在液体中时,放出的热能容易导致液体沸腾,核废料被封存在固体中时,放出的热能容易导致保护壳熔化。

如今,全世界运行的核电站都在不停地产生核废料,截止到2014年6月,全球的核电机组已产生约35万吨的核废料。这些核废料无处容身,大部分都被暂时安放在核电站的临时冷却池中。

迫在眉睫的问题是,世界各国许多临时存放核废料的冷却池都已经达到饱和甚至"超饱和"的状态。就我国的情况来说,2015年8月的新闻显示:"目前大亚湾核电厂核废料水池已经饱和,田湾核电厂核废料水池接近饱和。"我们必须处置这些核废料,不论我们愿意不愿意。

核废料的处置被称为世界难题,实在是毫不夸张的,它的高放射性不能通过任何物理或化学手段来消除,就目前的科技水平来说,我们只能静待其放射性随着自然的衰变而减弱。也就是说,人类束手无策!

既然不能消除核废料的高放射性,难道还不能摆脱它吗?

关于如何摆脱核废料,使它无法危害到人类,曾经有过很多设想:

(1)沉入深海。人类总是将各种污水、废物排放到海洋中,起初人们也曾把核废料直接沉入到深海中,然而最终发现,即使广大如海洋,也不能把核废料的高放射性稀释到可以接受的程度。海洋中的生物物种和生命数量都远远多于陆地，破坏海洋生态的严重后果是我们无法想象的。同时，海洋也是人类食物的重要来源，所有遭受到核辐射的鱼类、贝类，最终都将通过食物链进入人类身体。

（2）送入太空。送入太空是摆脱核废料最快速、最彻底的手段，问题是将数十万吨核废料送入太空，花费太过巨大，而且，以我们目前的技术，远远无法保证百分之百发射成功。想象下，满载核废料的火箭一旦在发射中起火，或者在大气层中爆炸——人类相当于又经历了一次切尔诺贝利事故。

（3）投入火山。将危险的核废料一股脑丢进火山，听起来是个不错的主意。2010年2月，美国《大众科学》杂志曾讨论过将高放射性废物投入火山的可能性，美国火山地理学家指出，要想销毁核废料，火山需要满足严格的热度标准，而这一标准几乎无法实现。世界上最热的火山岩浆温度大约为1 300摄氏度，这一温度甚至无法熔解掉包覆在燃料棒中的锆（锆的熔点为1 850摄氏度），更不用说核废料本身。要想熔解掉核废料并改变其放射性，所需要的温度要比岩浆高几万倍。而且，由于火山里的液态岩浆会向上涌动，丢入火山的核废料很可能无法沉入深处。更可怕的是，被用作核废料储藏所的火山一旦爆发，就会喷出极具放射性的岩浆，整座火山的山坡都会变成核污染后的不毛之地，具有放射性的火山灰随后会绕地球循环多次。

（4）埋入冰川。核废料的温度一般很高，将核废料放在较为稳定的冰原上，它们会随着周围冰的融化向下移动，上方的融冰又将再次凝固，这样就将核废料埋入冰川中。这一想法遭到拒绝的原因很多，其中之一就是冰原会发生移动，导致放射性物质像冰山一样在海洋中漂浮。另外，全球变暖一旦发生，高放射性的核废料依然会进入生物圈。

以上4种设想都被证明不可行。

目前，国际上公认的最安全的核废料处置方式是选择地质结构稳定的地点，建造永久性处置库，将核废料深埋在地下。然而，永久性处置库的选址和建造技术都非常复杂，至今世界上还未有一座真正建成。理想中核废料的永久处置库必须要保证10万年以上的坚固，可是人类历史上却没有任何工程的寿命达到过它的十分之一。所以说，迄今为止，核废料的处置依然是世界难题。

各国的核废料政策

世界上不同的国家对核废料实行不同的管理政策，简单地说，可以分为3种：

第一种叫一次通过，也就是不对核废料进行任何处理，直接永久储存。美国、加拿大、瑞典、芬兰等国家采取这种政策。

第二种叫后处理，也就是通过机械、化学等手段将核废料中的铀和钚239分离出来，钚239由于可以制成新的核燃料，因而被看作一种重要资源。法国、英国、俄罗斯、日本、印度、中国等国家采用后处理政策。

第三种可以叫待定,有些国家由于没有后处理厂,也没有打算建造核废料永久处置库,因而采取长期中间储存,待时机成熟再做决定。长期中间储存是指这些核废料仍旧储存在冷却池中,待冷却后再转移到干燥的储存桶内,长期放置在核电站中。

以上3种政策并无高下之分,从长远来看,似乎第二种——核废料的后处理更具优势。将核废料中的铀和钚分离出来制成新的核燃料,既可以充分利用资源,又能减小核废料的体积,堪称一举双得,一箭双雕。然而,后处理并不是万能的。有的专家夸大了后处理的作用,声称"核废料不是废物,而是未被利用的宝物",这未免太过乐观。这种"不是废物,而是宝物"的论调虽然十分动听,但事实上废物就是废物,不能利用的"宝物"也还是废物。后处理技术提取出铀和钚,虽然可以在一定程度上缩小核废料的体积,却并没有改变核废料中存在的其他元素的高放射性,更不可能将废料全部转化为有用物质。

美国等国家采取一次通过政策也有自己的考虑。核废料中的钚239不仅可以作为核燃料,同时也是恐怖分子梦寐以求的制造原子弹的重要材料,美国出于防止核扩散的考虑,明令禁止这种回收方案。此外,核废料后处理的成本较高,每千克铀的花费约为1 000美元,出于经济上的考虑,在当前铀资源尚够使用的时候,没有必要充分节约。

事实上,上述列举的美国等国家采取的一次通过方案也只是未来计划,前文已经说过至今全世界尚未有一座深层永久处置库真正建成。建造永久处置库的工程非常复杂，从选址到运行，其过程往往长达数十年。芬兰的处置库于1987年开始选址，计划于2020年后运行。美国的永久处置库于1983年开始选址，原计划接受首批核废料的时间为2020年，工程中断后遥遥无期。

深层永久处置库的选址非常重要，概括来说主要是两方面：一是自然条件，二是社会因素。从自然条件来说，要选择没有地下水，没有裂缝和缺陷，无地震、火山活动并且远离生物圈的地层。从社会角度，要综合考虑国家的经济发展布局、人口分布、交通是否便利、人民是否支持等因素。

美国永久处置库的选址命途多舛。1983年，美国总统签署公布了核废物处置的基本法，该法令提出在全国范围内建造两个处置库的意向。美国能源部在对多个待选场地进行评价后，筛选出3个预选场址，分别是戴夫史密斯、汉福德和尤卡山，1987年，国会选定尤卡山作为唯一的处置库推荐场址。此后，能源部对尤卡山进行了一系列研发和考察，详细研究了关于场址适宜性的各方面问题，包括地下水渗透、火山爆发几率，以及废物运输的安全性问题等。直至2002年，尤卡山终于被确定为高放射性核废料永久处置库的最终场址。

然而，随着奥巴马政府的上台，事情又出现转折。2009年，奥巴马政府大幅度削减对于尤卡山项目的拨款，永久处置库的建设暂停。奥巴马政府声称，尤卡山不适宜作为核废料的永久处置库，因为在其附近有近代火山活动的证据。事实上，尤卡山问题除了自然因素外，很大程度受到政治和社会因素的影响。奥巴马在竞选美国总统时就承诺反对尤卡山项目，妥善解决核废料问题，并由此获得了内华达州的重要选票。许多年来，内华达州的群众和州政府一直激烈反对在尤卡山建造核废料的处置库。据说很重要的原因之一，就是内华达州没有一座核电站，却要接受从全国各地运来的大量核废物，人民从心理上难以接受。

与美国相比，瑞典和芬兰处置库的选址和建设过程要顺利得多，北欧的地质环境很适合建造核废料的永久处置库。瑞典的场址选定在奥萨马尔镇，那里的地质岩层有15亿岁，非常坚固而且抗震。在投票中，77%的居民赞成在镇上修建处置库。小镇上的一位母亲说，"这些废料总要放到什么地方，那些从能源使用中得到利益的人，也该承担些责任。我们不能总是把这些污染性的东西都丢到非洲。"瑞典的选址之所以能获得较高的民意支持，据说是因为镇政府和瑞典的核燃料及废料管理公司以高度透明的做法赢得了居民的信任。

中国的处置库目前预选在甘肃的北山，那里是一片广大的戈壁滩，人烟非常稀少，地下有完整的花岗岩体，气候和水文条件也很适合作为核废料永久处置库的选址。然而选址北山并非没有争议，我国大部分核电站都位于东南沿海，考虑到长途运输的高成本和高危险性，也有专家建议将处置库建于东南沿海，但东南沿海人口密度大，又是我国经济发展的重点地带，综合来看，北山的选择或许更为稳妥。

所以说，核废料永久处置库的选址和建造不仅是个科学难题、工程难题，同时也是经济、政治和社会的综合难题。

10万年之久使得永久处置库也不能保证完全安全，但无论如何，这已是目前所有选择中最好的一个。

2010年，丹麦电影制片人迈克尔·麦德森将芬兰建设地下永久处置库的工程拍摄成纪录片《走向永恒》，其中有这样的独白：

"人类学会了使用火，在此之前没有任何生物这样做过，人类从此成为万物的主宰。一天，人类又发现了新的火，永不会熄灭且用之不竭，人类以为自己由此掌握了宇宙的奥秘，但很快发现这火不仅在创造，同时也在毁灭——不仅在地表焚烬万物，更深入生物的肌理啃噬生命，这其中包括他的妻子儿女还有他自己。人类对此无能为力也求告无门，只能建造深入岩石的地窖，任不熄的火在其间无尽地燃烧。"

人类有无资格使用核电？

目前，世界上约有15%的电力由核电提供。虽然明知棘手的核废料无法处理，新的核电厂还是不断地被建造。

北京师范大学的田松教授曾有一个绝妙的比喻，他说如果一个小伙子卖了自己的一个肾，买了iPhone手机，所有人都会说他愚蠢。可是想象下，如果这个小伙子卖的不是自己的肾，而是他儿子、孙子的肾呢？

那么，这不是愚蠢，而是罪恶。

人类使用核能发电只有短短60年的历史，核废料的真正危机并未能在当代显露出来。然而，我们要知道，现在使用的每一度核电的背后都有核废料的产生，每一座新建的核电站,都会让我们的子孙后代面临灾难性的核废料处理问题。

在这种情况下,人类有资格使用核电吗?

有人说,科学是会发展的,核废料的问题在将来一定能得到解决,可是万一解决不了呢?

想象中未来最可能的解决办法是"嬗变",即利用加速器产生高能粒子轰击高放射性的核素,如长寿命的锕系元素,将核废料的半衰期从几十万年减少到几百年。这种方法听起来容易,实施起来很困难,真正得到应用将更为困难。用人工手段改变元素,类似于传说中的点石成金术,通过"嬗变"甚至可以将铅变成黄金。

也有人说,不用核电,我们用什么呢?

人类需要发展,发展需要能源。化石燃料的储量有限,迟早会被耗尽,新能源中太阳能的效率低,风能和水能有地域限制。相比之下,核能太优越了,它的地域限制小,使用效率高,1千克铀235全部裂变,可以释放出相当于2 700吨标准煤完全燃烧所放出的能量。以目前的情况看,我们很难舍弃核能。

有一个国家正在尝试完全舍弃核能,那就是德国。2011年5月,德国宣布全面放弃核电,并于2022年前关闭德国境内所有核电站,弃核之后的能源缺口,德国希望通过发展太阳能、风能等绿色能源来填补,可事实上并没有那么顺利。德国弃核之路已走过4年,虽然没有大规模停电的发生,但也有难以言说的隐忧和窘境。

首先,德国为发展太阳能、风能投入数百亿美元的资金,结果却不尽如人意,太阳能和风能属于间歇性能源，对电网的冲击性大，却不能持续稳定运行，无法代替逐渐关闭的核电厂。其次，德国为弥补能源缺口，不得不新建许多燃煤电厂，二氧化碳排放量逐年升高，"弃核"与"弃煤"没办法兼顾。最具讽刺的是，弃核后的德国竟然从法国进口核电使用，也就是说，德国依旧无法彻底摆脱核能。

与之完全不同的是，我国的核电规模，正以世界第一的速度发展壮大。

目前，我国已经建成并投入运营的核电站有4个，分别是浙江秦山核电站、广东大亚湾核电站、广东岭澳核电站和北京中国实验快堆。正在建的核电站还有13个，分别是辽宁红沿河核电站、江苏田湾核电站、福建宁德核电站、福建福清核电站、广东阳江核电站、广东台山核电站、海南昌江核电站、广西防城港核电站、浙江三门核电站、山东海阳核电站、山东石岛湾核电站、山东国核示范电站和辽宁徐大宝核电站。此外，正在筹建中的核电站还有25个。预计至2020年，中国的核电装机量将超过日本，仅次于美国和法国，位居世界第三。

并不是每个国家都要学习德国，笔者的观点是：核电并非不能发展，但在未能彻底解决核废料的问题之前，我们至少应该保持一颗谦卑的心。

既有争议又无必要的

◆ 生命科学的禁区:克隆人与基因改造
◆ 我们应该主动联系外星人吗?

生命科学的禁区:克隆人与基因改造

◎ 李月白

1997年,随着苏格兰的一只小绵羊"多莉"诞生,一个叫"克隆"的词汇轰动整个世界。有人欢呼科学的胜利,更多的人则忧心忡忡地认为克隆技术会给人类带来灾难,因为克隆动物的产生,使人难以避免地联想到克隆人类的可能。

"克隆"一词是英文"clone"的音译,是指人工诱导下的无性生殖。它的特征主要表现在两方面:一是克隆与被克隆者具有相同的基因型,二是这种具有相同基因型的个体可以大量、成批产生。

人类能否被克隆?从技术上讲,或许目前已不存在问题。从克隆羊"多莉"诞生开始,越来越多的动物被克隆成功。1998年,美国夏威夷大学的研究人员成功克隆了3代共50只实验鼠,日本科学家培养的克隆牛顺利诞生。2000年，美国俄勒冈地区灵长类动物研究中心克隆出一只名叫"Tetra"的猕猴，这说明人类已经可以成功克隆出与人类接近的灵长类动物。2013年，人类又成功地克隆了人类胚胎并从中获得干细胞，距离真正的克隆人仅有一步之遥。

然而，目前世界各国都普遍反对"克隆人"研究。1997年5月，在世界卫生组织第五十届世界卫生大会上，191个成员国一致通过反对克隆人的决议，认为："将克隆技术用于人体个体复制，无论在道义还是伦理上都是不可接受的，也违背了人类的尊严和道德观。"1997年11月，联合国教科文组织通过《世界人类基因组与人权宣言》，该宣言称："违背人类的尊严的做法，如人类的生殖性克隆，是不能允许的。"2001年10月，法国巴黎召开以"生命伦理:国际重大问题"为主题的成员国科学部长圆桌会议，会议强调生殖性克隆破坏人的尊严和道德，应在《世界人类基因组与人权宣言》基础上采取有效措施，禁止人的生殖性克隆。我国卫生部于2001年11月明确表示了对研究克隆人的态度，即不赞成、不支持、不允许、不接受任何克隆人实验。

也就是说，不同宗教和文化背景下的东、西方国家基本达成一致，即使技术上可以做到，也不可以克隆人类。克隆人类是违背伦理道德、有高度社会危险的行为，并且是毫不必要的。

克隆人的伦理问题及社会风险

人的生殖性克隆会带来哪些伦理问题以及社会风险呢？

这个问题许多科学工作者和人文学者都曾讨论过，择其要者，大概有以下几种观点：

（1）克隆人严重损害人的尊严。西方的宗教学认为，人作为上帝的神圣造物，不仅有躯体，也有灵魂。而克隆则完全忽略人的灵性本质，将人当作机械和产品，随意地复制和生产，篡夺了上帝的权利，同时也彻底践踏了人的尊严。

即使不从宗教的角度来考虑，人类也绝不能被当作实验品。我们知道，克隆的工作发生在科学家的实验室里，凡是"实验"都有很大的失败几率。在克隆动物时，往往会经历几百次的失败才能最终成功，而将"人"当作试验品、由人来承受实验中失败与残损的几率，本身就是对人类生命尊严的极大蔑视。况且，以现在的克隆技术而言，克隆体最终还是要被移入母体中，而克隆的胚胎流产以及发育不正常的概率非常高，这就给代孕的母亲造成身体和心理的双重伤害。这意味着生殖性克隆一开始就面临难以逾越的伦理难题。

（2）克隆人挑战人类现有的生育模式与家庭伦理。男女结合，组成家庭，繁衍并共同抚养后代，是人类社会几千年来自然进化的结果。克隆人的出现，使得人类的繁衍不再需要两性的结合，从根本上损害了两性关系以及婚姻和家庭的意义。我们说，家庭是组成社会的最小单位。当世界上半数的人都通过克隆来获取后代的时候，婚姻与家庭以及两性之间的道德都将彻底破碎，从此家将不家，性道德沦丧，人类社会将步入极大的不安定中。

（3）克隆人的社会身份难以认定。我们每个人都有父母，都有血亲，不止是自然人，同样是社会人。而克隆人与细胞核供体之间的关系却难以定位。二者既不是亲子关系，也不是同胞的兄弟姐妹的关系，这就带来了一系列社会难题，诸如，谁对克隆人有抚养义务？克隆人有无资格继承遗产？更有可能带来一系列人伦问题，譬如，本体的妻子爱上了更年轻的克隆丈夫，本体试图控制自己的克隆人，等等。

玛丽·雪莱的科幻小说《弗兰肯斯坦》（又名《科学怪人》）讲述了这样一个故事：科学家弗兰肯斯坦从停尸房和坟墓中偷取尸体和器官，拼合成一个人体，并利用雷电使人体拥有了生命。这个被制造出的怪人起初心地善良，向往美好，却被人们当作怪物，视为威胁，在社会中处处碰壁。最终怪人开始愤恨制造他的科学家，并展开疯狂的报复。这个故事也可以用于克隆人身上。克隆人难以融入现有的社会关系，又难以避免地会被看成异端，尽管起初没有恶意，最终却也很可能走上怨恨并报复人类的道路。

（4）克隆有悖于生命的独特性。每一个生命都是独一无二的,每个人都有自己的面貌和性格,都可以选择自己的生活方式,而克隆人恰恰被剥夺了这一点。克隆人从遗传特性上虽然并非与原来的供体完全相同,但毕竟也接近相同,克隆人的相貌身材与供体虽然不会完全相像,但毕竟也非常相像。而从出生时间来说,供体在先,克隆人在后,克隆人的人生轨迹将难免受到供体的影响,以及与供体相关的人之期望的影响。譬如,爱因斯坦的克隆体必将背负沉重的心理负担,因为人们认为他与爱因斯坦一般聪明,期望他如爱因斯坦般为科学做出杰出贡献。同理,杀人罪犯的克隆体则很可能受到不公平的怀疑,认为他与杀人罪犯有着同样的基因,必将有同样的危险性。因此,克隆人对于本体的感情必将是极其复杂的,活在本体阴影和人们眼光中的克隆人,将很难获得真正的自由与快乐。更严重的问题是,因为克隆人与本体的基因极度相似,所以完全可能预先知道将来会发生的一些变化,比如,什么时候得什么疾病,甚至什么时候大限来临,这些信息将完全剥夺他生命的乐趣。

(5)克隆人降低了基因的多样性,影响人类自然进化的进程。在人类的自然生殖中,双亲基因的组合使得后代不断地产生新的基因,维系着我们人类这一物种的基因多样性。而克隆技术使基因单一地传下去,甚至批量产生许多具有同样基因的人,不仅会降低人类这一物种在总体上对环境的适应能力,更会影响到人类自然进化的进程。一旦自然界出现其他灾难,或爆发一种新的病毒，人类可能面临大规模的灭绝。

有人说，克隆技术只是小规模的，大部分人依然按照自然方式生殖繁衍，根本不会对人类基因的多样性产生影响。问题是潘多拉的盒子一旦打开，我们怎么能知道会发生什么？未来社会中克隆人占主体地位也并非不可能。

（6）克隆人容易造成新的不平等，或产生新的社会危机。克隆人可能会引发的不平等包括两种：一种是克隆人与自然生殖的人类的不平等，譬如，克隆人将从事自然人不愿意做的繁重劳动，克隆人为自然人提供移植器官等。这些问题在《逃出克隆岛》《银翼杀手》《云图》等科幻电影中都有所表现。第二种是被克隆出的更优秀的人与普通人类之间的不平等，即未来的人类可能被基因更优秀的克隆人所奴役，或者是人类将被区分为值得克隆的优秀国民与不值得克隆的劣等公民。不论是两种中的哪一种不平等，都会带来严重的社会危机，对人类社会有致命的毒副作用。

（7）克隆技术一旦被邪恶势力利用，将产生危害世界的恶果。例如，制造出大批希特勒、本拉登等危险分子，给世界带来灾难。

有人极力反对这一条，认为人的成长除先天因素外，更与后天环境有关，即使复制一个希特勒，他也不可能成长为当年的那一个希特勒。可是即便如此，当我们看到希特勒满街走的时候，心中的恐慌依然是不可能消除的。克隆人一旦被制造出来，生命就应当受到尊重，难道我们能开枪击毙他吗？难道我们能永久监禁他吗？那么，谁说复制的许多个希特勒中就不可能成长出一个比当年更厉害的呢？又比如，克隆出一队奥运冠军组成特种部队，克隆出许多国家领导人扰乱政治和民心……利用克隆技术危害社会太容易，魔鬼一旦被释放，就再也关不回去了。

支持克隆人的理由是不能成立的

尽管克隆人存在诸多伦理问题以及可以预见的社会风险，尽管国际社会已经达成禁止克隆人的共识，依然有人坚持主张进行克隆人实验。

什么样的人坚持主张克隆人实验呢？

第一种是为满足自己好奇心而罔顾人类社会规则的科学工作者。他们是一线的生命科学研究人员，有技术也有能力造出克隆人，当多年的辛苦钻研使得真相触手可及时，他们不甘心被阻挡在门外。

第二种是极端的科学主义者，他们坚信科学没有禁区，坚信科技一定能带来美好未来，更对伦理学以及人文学科发出的阻碍科学前进的声音极度不满。在他们身上，对科学的崇拜已经完全窒息了对伦理和人权的敏感性。

第三种是社会的危险分子以及不择手段的牟利者。他们看到了克隆人背后隐藏的巨大利益，决定大捞一笔，即使做下伤天害理的事也在所不惜。

这些人支持克隆人的理由又是什么呢？

第一条理由也是科学主义者最常用的理由，即科技的发展是挡不住的，既然挡不住，就不要阻止算了。

明眼人一下子就可以看出来，这条理由实际上是最为荒谬的。死亡也是挡不住的，大部分人不是依然会与病魔抗争、尽可能延长生命吗？如果一件事情是不好的，是违背道德的，那么即使挡不住，我们也要奋力去抵抗。义之所在，虽千万人，吾往矣。如果因挡不住便不去阻挡，当强大的"三体人"来临，人类干脆全部举手投降算了。

第二条理由，克隆人是为了让不孕的夫妇留下后代。

这条理由就更为牵强。不孕的夫妇可以通过"试管婴儿"等其他科学手段获得后代，实在不行，还可以领养孤儿，实在看不出有克隆人的必要。更何况克隆婴儿成功的概率本就远远低于试管婴儿。

第三条理由，克隆人可以满足怀念故人的愿望。

这一条中克隆人的工具性地位体现得最为明显。克隆故人的行为意味着决定者对于克隆人作为一个独立的新人并不感兴趣，他只是将克隆人当成故人的代替品，期望其行为和性格都与故人愈肖似愈好。也就是说，克隆人真正的欲求和生存目的被埋没，克隆故人的决定者并没有将克隆人看作一个平等、独立、有尊严的人类。

第四条理由，也是危险分子和野心家的理由，克隆人可以让人类实现永生。

这是国际上的一个邪教组织"雷尔教派"的观点。创办人克洛德·佛里伦·雷尔自称是"外星人耶洛因的使者"，声称地球上的第一批人类是 2.5 万年前由外星人克隆出来的。他们崇拜克隆技术，认为克隆是通往永恒生命的钥匙。他们认为，当克隆技术发展到一定阶段，人类可以将个性及记忆直接下载到刚刚克隆的自己的年轻躯体，这样带着所有记忆和个性的年轻躯体睁开眼睛后就可重活一遍人生。等到克隆体年老时便再克隆一个新躯体，永远重复这个过程，即可实现永生。为此，雷尔教成立了"克隆援助公司"进行克隆人实验。

"永恒的生命"听起来自然是极诱人的，然而，请先让我们搞清楚几个问题。

首先，永生是人类的福祉吗？

这个问题见仁见智，很难回答。尽管人类历史上追求长生的大有人在，但依然有很多人相信，永生并非是人类的福祉。漫长而无尽头的生命是无激情，也无意义的。没有新生儿的出现，也没有衰老和死亡的社会不是一个有活力的社会。在阿西莫夫的长篇系列小说《基地》中，长生的文明最终无一不走向衰落和灭亡，反倒是短寿、好斗的地球人在宇宙中不断殖民，建立了庞大的银河帝国。

其次，用克隆来达到永生的手段是否有问题？

何谓永生？在我们心中，永生无非指两点，一是肉体不死，二是灵魂不灭。而雷尔教派的"永生"却是将记忆传输给新的克隆人，问题是记忆等于灵魂吗？如果我们相信灵魂真的存在，那也显然不是记忆。刚出生的婴儿几乎没有记忆，却拥有独立的灵魂，所以说，"存储记忆"并不意味着"留驻灵魂"。如果我们认为灵魂并不存在，那生命便只意味着肉身，随着肉身的消亡，意识同时熄灭，而雷尔教并不能阻止肉身的毁灭。所谓的克隆实现永生，只是在人间制造出来一个"我"的替代品，他拥有"我"的记忆，拥有与"我"相似的肉身，却并不拥有"我"的意识和灵魂,这算是哪一门子永生？如果"永生"的只是记忆，何不直接将故去的人的记忆传入电脑，人类一样可以在电脑里实现"永生"。

再其次，什么样的人会首先实现永生？谁来决定谁有资格享受永恒生命？

现在我们终于可以看出邪教组织克隆人的真实目的。前一个问题，什么人将率先实现永生？答案是：有钱人。那么谁将决定谁有资格享受永生？答案昭然若揭：雷尔教的高层。事实上，雷尔教的"克隆援助公司"本就是个盈利机构，它向每一个希望克隆自己、寻求长生不老的人收取至少14万英镑的费用，在他们描述的未来中，雷尔教与率先实现永生的人将统治这个世界，并从普通人中挑选出"有资格享受永恒生命的人"。

这就是打着"科学"旗帜作掩护的雷尔教主张"克隆人"的真实目的：金钱和权利，难怪连大谈"宽容精神"的美国都将其列为邪教。雷尔教派惯于释放出耸人听闻的消息，早在2002年，它便宣称世界上第一个克隆婴儿已经诞生，但至今也未能给出任何证据。

通过对以上4条理由的逐一批驳我们可以看出，支持克隆人的理由都是不正当和经不起推敲的。

然而，支持克隆人实验的人们还有第五条关键性的理由，即克隆技术有利于人类的优质发展，可以通过筛选优质基因，克隆并创造出更健康、更完美的新人类。

这就与我们接下来要讨论的问题——编辑人类胚胎基因非常接近。事实上，两者的目的几乎完全相同。而编辑和改造人类胚胎基因正是2015年的热门话题。

人类胚胎基因改造的争议

2015年4月18日，生物学期刊《蛋白质与细胞》发表了我国中山大学黄军就团队的研究，他们利用一种叫"CRISPR/Cas9"的工具，对人类异常胚胎中与地中海贫血症有关的基因细胞进行编辑实验。实验使用了86个胚胎，48个小时后，28个胚胎的基因被成功修改。

地中海贫血症是一种常见的遗传性疾病，这种疾病可导致严重贫血、发育不良、骨骼改变，甚至引起新生儿死亡。黄军就的研究团队以治疗为目的，希望通过对胚胎基因的编辑，去除致病基因，从而使罹患地中海贫血症的人拥有健康的后代，摆脱家族性遗传疾病的困扰。

这是世界上首个修改人类胚胎基因的实验，而且是由中国科学家完成的。实验论文甫一发表，便激起世界范围内的热烈讨论。据称，黄军就的研究团队最初将论文投给世界知名学术期刊《自然》和《科学》，可是两家杂志却拒绝刊登。

是因为外国学术期刊歧视中国科学家吗？

实际上,《自然》和《科学》拒绝刊登该论文,自有其伦理道德方面的考虑。人类胚胎基因的编辑确实是一个有争议的研究方向,其中涉及的问题和风险几乎与克隆人不相上下。

第一,实验的对象是"人类的胚胎",我们认为胚胎是人类生命的早期形态,理应受到尊重和保护。将人类的胚胎当作实验的研究对象是不合适的。

事实上,中国的科研工作者们并非没有考虑到伦理问题,黄军就团队使用的实验胚胎是一种具有3套染色体、不能正常发育成人类个体的畸形受精卵,这完全符合中国的医学伦理规范。不过尽管如此,在国际上还是受到同行的激烈反对。麻省理工学院生物学家、国际干细胞生物学学会主席鲁道夫·耶尼施说:"在临床环境下,把这些技术用于人类的生殖细胞系,即DNA遗传物质还为时过早。"生物学家爱德华·兰菲尔说:"我们需要叫停这项研究,必须针对该领域的发展方向展开广泛的讨论。"从黄军就文章发表的实验数据中可以看出,目前使用CRISPR/Cas9对胚胎基因修饰的成功率还不尽如人意,虽然成功修改了一部分致病基因,但同时也破坏了一些有用基因,如果对正常的胚胎进行实验,必将对这些人类胚胎造成严重损害。

第二,改变人类胚胎基因的特殊危险性在于,这种改变可能会被该胚胎的所有后代继承。也就是说,改变的不是一个人,而是所有后代的基因,所以我们必须谨慎。

举例来说，如果我们对所有患有遗传性地中海贫血症的胚胎进行修改编辑，那么很快地中海贫血症这种遗传疾病将会永久消失。问题是这种基因真的应当灭绝吗？据研究显示，地中海贫血基因可以抵抗疟疾带来的伤害，所以说，在非洲等疟疾高发地区，带有地中海贫血基因反而是一种保护。当我们改造和去除某种"有害"基因的时候，自然是希望人类变得更健康、更完美，可是真实的后果却是难以预料的。事实上，我们根本没有权利判定一种基因的去留，人类怎么会有上帝的全知全能呢？

第三，人类将不会仅仅满足于基因编辑的治疗性目的，如果全面开启基因改造和设计婴儿的大门，社会将陷入难以想象的危境中。

道理很简单，如果如阿兹海默症、地中海贫血症等"必然致病"的基因有改造的必要，那么一些"潜在致病"的基因应不应该改造？譬如，携带者在60岁时有80%的几率患乳腺癌，或在30岁有50%的可能得心脏病。还有一些不太严重的基因缺陷应不应该改造？如常见的遗传性近视。更进一步的是，人的身高、相貌、智商等基因是不是也都可以改造？北京大学的饶毅教授说："利用基因编辑技术'改善'其后代是一条不归路，开了闸就是洪水猛兽，对个人表型作用来说是小事，但对人类就是大事。"

首先，如果"改善胚胎基因"这项技术价格昂贵，那么获利的便只能是富人。富人将率先利用生物技术使自己的后代变得更健康、更聪明、更漂亮。由于富人的后代拥有金钱，更拥有优质的基因，将很容易便占据社会的上层，这将使得富者的后代愈富愈优秀，贫者的后代愈贫愈平庸，人类社会阶层将两极分化，并不再流动。

其次，一旦开启了改造生殖细胞基因的大门，人类将可能面临"基因歧视"。社会上的人将被分为两种，一种是自然生殖的有基因缺陷的人，一种是被编辑过的更健康完美的人。

1997年美国科幻电影《千钧一发》就描述了这样一个世界。在未来的社会里，自然分娩的孩子被视同"病人"，只有通过基因工程改造出生的人才是正常人。升学、求职等一切资格选拔的方式都是基因检测，个人的努力将不被珍视。主人公文森特是一个正常分娩的孩子，拜先进的基因技术所赐，在刚出生的几分钟内，他未来的健康状况以及死亡时间就已经被断定。基因检测显示，他患心脏病的几率是99%，预估寿命是30岁。由于基因极差，文森特在社会中处处碰壁，只能从事清扫工一类的低级工作，他的梦想是进入星际航行公司，但该公司选拔员工的方式却是基因检测。机缘巧合下，文森特获得了因事故导致瘫痪的拥有完美基因的杰罗姆的血样，他千方百计地隐藏自己的基因信息，终于如愿进入星际航行公司，可是一桩凶杀案和一根睫毛却使他的身份濒临暴露……这就是基因歧视的社会。电影中，文森特一遍又一遍地狠狠洗刷自己的身体与毛发，他渴望洗掉的是自然人的耻辱。

另一个与基因改造相关的更著名、更可怕的故事是英国作家阿道司·赫胥黎在1932年写下的《美丽新世界》。这部作品与英国作家乔治·奥威尔的《1984》、前苏联作家叶甫盖尼·扎米亚京的《我们》,并称为"反乌托邦三部曲"。阿道司·赫胥黎不仅是天才的作家,也是当时英国有名的生物学家。最被人称道的是他对进化论的支持以及与威伯福斯主教的一场辩论,他甚至对外宣称自己是"达尔文的斗犬"。

在赫胥黎的《美丽新世界》中,生物学成为未来社会中最精确也最高贵的科学。整个世界中没有自然生育,只有至高无上的"孕育中心"以及一排一排的孵化器和一架架编了号的试管。人类像动物,甚至像植物一样从孵化器中诞生出来,并在出生前就被划分好社会阶层,"阿尔法""贝塔""伽马""德尔塔"和"厄普西隆"。"阿尔法"是高等种姓,以后将在孵化中心工作,从事生物学研究,而"厄普西隆"则是最低等的种姓,只能做最低贱的体力劳动,并且智力低下。所有的胚胎都被精确控制,种姓越低,供氧越少,直接影响大脑发育。更可怕的是,赫胥黎的"新世界"是一个专制社会,虽然人人衣食无忧、安居乐业,但是个性和喜怒哀乐却都消失殆尽,整个社会的箴言是"共有、统一、安定"。

今天我们读赫胥黎的《美丽新世界》,不得不为其想象力和预见力而折服。该书出版于1932年,其中描述的情状却仿佛是基因工程滥用的未来。

修改胚胎基因的闸门一旦打开,赫胥黎的"美丽新世界"离我们还会远吗?

结 语

我们谈及科学的"禁区",为什么不谈物理学,不谈化学,却偏偏谈生命科学呢?

有一种说法是,"20世纪是物理学的时代,21世纪是生命科学的时代"。克隆技术、转基因食物、人造生命、胚胎基因改造……生命科学的突破越来越快,对人类社会产生着越来越巨大的影响。

科学发展至今,如果我们将其比作一把刀的话,这把刀变得愈来愈锋利。以前我们是用它改造自然,改造我们周边的环境,而现在——在生命科学的引导下,这把刀终将砍向我们自身。

人类可以给自己动手术吗?我们有准确操刀的能力吗?改造自身的后果又是什么?

在这把刀即将砍到我们身上的时候,再多的恐惧也是合理的。我们一定要谨慎再谨慎,不要盲目相信科学,更不要跪倒在科学面前。不要忘记,比科学更崇高、更伟大的是人的生命和人的精神。

我们应该主动联系外星人吗?

◎ 李月白

SETI 行动

艾丽小的时候问父亲:"爸爸,宇宙中有外星人吗?"

父亲说:"我不知道。不过我想,如果宇宙中只有我们,那就太浪费空间了。"

这段对话是1997年上映的美国科幻电影《超时空接触》(Contact)中的情节。在电影中,受到父亲影响的艾丽长大后成为了一名优秀的天体物理学家,她致力于寻找外星人的"搜寻地外文明计划(SETI)",并将全部身心都投入这项希望渺茫的事业中。终于,某天黄昏,昏昏欲睡的艾丽在耳机听到一个特殊的规律信号,信号发出"咚咚"的声响,像有力的心跳,又像渐渐走近的脚步。艾丽激动地跳起,一面用对讲机联系同事,一面以最快的速度冲回主控室。经过辨别，这一信号的来源是距离地球 26 光年的织女星，人类成功收到来自外星文明的讯息！

虽然到目前为止，人类并没有接收到任何外星人发射的信息，但有趣的是，科幻电影中描述的搜寻外星文明的 SETI 行动，却一直在真实地进行。更有趣的是，电影的编剧，美国天体物理学家、科幻作家卡尔·萨根，正是现实中 SETI 的主要发起者之一，而他的名言——"如果宇宙中只有我们，那就太浪费空间了"贯穿于这部电影的开头、中段和结尾，分别从 3 个人的口中说出，那就是艾丽的父亲、神学家和艾丽博士自己。

SETI 的全称是"搜寻地外文明计划"（Search for Extra-Terrestrial Intelligence），其主要手段是通过射电望远镜搜寻并分析外星人发射出的无线电信号（虽然信号并不一定发送给我们）。SETI 信奉的原则是，如果外星生物的科技发展到一定阶段，他们可能会像我们一样使用无线电波传达信息（如发明出电视、雷达等物），这样就会有微量的辐射从他们居住的星球中泄漏出来。此外，外星人可能会有意识地向宇宙中发射信号，希望与其他智慧生命进行沟通，而我们要做的，就是从充斥着各种辐射的宇宙背景中将外星文明的信号识别出来。

提起 SETI 行动，总是要提起弗兰克·德雷克，他是比卡尔·萨根更重要的先驱者。1960 年，美国天文学家弗兰克发起了人类历史上第一个 SETI 项目——"奥兹玛计划"。"奥兹玛计划"的名字来源于童话《绿野仙踪》，用弗兰克自己的话说，就是"奥兹玛代表了一个遥远的难以企及的神奇世界，那里住着许多奇异的生物"。

虽然弗兰克对"奥兹玛"有着很美好的想象，但计划操作却有相当大的问题。首先，弗兰克当时只有一台口径为26米的射电望远镜（这与后来直径达350米的阿雷西博望远镜相比实在微不足道），在无法扫描整个天空的情况下，望远镜应该指向哪里？更关键的问题在于，选择哪一个频率进行监听呢？我们使用收音机的时候，如果频率没有调准，就不可能收到电台，只能听到噪音。可是我们很难知道，外星人究竟会选择哪一个频率发射信号。

最终，德雷克将望远镜对准鲸鱼座的 τ 星和江波座的 ε 星，这两颗恒星的情况与太阳比较相似，距离地球分别为10.5光年和12光年。在监听频率的选择上，最终确定为1 420.405兆赫。德雷克和其他科学家一致认为这一频率是比较特殊的，很可能便是外星人向太空传达信息的首选频率，因为这是宇宙中数量最多的氢原子发射出的电磁波频率，绝大多数拥有射电望远镜技术的外星文明都可以探测到这一频率的信号。德雷克的团队对两个星系进行了150小时左右的监听，除了收到两次飞机发射的信号外，并没有截获任何来自外星的信息。人类历史上的第一次SETI实验失败了。

1961年，在美国绿岸附近的天文台，德雷克主持了首个地外文明搜索的学术讨论会。会上弗兰克·德雷克和年轻的卡尔·萨根提出了著名的"德雷克公式"（也被称为"萨根公式"），用以估测银河系中存在的高等文明的数目。在此之后，其他更大规模的 SETI 项目相继展开，如 1973 年启动的俄亥俄州"大耳朵"SETI 计划、1995 年启动"凤凰"SETI 计划等。

然而，如同电影《超时空接触》中表现的一样，SETI 活动的资金一直是让科学家们头疼的问题，美国政府很显然不大乐意支持这个听起来像幻想一样的项目。1982 年，在卡尔·萨根的努力之下，著名的《科学》杂志发表了 SETI 项目的请愿宣传，包括 7 名诺贝尔奖得主在内的 70 名科学家签字表示支持，被说服的美国政府终于同意支持该项目。

此后，SETI 行动逐渐引起许多社会人士的兴趣，在美国政府停止出资之后，民间资本的资助使它得以持续。

在 SETI 项目的发展、持续过程中，有两件事情尤为值得一谈。

第一件事情，也是到目前为止最为重要的发现，是 1977 年 8 月俄亥俄州"大耳朵"射电望远镜探测到的一个信号，这个信号被 SETI 爱好者们称为"Wow"信号——原因是当时的数据分析人员在数据输出的纸带上写下了一个充满惊叹的"Wow！"（哇！）。该信号持续了 72 秒，在整个宇宙的背景杂音中相当引人注目，并且恰好出现在氢的频率 1 420 兆赫。遗憾的是，"大耳朵"望远镜本身随着地球一起转动，在 72 秒后它就转到别的方向，并没有对这个信号进行持续的跟踪。后来通过定位分析发现，该信号可能来自人马座方向，于是人们纷纷将射电望远镜对准人马座方向，可令人激动的信号却再也没有出现过第二次。

第二件事情是 1999 年美国伯克利大学的研究者开发出了"SETI@home"程序。这是一个屏保程序，全世界的 SETI 爱好者都可以下载这个程序，当电脑空闲时，屏保会自动启动，分析阿雷西博射电望远镜传递来的信号数据。正如"SETI@home"的名字——在家中搜索外星文明，该程序采取分布式计算的方法处理数据，使得人人都有机会成为第一个发现外星信号的人，这实在是一件非常有意思的事情。

然而，SETI 行动持续至今，除了"Wow"信号外并没有收获任何有价值的信息。事实上，早在 SETI 持续 10 年无果的时候，萨根等人就已经按捺不住。如何才能尽快与外星文明取得联系呢？那就是主动向太空发送我们的信息。"山不就我，我去就山"，这是一个显见的道理。

从被动到主动

1972 年和 1973 年，美国相继发射了两个空间探测器，那就是"先驱者 10 号"和"先驱者 11 号"，这两个探测器的主要探测目标分别是木星和土星。与此前发射的一系列"先驱者"号不同的是，10 号和 11 号在完成探测任务后将凭借惯性飞出太阳系，飞往宇宙深处。更加特别的是，两个探测器上都载有一件特殊的物品——人类送给外星人的礼物。

这一"礼物"实质上是一块非常轻盈的镀金铝板,由卡尔·萨根和弗兰克·德雷克共同设计,由萨根的妻子执笔完成,力图用一幅画向外星人介绍我们的文明以及我们的星球(见图1)。

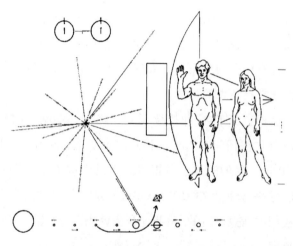

图1 "先驱者"镀金铝板(来源:维基百科)

画面中最醒目的是一男一女两个裸体的地球人类形象,男性做了一个"招手"的动作,在人类的肢体语言中表示着友好。在男性的旁边有一个矩形的图案,代表着"先驱者"探测器的外形轮廓,其主要目的是比照出人体相对于探测器的大小。

画面的左上角刻有一个氢原子内自旋跃迁的图像,传达了人类文明对微观世界的认识程度。左侧放射性的图案则表示银河系中14颗脉冲星的脉冲讯号周期,图案中线条的长度表示这些脉冲星相对于太阳系的距离。外星人一旦读懂了这一图像，可以推断出探测器的发射时间，更可以据此找到太阳系在银河系中的具体位置。

画面的最底部画着太阳和它的九大行星，每一颗行星旁有一组二进制数字，标志了该行星与太阳的相对距离，而图画的箭头和上方细小的图案则示意该探测器离开太阳系的轨道。从图像中可以很明显地看出，太阳系的第三颗行星就是探测器的起始位置，也就是人类文明的所在地——地球。

这份礼物实质上已经完全暴露了我们的坐标。

人类主动向太空"送礼物"的事情还不止发生一次。1977年8月和9月，美国先后发射了"旅行者1号"和"旅行者2号"两艘航天器，其上各携带一张铜质镀金激光唱片，唱片的寿命预计可以达到10亿年。

与"先驱者"号的礼物相比，"旅行者"号的礼物要丰厚得多，这张名叫"地球之音"的镀金唱片容纳了115幅图片、35种自然界的声音、近60种世界语言口述的问候语、27种世界著名的乐曲，以及时任美国总统吉米·卡特和联合国秘书长库尔特·瓦尔德海姆的致辞。

115幅图片反映了太阳系的方位、太阳系各大行星的形貌、人类的日常生活、科学技术、地球的生态环境和风景名胜等。其中有一张中国万里长城和一张中国人全家聚餐的相片。

近60种对外星人的问候语包括了阿卡德语、亚美尼亚语、阿拉伯语、英语、日语、俄语等世界各地、各民族的语言。其中有中国的普通话以及闽南语、粤语和吴语3种中国方言。

27首乐曲主要有东西方古典音乐和世界各少数民族乐曲,还有爵士乐、摇摆舞曲以及贝多芬第五交响乐等著名乐曲。管平湖演奏的中国古琴曲《流水》也入选其列。

此外,唱片还录制了自然界中的35种声响,包括风声、海浪声、大雨滂沱声、鸟啼声、虫鸣声以及婴儿发出的第一声哭叫等,可以说是名副其实的"地球之音"。

美国卡特总统对外星人的致辞是:

"'旅行者'宇宙探测器是美国制造的。地球上住有40多亿人,而我们美国是其中一个拥有两亿四千万人口的国家。我们人类虽然还分成许多国家,但这些国家正在迅速地变为单一的文明世界。"

我们向宇宙发出的这份电文,它大概将存在到未来的10亿年。到那时,我们的文明世界已焕然一新,而地球表面也将发生翻天覆地的变化。在银河系2 000亿颗恒星中,有一些星球,也许有许多星球是有生命居住的天体,而且是文明世界。如果这样的一个文明世界截听到旅行者的信息,并懂得其含义,我仅为此撰写如下的电文:

"这是来自一个小小遥远世界,象征我们的声音、我们的科学、我们的音乐、我们的思想和我们的感情的一份礼物。我们期望有朝一日解决我们面临的问题，以便加入银河文明世界。此'地球之音'是为了在这个辽阔而令人敬畏的宇宙中寄予我们的希望、我们的决心和我们的良好祝愿。"

联合国秘书长瓦尔德海姆口述的电文是：

"作为代表本星球几乎所有人类的147个国家组织的联合国秘书长，我代表地球上的人民向您们表示敬意。我们走出太阳系，进入宇宙空间，仅仅是为了寻求和平和友谊。我们深深懂得，我们这个星球及其所有居民充其量只不过是整个浩瀚宇宙海洋中的一滴水。正是这种善良愿望促使我们采取这一步骤。"

如今，"先驱者"10号和11号均已失去联络，最后接收信息的时间分别是2003年和1995年，我们只知道飞船已经达到逃逸速度，将永远离开太阳系。2013年9月，美国航天局NASA宣布"旅行者1号"已经飞出太阳系，进入星际空间，"旅行者2号"已经接近太阳系的边界。但是"旅行者"1号和2号的核电池也即将失效，预计五到十年间也将与我们永久失去联系。

在"先驱者"和"旅行者"将"礼物"送上太空的同时，德雷克和萨根又做了另一件事——用射电望远镜主动对太空发射无线电定位信号，这种行为可以被看作"主动

SETI"。

人类的第一次"主动 SETI"行动发生在 1974 年，德雷克用阿雷西博望远镜向距离地球 25 000 光年之遥的"M13 球状星团"发射了 1 679 比特信息，持续时间为 3 分钟。

"阿雷西博信息"中主要包含 7 个部分的内容，分别是：

（1）用二进制表示的 1~10 这 10 个数字；

（2）氢、碳、氮、氧、磷五种重要的化学元素的原子序数；

（3）构成地球生命的 12 种核苷酸的分子式；

（4）DNA 的双螺旋结构；

（5）人类的形象、身高以及 1974 年全球的人口数目；

（6）拥有 9 颗行星的太阳系；

（7）用来发射该信息的阿雷西博望远镜的简笔画外形和尺寸。

该信息由德雷克和萨根精心编写，用最基本的数字表达元素，用元素组成分子式，再由分子式构成生命、构成人类，具有层层严密的逻辑关系。但是很多人怀疑外星人是否能破译该信息，毕竟，外星人可能与地球人有着完全不同的思维模式，或者说是与我们完全不同的存在。不过，即使人类真能收到"M13 球状星团"的回信，那至少也是 50 000 年之后的事情。

自从"阿雷西博信息"发射之后，人类又进行了 3 次规模较大的"主动 SETI"行动，分别是"宇宙呼唤

1999"（俄罗斯）、"青少年信息"（俄罗斯）和"宇宙呼唤 2003"（俄罗斯、美国、加拿大）。后 3 次发射的信息量以及发射功率都远远大于 1974 年的"阿雷西博信息"。

事实上，无论是用射电望远镜向宇宙中"呼喊"，还是将携带地球信息的航天器送入太空，两者都是试图主动接触地外文明的行为，这种行为又被称为 METI——"发送信息给地外文明"（Message to the Extra Terrestrial Intelligence），其基于的设想是外星人之所以还没有出现，是因为他们不知道人类的存在，如果我们主动向宇宙中发送地球的信息，外星人收到后将与我们联系。

在国际上，METI 是一项有争议的活动，有很多知名人士是反对 METI 的。

METI 争议

英国射电天文学专家马汀·赖尔是较早反对 METI 的人士之一。在"阿雷西博信息"发送的当年，也就是 1974 年，赖尔就公开表达了反对意见，他警告说，外星的任何生物都可能是充满恶意而又饥肠辘辘的，主动与其联系可能会招致杀身之祸。同时，赖尔还写信给国际天文学联合会，呼吁颁布国际禁令，专门针对地球上那些企图与外星人建立联系、或主动向其发送信号的行为。

另一个反对 METI 的大人物是斯蒂芬·霍金。2010 年，霍金编剧并制作了一组纪录片《与霍金一起了解宇宙》，在美国"探索"频道播出。该纪录片共有 3 集，其中用整整一集的篇幅讨论了外星人问题。霍金说，用纯粹数学的方式思考，光从数字上就能得出外星人一定存在的结论。外星生命的形态应该是多种多样的，不排除演化出能威胁到人类的智能生物的可能。这些生物可能已经获悉长生的秘密，耗尽母星的资源，走上征服宇宙的道路，甚至可以动用恒星级别的能量，直接撕裂空间、制造虫洞到达预定目标进行掠夺。人类主动寻求与外星人的接触是十分危险的，外星人一旦来到地球，可能就像哥伦布发现美洲大陆，其结果对于当地印第安人来说当然不是什么好事。

同样反对 METI 的还有大卫·布林，他是美国物理学家，更以写科幻小说而著名。对于为何至今联系不到外星人，布林提出了一个有趣的理论叫做"大沉默"。布林说："如果高级的地外智慧生命选择了沉默，我们难道不应该选择和他们一样的做法？或者至少稍微观望一下吧？很可能他们沉默是因为知道一些我们不知道的事情。"布林认为，宇宙中可能存在一些人类尚不知晓的危险和规则导致"大沉默"的发生，目前比较明智的策略是采取 SETI 而不采取 METI。他还引用了电影《第二十二条军规》中的一句话，"如果别人都在做同一件事，而我却在做另一件事，那我就成了一个白痴。"

针对大卫·布林"只发展 SETI 而禁止 METI"的提议，俄罗斯的萨特塞夫，这位继德雷克之后 3 次 METI 项目的发起者反驳道："如果事情真的如此，SETI 行动岂不变成'搜索地外白痴'（Search for Extra-Terrestrial

Idiots）？"如果宇宙中根本就没有人愿意发出声响,那么SETI行动将永远不会获得成果,也完全丧失了意义。

与赖尔、霍金等人的恶意推断不同的是,卡尔·萨根与萨特塞夫等METI的支持者对接触的结果有着相当正面的预测。萨特塞夫认为,拥有更先进科技的外星文明世界必然是"文明"的,他们会对我们——同作为宇宙中稀少的智慧存在表现出友好和爱护。萨特塞夫甚至相信,外星人会向我们传授知识与经验,将人类从核武器、战争和环境污染的危境中拯救出来。联系外星人不仅不是一种冒险,而且还是非常必要的,其将对人类文明的发展和持续起到至关重要的"启迪"作用。

同样的情怀也体现在我们开篇提及的卡尔·萨根的电影《超时空接触》中。在电影中,织女星的文明向地球人传送了一套完整的"光速飞船"的技术文件,人类依照指示制造了光速飞船,艾丽博士成为首个代表人类登上外星世界的大使。织女星的美丽令艾丽博士感动盈泪,体贴的外星人幻化成艾丽逝去的父亲,慈爱地拥抱着来自地球的孩子,他告诉艾丽不要害怕和迷茫,"你们并不孤单"。

在刘慈欣的科幻小说《三体》中,中国的科学家叶文洁同样是地外文明的狂热拥护者,在被捕后,她与地球上的审讯官进行了这样的对话:

"审问者：你了解三体文明吗？

叶文洁：不了解,我们得到的信息很有限,事实上，三体文明真实和详细的面貌，除了伊文斯等截留三体信息的降临派核心人员，谁都不清楚。

审问者：那你为什么对其抱有那样的期望，认为他们能够改造和完善人类社会呢？

叶文洁：如果他们能够跨越星际来到我们的世界，说明他们的科学已经发展到相当的高度，一个科学如此昌明的社会，必然拥有更高的文明和道德水准。

审问者：你认为这个结论，本身科学吗？"

（以上文字摘自刘慈欣的《三体Ⅰ》）

审问者最后的反问恰可以看作对那些企盼外星文明来充当救世主的科学家们的最好反驳。想想看拥有先进科技的西方人是怎样对待落后的印第安人和非洲人的，就不难得出结论：科技的昌明程度与文明和道德水平并无正相关关系。

METI 支持者的另一条观点是，即使我们不进行 METI 行动，聪明的外星人也早已发现我们。自从人类发明无线电以来，各种各样的无线电波就24小时不间断地向宇宙中辐射（如军用雷达和卫星发射的信号）。所以说，对人类而言，现在保持沉默为时已晚，与其坐以待毙，还不如尽快主动与善意的文明联合起来，共同抵御强大的恶意文明。

这一说法也有一定的问题。正如有些科学人士指出的那样，并非所有地球发出的辐射都具有同样的危险性。

从宇宙的尺度来说，雷达和卫星发出的信号都是很弱的，在几光年的范围内就会衰减到星际噪音的级别，而用射电望远镜发出的大功率定位传输信号则完全不同，其辐射强度比前者高了几个量级，更容易被地外文明侦测到。

2005年，在第六届宇宙太空和生命探测国际讨论会上，伊凡·艾尔玛提出了圣诺玛丽标度，专门区分地球上发出的各种信号的危险程度。圣诺玛丽标度由信号强度和信号特征两部分组成，两部分的加和越大，其危险系数就越高。

危险系数 = I（信号强度值）+ C（信号特征值）

表1 圣诺玛丽标度

信号强度	I值	信号特征	C值
I_{SOL}(太阳背景辐射强度)	0		0
~10×I_{SOL}	1	不含有任何内容的信号（如星际雷达信号）	1
~100×I_{SOL}	2	发射给地外文明以被其接收为目的的稳定非定位信号	2
~1 000×I_{SOL}	3	为引起地外文明的天文学家注意，在预设时间向定位的单颗或多颗恒星发射的专门信号	3
~10 000×I_{SOL}	4	向地外文明发射的连续宽频信号	4
≥100 000×I_{SOL}	5	对来自地外文明的信号进行回应（如果他们仍旧不知道我们的存在）	5

表 2　圣诺玛丽标度的危险系数

评估等级	10	9	8	7	6	5	4	3	2	1
潜在危险	极端	显著	很高	高	偏高	中	偏低	低微	低	无

通过表 1 和表 2 所示的圣诺玛丽标度和危险系数我们可以看出，信号强度越大，被外星文明发现的可能性越高。作为信号特征来说，向地外文明发射专门的、连续宽频信号的 METI 行为，以及对地外文明的讯息进行回应的行为，都是高度危险的。

针对是否应该与外星人接触的种种争议，1989 年国际航空航天学会发布了《关于探寻地外智慧生命的行为准则声明》，其中的第七款条例规定，只有经过相关国际共同磋商后，才可以对来自地外智慧生命的信号作出回应。1995 年，在反 METI 人士的努力之下，国际航天航空学会又发表了《关于向地外智慧生命发送交流信号的行为准则声明草案》，其中规定，在进行相关国际协商之前，任何国家单独决定或合作尝试向地外智慧生命发送信息的行为都是不被允许的。

然而，这两份条约到目前为止还都不具备实质性的法律效应，某些 METI 行动依然在继续……

彼在何方

宇宙中到底有没有外星人？为什么连斯蒂芬·霍金

都相信外星人存在？有多少外星文明可以与我们联系？

对于回答上述问题，著名的德雷克公式或许会有所助益。

德雷克公式的书写形式及意义如下：

$$N = R \times F_p \times N_e \times F_l \times F_i \times F_c \times L$$

其中，N 代表银河系内可能与我们通讯的文明数量，

R 代表银河内恒星形成的速率，

F_p 代表恒星有行星的概率，

N_e 代表位于合适生态范围内的行星平均数量，

F_l 代表以上行星发展出生命的概率，

F_i 代表演化出高等智慧生物的概率，

F_c 代表该高等智慧生物能够进行通讯的概率，

L 代表该高等文明的预期寿命。

在德雷克公式中，所有的变量都要依靠估计、推测得出结果，各人的估算可以有很大差异。据卡尔·萨根推算，N 值达到了 100 万量级，据说也有人推算的结果是 N 值等于 1。

虽然德雷克公式并不足以让我们推算出地外文明的确切数目，但是，人类的存在已经说明，宇宙中出现高等智慧文明的概率是大于零的，在足够大的样本空间内，很难想象一个概率大于零的事件只发生一次。

地球只是绕太阳旋转的 8 颗行星之一，太阳只是银河系中 2 000 多亿颗恒星中的一颗。如果放眼整个宇宙，银河系又仅仅只是 1 000 多亿个星系中并不特别的一个。即使目前银河系内的高等文明只有人类（也就是所谓的

N 值等于 1），在 1 000 多亿个星系中，我们也不可能再妄自尊大。

这就是霍金所说的，"用我的数学头脑思考，光从数字上就可以得出存在外星人的结论"。

那么，外星人在哪里呢？

1950 年夏天，在某日早餐后，费米也曾随口发出这样的疑问。如果外星人存在的话，他们早就应该出现了。由于费米的巨大声望，这随口一问便流传开来，成为著名的"费米悖论"。

的确，从第一次工业革命至今不过短短 300 年，人类已经登上月球，发射了许多卫星和航天器，其中"旅行者 1 号"已经飞出太阳系，飞向更广阔的宇宙空间。如果银河系内存在另一个与我们智能相近、发展速度相近，却比我们早诞生 1 亿年的文明，他们的殖民统治应该早已经遍及整个银河系。

这里，有必要提及另外两个支持"费米悖论"的假说。其一是弗兰克·蒂普勒提出的"冯·诺依曼机器人"的殖民假说。

20 世纪 80 年代，蒂普勒发现南太平洋的一些岛民由一个岛上"跳"到另一个岛上，最终散布于整个太平洋，由此获得启示，推测宇宙中也有类似的"蛙跳式"殖民过程。

蒂普勒认为，当文明发展到一定程度便可以制造出"冯·诺依曼机器人"，这种机器人能够耐受太空恶劣的环境，可以精确地复制自己并建造太空飞船。只要把一个

"冯·诺依曼机器人"发射出去，他们就能不断地复制、殖民、采集金属、改造星球，在100万年至1亿年之间，"冯·诺依曼机器人"的足迹就将遍布银河系所有宜居星球。

从理论上来说，"冯·诺依曼机器人"完全有可能被制造出来，从时间尺度上来说，几百万年甚至1亿年对于银河系也不算什么，所以，我们并无理由否认银河系被"冯·诺依曼机器人"殖民的可能性。

另一个相关假说是前苏联物理学家卡尔达谢夫提出的判定宇宙文明等级的分类标准。

1965年，卡尔达谢夫在一篇论文中称，宇宙中的文明可以分为Ⅰ型、Ⅱ型和Ⅲ型。文明的等级越高，其掌控的能源越多，星际沟通的能力就越强。

简单来说，Ⅰ型文明是行星级文明，能够调集与整个地球输出功率相当的能量进行文明活动。Ⅰ型文明已经掌握了核技术、太空技术、火箭推进技术等，可以向外星传送电磁信号，有意愿并渴望寻找宇宙中的其他智慧生命。

Ⅱ型文明是恒星级文明，可以高效利用恒星辐射的无穷无尽的能量，最大能够调集相当于整个太阳的输出功率进行文明活动。Ⅱ型文明的太空技术可以在所在恒星系中任意穿梭，其对能量的需求十分巨大，最终会有星际殖民的意愿。

Ⅲ型文明是星系级的文明，可以掌控整个星系中所有恒星的能量，他们的殖民也将蔓延至整个银河系。

按照蒂普勒和卡尔达谢夫的两个假说，如果银河系确实存在能够制造"冯·诺依曼机器人"的文明或Ⅱ型以上的文明,我们的银河系应该早就熙熙攘攘,充满交流与冲撞。可是为什么我们聆听到的却是一片静寂呢?为什么外星人还没有来到地球呢?正如费米所问,他们究竟在哪里?

世界上很多科学家、科幻作家都曾试图对这一问题进行回答,其中引人注目的解释有以下几种:

第一种解释是,外星文明曾经存在过,但是他们还未发展到能够星际殖民的程度就已经消亡,譬如因为核战争、环境污染及不可抗的灾祸等原因。这一种解释带给我们的思考是,"文明"究竟能生存多长时间?人类目前的发展是不是无以为继?不久后的我们是否也将面临相同的命运?

第二种解释是,我们是银河系中唯一的智慧文明。即使其他星系中有更高级的文明,他们的势力目前也无法伸向银河系。这样一来,也就意味着人类是当前最有可能发展成Ⅱ型文明的种族。如果成功完成了这一历史使命,我们的后代将自由地穿梭在星际间,最终在银河系建立起庞大的、属于人类的银河帝国。

第三种解释是,外星文明是存在的,但是他们故意不让我们发现。地球是外星人的一个"实验室",甚至是"动物园",他们默默地观察着我们,企图知道一个不受地外影响、自发生长的文明最终会变成什么样子。所以说,人类进行再多的 SETI 和 METI 都是徒劳的。

除了上述 3 种解释外,还有许许多多的精彩解释。

近年来，中国作家刘慈欣在《三体Ⅱ》中提出了另一种回答——"黑暗森林"法则。这一解释与大卫·布林的"大沉默"一脉相承，却更加精致，也更加令人胆寒。

刘慈欣的"黑暗森林"法则基于两条基本公理和两个重要概念。

两条基本公理是：

（1）生存是文明的第一需要。

（2）文明不断增长和扩张，但宇宙中的物质总量保持不变。

两个重要概念是：

（1）猜忌链。

由于宇宙十分浩大，文明与文明的距离非常遥远，又由于光速不可超越，所以宇宙的不同文明之间不可能建立起有效的沟通和相互的信任，这就导致"猜忌链"的产生。

譬如，人类想要与一个100光年远的文明进行沟通，从发出消息到接收回音至少需要经过200年。我们怎能知道200年间发生了什么？他们的回音、他们的态度还剩下多少可信度？既然有效的沟通无法建立，我们就无法确认外星生物是善意还是恶意。即使我们相信他们是善意的，也无法得知在他们眼中我们是善意还是恶意。这样的"猜忌链"可以延伸到无限长，其结果是任何一个文明都不可能信任另一个文明。

（2）技术爆炸。

人类文明有5千年的历史，而现代技术则是300年内发展起来的,从时间尺度上来说,这根本不是发展,而是爆炸。任何文明都同样可能发生这样的"技术爆炸",但不知何时发生。所以,即使与我们联系的外星种族的技术水平远远落后于我们,他们也可能随时发生"技术爆炸",迅速超越我们,甚至威胁到我们!

这两条基本原理和重要概念勾勒出的宇宙图景是:

宇宙中的各个文明必然以自身的生存为第一目标进行资源争夺,他们不可能信任另一个文明,也无法确保自己处于技术领先的优势地位。这样一来,一是让你知道我的存在,二是让你继续存在下去,对于"我"来说都是危险的。这就是宇宙的"黑暗森林"法则,也是外星文明集体"大沉默"的原因。

"宇宙就是一座黑暗森林,每个文明都是带枪的猎人,像幽灵般潜行于林间,轻轻拨开挡路的树枝,竭力不让脚步发出一点声音,连呼吸都小心翼翼:他必须小心,因为林中到处都有与他一样潜行的猎人。如果他发现了别的生命,不管是不是猎人,不管是天使还是魔鬼,不管是娇嫩的婴儿还是步履蹒跚的老人……能做的只有一件事:开枪消灭之。在这片森林中,他人就是地狱,就是永恒的威胁,任何暴露自己存在的生命都将很快被消灭,这就是宇宙文明的图景,这就是对费米悖论的解释。"

总的来说,刘慈欣对"费米悖论"的回答合情合理,他给我们的告诫是:

"不要和外星人说话。"

图书在版编目(CIP)数据

今天让科学做什么?/江晓原,黄庆桥,李月白著.—上海:复旦大学出版社,2017.6
ISBN 978-7-309-12955-7

Ⅰ.今… Ⅱ.①江…②黄…③李… Ⅲ.科学技术-研究 Ⅳ.G301

中国版本图书馆 CIP 数据核字(2017)第 090934 号

今天让科学做什么?
江晓原 黄庆桥 李月白 著
责任编辑/梁 玲

复旦大学出版社有限公司出版发行
上海市国权路 579 号 邮编:200433
网址: fupnet@fudanpress.com http://www.fudanpress.com
门市零售: 86-21-65642857 团体订购: 86-21-65118853
外埠邮购: 86-21-65109143 出版部电话: 86-21-65642845
浙江新华数码印务有限公司

开本 890×1240 1/32 印张 11.625 字数 221 千
2017 年 6 月第 1 版第 1 次印刷
印数 1—10 100

ISBN 978-7-309-12955-7/G·1713
定价: 56.00 元

如有印装质量问题,请向复旦大学出版社出版部调换。
版权所有 侵权必究